붓다, 불안을 말하다

붓다, 불안을 말하다—붓다도 불안했다면, 우리는 어떻게 살아야 할까

초판1쇄 펴냄 2025년 12월 30일

지은이 이충현
책임편집 문혜림 | **디자인** 심민경

펴낸이 유재건
편집장 이진희
편집부 문혜림, 민승환, 전혜빈
디자인팀 심민경, 조예빈
독자사업 류경희
경영관리 장혜숙
펴낸곳 (주)그린비출판사
주소 서울시 서대문구 이화여대2길 10, 1층
대표전화 02-702-2717 | **팩스** 02-703-0272
홈페이지 www.greenbee.co.kr
원고투고 및 문의 editor@greenbee.co.kr

ISBN 979-11-94513-44-5 03220

독자의 학문사변행學問思辨行을 돕는 든든한 가이드_(주)그린비출판사

붓다,
불안을
말하다

붓다도 불안했다면,
우리는 어떻게 살아야 할까

이충현 지음

그린비

목차

4장

불안 속에서 꽃핀 붓다의 사상

5장

불안, 운명의 집행자인가? 조력자인가?

프롤로그

세계 4대 종교 중 하나인 불교의 창시자 붓다의 삶에 대한 일부 에피소드는 우리에게도 잘 알려져 있다. 왕자 시절에 성 밖으로 나가 인간의 노·병·사를 보았다는 일화, 왕자의 자리를 내려놓고 구도자가 되어 목숨을 걸고 수행했다는 일화, 보리수나무 아래에서 깨달음을 얻었다는 일화, 붓다가 되어 최초로 녹야원에서 한때 동료 수행자였던 이들에게 가르침을 펼쳤다는 일화 등등 말이다. 그런데 우리는 이런 에피소드를 '깨달음을 얻은 성자 붓다'에만 초점을 맞추어 받아들이기 쉽다. 그럴 경우 그의 완전무결한 삶만이 보이고 인간적인 경험이나 고민은 제대로 보이지 않는다. 특히 깨달음을 얻기 전 붓다가 어떤 내적 갈등과 불안을 겪었는지는 상상하기 힘들다. 붓다는 괴로움의 문제를 해결했노라 주장한 성자였다. 불교라는 종교의 관점에서 본다면 '붓다의 불안'이라는 주제는 다루기 적합한 것이 아닐 수 있다.

미리 분명히 해 두자면, 이 책은 종교적 관점에서 붓다를 다루지 않는다. 불교심리학자이자 철학상담사인 필자는 어디까지나 '한 인간으로서의 붓다'를 현대 불안의 틀로 초대하여 조명하고자 한다. 인간 싯다르타가 붓다가 되어 가는 과정에서, 그리고 붓다가 된 이후의 삶의 과정에서 그가 과연 불안을 경험했는지, 만약 불안을 경험했다면 어떻게 경험했는지를 살펴본다. 필자는 이를 위해 왕자 싯다르타의 불안, 출가 후의 구도자 싯다르타의 불안, 그리고 깨달음을 성취한 붓다 싯다르타의 불안 사이에 각각 어떤 차이가 있는지를 구분한다. 나아가 그에게서 각각의 불안이 어떻게 치유되었는지, 그리고 하나의 불안 여정이 다른 불안 여정과 어떤 연결 고리가 있는지도 함께 살펴본다.

필자가 인간 붓다의 삶을 불안의 관점에서 조명해야겠다고 마음먹게 된 계기가 있다. 불교에서 말하는 '괴로움'(P.: dukkha)에 대해 알아보는 한 불교학 세미나에 참석했을 때의 일이었다. 그날 발표자로 선정된 학자들은 각자 자신의 관점에서 불교적 괴로움을 분석했다. 모두 발표를 마친 후 이들은 한자리에 앉아 청중과 질의응답을 하는 시간을 가졌다. 그때였다. 뒤편에 있던 한 청중이 다음과 같은 질문을 던졌다.

우리는 부처님이 어떤 괴로움도 느끼지 않았을 가능성을 검토해야 합니다. 불교의 괴로움을 논하는 이런 세미나에서 그런 가능성을 아예 다루지 않다니 아쉽습니다.

질문자를 돌아보니 승복을 입고 있었다. 이 스님에게는 붓다처럼 최고의 진리를 깨달은 성자란 더 이상 아무런 괴로움도 느끼지 않게 된 초인처럼 다가온 듯했다. 이 질문을 들은 필자는 신선한 충격과 지적 자극을 받았다. 당시 필자는 개인적인 이유로 큰 불안을 느끼며 일상을 보내고 있었다. 필자의 머릿속에서 온갖 질문들이 떠올랐다. '왜 나는 한 번도 저런 생각을 해 보지 않았던 것일까?', '괴로움의 문제를 해결한 붓다도 한 인간이었을 텐데, 어떤 괴로움도 느끼지 않는 일이 정말 가능하기는 한 것일까?', '그렇다면 나도 지금 겪고 있는 심적 괴로움을 제대로 떨쳐 버릴 수 있지 않을까?' 등등. 필자는 이런 질문들이 정말 사실일지 검토해 보고 싶었다.

그날 이후 이 주제는 필자가 불교 공부를 해 나가는 데 있어 큰 영향을 미쳤다. 물론 필자는 붓다가 살아생전에 여러 신체적 괴로움을 겪었다는 사실을 경전을 통해 분명히 확인했다. 하지만 현대 사회에서 심적 괴로움의 핵심 요인으로 간주하는 '불안'에 대해서라면 과연 어땠을지 명확하지 않았다. 심리학에서 바라보는 불안은 모든 인간이 느끼는 괴로움이면서 동시에 신체적 특성과 심리적 특성을 모두 가지고 있는 괴로움에 해당한다.

　　불안의 측면에서 붓다를 조명하는 이 작업에서 가장 까다로운 부분은, 불교 경전에는 불안에 딱 들어맞는 개념이 없다는 점이다. 인류가 불안 개념에 주목하기 시작한 것은 그리 오래전 일이 아니다. 당연히 고대 인도에는 불안이라는 개념이 존재하지 않았다. 다만 현상으로만 존재했을 뿐이었다. 불안이 대중의 지식으로 들어온 것은 순전히 심리학의 아버지 지크문트 프로이트Sigmund Freud의 공이다.* 20세기 초, 그는 불안이 모든 심적 장애의 교차점이라고 규정하

---

* 　사실 프로이트 이전에 이미 불안을 단독 주제로 하여 글을 쓴 철학자가 있다. 『불안의 개념』이라는 책을 쓴 쇠렌 키르케고르(Søren A. Kierkegaard)이다. 다만 그는 불안을 병리적 정서로 보지 않았다. 그는 불안을 '자유의 현기증'이라는 철학적 정서로 해석하며 이의 실존적 측면을 강조했다.

고 불안의 메커니즘을 체계화한다. 그는 불안을 여러 종류의 심적 장애로 분류하는 작업도 수행했다. 심리학자 마이클 칸 Michael Kahn은 프로이트의 불안 이론이 여전히 다수의 심리학자로부터 현존하는 최고의 불안 이론으로 평가받는다고 설명한다.[1]

덕분에 현대인은 마음이 괴로울 때 불안을 가장 먼저 떠올리고, 서가에는 불안을 다루는 책들이 넘쳐 난다. 찰스 테일러Charles Taylor, 한스 요나스Hans Jonas, 한병철, 레나타 살레츨Renata Salecl 등의 철학자들이나 롤로 메이Rollo May, 프리츠 리만Fritz Riemann 등의 심리학자, 앨런 호위츠Allan Horwitz 같은 사회학자 등 여러 현대 학자들은 이 시대를 '불안의 시대'라고 규정한다. 실제로 이 시대를 사는 우리는 혼란, 무질서, 공허, 중독, 분열 등 불안이 낳은 여러 문제를 직접 목도하고 있다.

저명한 비교종교학자 카렌 암스트롱Karen Armstrong은 붓다의 전기를 쓰면서 그의 삶에 대한 이야기가 우리 시대에 특별한 의미가 있다고 역설한다. 붓다가 존재했던 시대와 지금 우리의 시대가 처한 조건이 매우 흡사하기 때문이다. 당시의 인도는 기존 사회 질서가 해체되면서 새로운 질서가 들어서는 과도기이자 혁명의 시대였다. 현대도 마찬가지이다.

우리는 기존의 방식대로는 살 수 없는 대변화의 시대이자 전환의 시대를 맞고 있다고 해도 과언이 아니다. 카렌은 우리 사회에 불안이 병처럼 퍼져 있고, 이 시대는 공동의 가치 및 도덕 기준이 사라지는 혼돈의 상태에 있다고 지적하면서 오늘날 붓다의 삶을 돌아보는 작업에 의미를 부여했다.[2]

이 책은 여느 전기처럼 붓다의 생애를 전체적으로 조망하는 것을 목적으로 하지 않는다. 어디까지나 그의 불안을 살피는 일이 주목적이다. 다만 그의 불안을 살피려면 역시 불안의 증거가 되는 삶의 이야기가 필요했다. 특히 깨달음을 얻기 전의 그의 삶에 대한 자료가 필요했다. 불안의 기원을 따라가야 그의 삶에 놓인 불안을 제대로 읽을 수 있기 때문이다. 문제는 붓다의 가르침과 행적을 기록해 놓은 초기 경전들에는 깨달음을 얻는 후의 행적, 즉 그가 사람들에게 가르침을 설파하는 내용으로 대부분 채워져 있다는 점이다. 붓다가 되기 전의 일들인 태어나서 깨달음을 얻기 전까지의 삶에 대한 기록은 매우 제한적이다.

물론 후대의 문헌들에는 붓다의 생애 전체가 전기의 형식으로 제법 자세히 기록되어 있다. 하지만 학자들은 후대의 전기들이 얼마나 실제 붓다의 삶에 부합하는지에 대해 의문을 제기한다. 이 전기들에는 진리와 하나된 종교 지도자로서의 붓다에 주목하여 각색되고 와전된 부분이 많다는 것이다. 또한 후대 문헌들끼리도 붓다의 생에 대한 묘사가 일부 상이한 부분이 있다. 따라서 필자는 가급적 초기 경전의 내용을 중심에 두고 붓다의 불안을 분석하려 했다. 그러나 그 내용이 충분치는 않기에 초기 경전의 내용과 어긋나지 않거나, 보편적으로 우리에게 알려진 붓다의 인생 이야기를 기준으로 후대의 문헌들을 참고했다.

필자는 불안의 관점에서 붓다의 내면세계를 최대한 분석하려고 노력했다. 불안의 틀로 그의 삶을 조명하려면 내면 묘사가 필수적이다. 그러나 경전에서는 그의 심리 묘사가 잘 드러나지 않는다. 따라서 필자는 최대한 경전의 기록에 근거한 심리적 분석을 통해 그의 당시 마음을 추체험하려고 노력했다. 그런 후 필자 나름의 견해로 그의 심리 묘사를 진행했다. 특히 자료가 부족한 유년 시절의 싯다르타의 심리에 대해서는 그러한 작업이 제법 구체적으로 진행되었다. 심리학적 관점에서 볼 때, 유년 시절의 경험과 조건은 한 개인이 평생 어떻게 불안해하며 사는지의 틀이 잡히는 핵심적인 시기이기 때문이다.

붓다의 불안을 탐구하고 묘사하려는 시도가 누군가에게는 상당히 불편할 수 있다고 생각한다. 또 붓다를 욕되게 하거나 깎아내리는 작업이라고 생각할 수도 있다. 하지만 필자는 결코 그렇지 않다고 확신한다. 뇌생물학자 게랄트 휘터 Gerald Hüther는 불안의 스트레스 반응이 우리의 삶에서 새로운 길을 만드는 유능한 조정자의 임무를 맡고 있다고 말한다. 기존의 익숙하고 당연한 길을 해체하고 지워 버린 후 새길을 마련하도록 조정하는 것이 불안이라는 것이다. 인류가 새로운 환경에 발맞추어 늘 진화하고 생존할 수 있었던 핵심 이유는 바로 불안 덕분이라고 그는 말한다.[3] 필연적으로 기존 질서의 해체를 돕는 핵심 촉매제로 작용하는 것이 불안이라면, 대전환이 진행되는 지금 시기에 불안의 활약이 엄청난 것은 그 이치상 타당하다. 따라서 불안의 시대라 불리는 이때, 우리가 불안을 다양한 각도로 살펴볼 필요가 충분히 있다고 할 것이다.

비구 아날라요Bhikkhu Analayo는 붓다의 지위를 찬양하며 신성하게 만들수록 붓다는 점점 인간적인 면을 잃어버리면서 타인에게 본받아야 할 모범이 될 수 없게 된다고 지적한다. 붓다를 과하게 신격화하려는 시도는 신뢰할 수 있는 누군가에게 의존하고픈 욕구의 표현임을 이해하지만, 개개인이 심리적으로 자립하여 더욱 성장하기 위해서는 인간 붓다를 있는 그대로 바라보려는 노력도 필요하다는 것이다.[4]

괴로움의 문제를 해결한 성자 붓다를 더 이상 저 높은 곳에 두지 말고 이 땅, 지금 여기로 초대하여 불안의 문제를 검토하는 이 책을 통해, 독자는 여전히 그가 인간의 불안을 덜어 주는 중생 구제의 역할을 수행하고 있음을 확인할 수 있을 것이다. 붓다도 한 명의 인간으로서 한때 심히 불안했다면, 마찬가지로 이 문제를 여실히 겪고 있는 우리가 그의 불안을 알아 가면서 우리 자신의 불안도 더 잘 이해할 수 있을 것이다. 나아가 그가 가르친 불안의 해결 방법을 숙지하면서 우리의 불안을 해결할 조언을 얻을 수 있을 것이다. 따라서 이 작업은 붓다의 가르침이 오히려 현대인에게 친근하게 다가오도록 하며, 불안한 그들의 삶에 더 절절한 도움이 되어 주리라고 믿는다.

이 책에서는 초기 경전들에 있는 붓다의 여러 말이 인용되고 있다. 이 인용을 위해 기본적으로 여러 경전 번역본을 참고했다. 동국대학교 역경원의 아함경 번역본, 초기불전연구원의 경전 한역본, 한국빠알리성전협회의 경전 한역본, 일아 스님 및 법정 스님의 『담마파다』 및 『숫타니파타』 한역본, 그리고 필요에 따라 짬짬이 런던 빠알리텍스트성전협회의 팔리어 원문본과 영역본 등도 함께 참고했다. 그중에서도 가장 많이 참고한 것은 가독성 있게 원본을 풀어 번역한 초기불전원의 경전이다. 그러나 이마저도 일반 대중에게는 여전히 어렵게 읽힐 수 있다는 판단하에 필자가 위의 여러 문헌을 비교하여 더 쉽게 각색해 풀었다. 따라서 독자는 더 쉽게 붓다의 말을 만날 수 있겠지만, 원문의 의미를 충실히 살렸는지에 대해서는 비판이 있을 수 있다고 생각한다. 본래 이 책의 기획이 일반 독자에게 붓다의 불안 이야기를 풀어서 전하는 것이었던 만큼, 이 비판은 기꺼이 감수하고자 한다.

아울러 이 책에서 붓다의 삶을 현대의 불안 개념으로 살핀다고 할 때의 '현대'의 범위는 프로이트가 본격적으로 불안 개념을 적용하여 정신병리를 논하게 된 때인 20세기부터 뇌과학, 인지과학 등이 활발히 연구되는 오늘까지를 모두 포함한다. 사실 프로이트의 이론은 심리학 자체에서만 보자면 고전 중의 고전으로, 그 뒤에 최신 이론들이 많이 등장했다. 즉 심리학의 약 300년이 채 되지 않는 역사로만 보면 프로이트의 불안 이론은 현대가 아닌 고대 심리학인 셈이다.[*]

다만 정확한 불안 개념이 존재하지 않았던 붓다의 시대와 비교할 때, 심리학 자체는 프로이트의 심리학이든 현대의 인지심리학이든 모두 현대의 이론이다. 더욱이 불안 개념

---

[*]   억압 개념은 바로 뒤의 서장 '불안에 대하여'에서 자세히 다룰 것이다.

만 보자면 모든 심리학의 불안 이론은 사실 프로이트의 불안 이론에서 출발했고, 그것을 비판하고 극복하며 이루어졌다고 해도 과언이 아니다. 그러므로 불안을 논하는 맥락에서의 '현대'란 20세기와 21세기를 폭넓게 지칭한다는 사실을 미리 밝혀 둔다. 또한 이 현대의 불안 이론에는 심리학 외에 현대 철학자들의 불안에 대한 이야기도 포함되었다. 다만 한 가지, 이 글에 소개된 여러 불안 이론은 일차적으로 붓다의 불안을 해명하는 데 초점이 맞추어져 있다. 다시 말해 그때그때 붓다가 경험한 불안을 독자에게 쉽게 설명하기 위해 여러 이론의 일부를 선택적으로 적용했다. 그러므로 각 이론이 학술적으로 엄밀하게 구분되어 논의되지는 못했다는 한계가 있음을 밝힌다.

***

필자는 2022년에 한국연구재단의 '인문학지원사업'으로 서구의 불안 개념을 불교적 관점에서 해석하는 연구 과제를 수행한 바 있다. 이 과제를 수행하며 공부한 내용을 기초 삼아 관련 연구를 더욱 심화하면서 이 책을 쓸 수 있었다. 이 자리를 빌려 인문학자의 연구를 지원해 주는 한국연구재단에 감사하다는 말을 전한다. 또 필자가 무엇을 하든 늘 곁에서 응원해 주는 부모님과 동생네 가족에게도 감사함을 전한다. 마지막으로 본 원고의 방향을 함께 고민해 주고 꼼꼼히 부족한 부분을 채워 준 문혜림 편집자님과 책 표지를 멋지게 디자인해 준 심민경 디자이너님께도 감사의 말을 전한다.

2025년 12월

이충현

서장

불안에
대하여

고대인은 우리가 생각하는 불안 개념을 가지고 있지 않았다. 마찬가지로 고대 인도에서 활동했던 붓다는 불안 개념을 직접 말한 적도, 또 가르친 적도 없다. 하지만 이 불안은 현대인에게 너무도 친숙한 개념이다. 우리는 어떤 걱정이나 다른 정신적 문제가 생기면 가장 먼저 자신이 불안하다는 사실을 떠올린다. 현대인에게는 너무나 당연한 불안이라는 기준으로 인간 붓다의 삶과 가르침을 살펴보려면 먼저 불안이 무엇인지에 대한 감을 잡을 필요가 있다. 그래야 인간의 정신적 문제를 이해하는 그 시대의 관점과 이 시대의 관점 사이에 놓인 간극을 좁히면서 붓다의 발자취를 따라갈 수 있기 때문이다. 따라서 본격적으로 인간 붓다의 불안을 논하기에 앞서 간략하게나마 불안에 대한 기초 지식을 정리해 보도록 하자.

불안의 정체는 무엇인가?

고대에는 현대인이 바라보는 불안에 꼭 맞는 말이 없었으나 불안의 여러 증상은 엄연히 존재했다. 고대인도 인간이었다. 즉 그들은 불안했고, 역사 기록이 이를 증명한다. 예를 들어 인류 최초의 의사로 알려진 고대 그리스의 히포크라테스 문헌에는 불안 개념이 등장하지 않는다. 하지만 불안에 해당하는 두려움의 증상들은 기록되어 있다. 일례로 어느 날 밤, 술 파티에 참석한 귀족 니카노르Nicanor는 한 소녀의 플루트 연주 소리를 듣고는 엄청난 두려움에 휩싸였다고 한다. 그는 그 이유를 알 수 없었다. 그런데 낮에 그 플루트 연주 소리를 들으면 밤과 달리 아무런 문제도 겪지 않았다. 똑같은 연주 소리가 밤에는 공포스럽게, 낮에는 아름답게 들리는 이 기괴한 증상이 그에게는 아주 오랫동안 지속되었다고 한다.[5] 오늘날 보면 이는 분명 불안 증상으로 진단할 만한 문제이다.

아리스토텔레스는 자신의 역작 『니코마코스 윤리학』에서 다음과 같이 말한 바 있다.

본성적으로 모든 것을 두려워해서 쥐소리만 나도 무서워하는 사람은 짐승 같은 유형의 겁 많음을 가진 겁쟁이이다. 또 어떤 사람은 질병으로 말미암아 족제비만 보면 겁을 내는 것이다.[6]

여기에서 아리스토텔레스는 기질적으로 본래 두려움이 많은 사람과 병적으로 두려움을 느끼는 사람을 구분하고 있다. 정상적이지 않은 병적 두려움이란 뒤에서 더 확인하겠지만 불안의 문제에 해당한다. 니카노르가 소녀의 플루트 연주 소리에 별다른 이유 없이 큰 두려움을 느끼는 일도 그런 사례라고 할 수 있다.

히포크라테스보다 약 400년 뒤에 활동했던 스토아 철학자 에픽테토스Epiktētos도 다음과 같은 연주자의 예를 든 적이 있다.

초조하고 염려하는 사람을 보면 나는 이렇게 묻게 된다. 이 사람은 무엇을 원하는가? 자기 힘으로 할 수 없는 것을 원하지 않는다면 어떻게 초초해지고 걱정스러워질 수 있겠는가? 이런 이유로 류트 연주자가 혼자 노래할 때는 초초하거나 염려하지 않지만, 무대에 오르면 아무리 좋은 목소리를 가지고 있고 또 류트를 잘 연주해도 초초하고 염려하게 된다. 왜냐하면 그는 노래를 잘 부르고 싶은 것은 물론이고, 또 박수갈채도 받

고 싶기 때문이다. 그러나 이는 자신의 힘만으로 할 수 있는 것이 아니다.[7]

자신이 할 수 없는 부분까지 욕망함으로써 초조하고 걱정스러워지는 일은 불안의 경험이라고 할 수 있다. 특히 노래와 연주로 밥을 먹고사는 이가 혼자 있을 때보다 무대에서 훨씬 불안정해지는 것은 수행불안에 빠진 것에 해당한다. 이 불안이 심할 경우 현대의 정신과 의사들은 분명 '무대공포증'에 해당하는 '사회불안장애'라고 진단할 것이다.

불교 경전에서도 불안을 확인할 수 있다. 예를 들어 끼사 고따미라는 여인은 애지중지하며 키우던 아들을 잃는다. 큰 충격과 슬픔에 휩싸인 그녀는 아들의 사망을 인정하지 못하고 이리저리 다니며 사람들에게 아들을 살릴 방도를 묻는다. 사실을 부인하는 일, 충동적으로 마구 행동하는 일 등 그녀가 당시 보인 행동은 엄청난 불안 증상이라고 해도 틀린 말이 아니다.

불안의 한자어는 '不安'으로 '편안하지(安) 않은(不) 상태'를 뜻한다. 안정됨은 곧 이완을 의미한다. 이완의 상태에서 심신은 동요됨이 없이 편안해지고 자연스러워진다. 반면 불안정은 긴장과 각성을 야기하며 불편한 상태를 이끈다. 불안의 영어는 'anxiety'인데, 이것의 어원은 '조르다', '압박하다', '괴롭히다'를 의미하는 인도유럽조어 'angh'이다. 불안하면 심장이 조이고 기도가 좁아져 호흡을 편히 하기 어려워진다. 심장박동은 빨라지고, 가슴은 답답하며, 걱정이나 의심 등 부정적인 생각이 많아지는 괴로움의 상태에 처한다. 이렇게 심신이 안정되지 못하고 불편한 상태가 불안이므로, 누구나 불안에서 빨리 벗어나고 싶어 한다. 불안에서 벗어나기 위해 무엇이라도 일단 해야 마음이 안정되는 듯 느껴진다. 이것이 바로 불안한 이들이 쉽게 충동적으로 행동하게 되는 이유이다.

그렇다면 우리의 마음은 왜 불안해지는 것일까? 『불안을 철학하다』를 저술한 뉴욕시립대학교 철학과 교수이자 철학상담사인 사미르 초프라Samir Chopra는 우리 문명의 역사 기록들에는 저마다 그 시대의 인류가 겪는 불안의 형태와 상황이 드러난다고 지적한다. 그는 아주 오래된 문헌에서 당시 인류가 겪었다고 해석되는 그 불안들을 여전히 오늘의 우리도 겪고 있음을 확인하게 된다고도 말한다.[8]

현대 학자들이 오래된 문헌에서 불안의 증거를 찾을 때, 그들은 과연 무엇에 주목할까? 그들이 주목하는 여러 개념 중 대표적인 것이 바로 '두려움'이다. 신학자 폴 틸리히

Paul Tillich는 두려움과 불안은 한편으로 구분되면서도, 다른 한편으로 분리되지 않는다고 말한다. 그 둘은 긴밀한 관계에 있다는 것이다.[9] 초프라는 불안을 형태 없는 것에 대한 두려움, 즉 '실체 없는 두려움'이라고 표현한다. 또한 심각한 불안 장애 환자이자 저명 잡지사의 편집자이기도 한 스콧 스토셀 Scott Stossel은 불안에 관한 자신의 저서에서 다음과 같이 말한 바 있다.

불안이 두려움에서 비롯되었고, 두려움이 종의 생존을 연장하기 위해 설계된 진화적 충동이라면 불안은 인류만큼이나 오래된 것이다. 인간은 언제나 항상 불안해했다.[10]

실제로 많은 학자들은 고대인이 어떻게 두려워했는지를 보며 오늘의 불안 개념에 꼭 들어맞는 현상들을 확인하고는 한다.

도대체 불안은 두려움과 어떤 관련이 있는 것일까? 사실 불안은 일종의 두려움 혹은 특별한 두려움이다. 두려움처럼 불안도 편도체, 전두엽 등 두려움을 인지하는 뇌 영역과 관련된다.[11] 불안은 나 자신이 위험해질 것이라는 예감에서 일어나는 정서이다. 자신의 생존에 위협이 느껴지니 당연히 두렵다. 따라서 프로이트는 불안이 내게 위험을 알리는 신호의 역할을 한다고 설명했다. 마음에서 느껴지는 위험이 제대로 해결되지 않는 이상 계속 두렵고 불안할 수밖에 없다.

예를 들어, 직장에서 불안을 심각하게 느끼는 이가 있다고 가정하자. 그에게는 아주 악질적이고 무례한 직장 상사가 있다. 그는 직장 상사와 어떤 프로젝트를 함께하게 되었다. 상사는 종종 무리한 요구를 하며 화를 내고 짜증도 많이 부린다. 그는 이 상사와 프로젝트를 진행하며 힘들고 불안한 시간을 보내야만 했다. 마침내 프로젝트가 마무리되었다. 프로젝트가 끝났으니 이제 그의 불안은 사라져야 마땅했다. 그런데 아니었다. 그는 이 상사와 앞으로도 계속 부딪히면서 일을 해야 한다는 생각을 떨칠 수 없었다. 즉 같은 직장 내에서 언제 어떤 일에서든 다시 이 상사를 만나 시달리게 될 것이 분명하다는 위험의 예감이 계속 그의 머릿속을 맴돌았다. 그 위험이 제대로 제거되지 않는 이상, 불안이라는 알람은 수시로 그의 마음속에서 울릴 것이다.

인간은 근본적으로 위험을 느끼는 존재이다. 위험을 느끼지 않으면 생존하기 어렵다. 위험의 예감에서 일어나는 불안은 생존해야만 하는 인간이 겪어야 하는 필연이다. 공황장애이든 강박증이든 우울증이든 모든 심적인 문제는 한결같이 불안이라는 원재료를 가져다 쓰고 있다. 대부분의 심적 괴로움에 불안은 필히 동반된다. 그 때문에 프로이트는 불안을 다양한 심리적 질문들이 만나는 '교차점'이라고 명명하면서, 이것의 정체를 밝히면 인간의 모든 정신적 문제들을 투명하게 이해하게 되리라 예상했다.[12] 실존주의 심리학의 대가 어빈 얄롬Irvin D. Yalom은 모든 심리치료에서 불안이 중심적이고 분명한 역할을 한다고 강조한다. 심리 치료사들이 불안을 치료의 등대 혹은 나침반으로 활용한다고 평가한 그는, 심리 치료란 결국 불안의 근원을 탐구하고 밝히면서 이를 해결하려는 최종 목표가 있다고 주장한다.[13]

불안할 때 우리의 마음은 어떻게 대처하는가?

위험을 알리는 불안의 신호가 울릴 때면 내 마음은 편안히 있을 수 없다. 알람을 끄기 위해 어떻게든 위험을 제거하려 시도한다. 내 마음은 이제 예고된 위험으로부터 자신을 지키기 위해 이런저런 방어수단을 강구한다. 이것을 심리학에서는 '방어기제'라고 한다. 심리학자들이 그간 발견해 온 여러 방어기제들이 있는데, 그중 이 책에서 다루게 될 세 가지 방어기제에 대해 간략히 소개하고자 한다.

첫째, 억압이다. 위험으로 느껴지는 불쾌하고 고통스러

운 생각이나 기억을 무의식으로 밀어 넣어 의식이 제대로 인식하지 못하게 하는 작업이다. 이는 가장 대표적인 방어기제로, 불안을 야기하는 위험 요인이 의식되지 못하도록 차단하는 역할을 한다. 예를 들어 유치원생 아이가 부모 사이에서 벌어진 심한 가정폭력을 목격했다고 가정하자. 이 기억은 부모와 함께 살아가야 하는 아이에게는 매우 불편하고 위협적인 기억이다. 따라서 아이의 마음에서는 이 기억을 억압하는 일이 일어난다. 성공적으로 억압된 기억은 아이의 의식에 잡히지 않는다. 따라서 다른 어른들이 아이에게 부모님 사이가 어떤지 물으면 "엄마와 아빠는 늘 사이가 좋으세요"라고 답하거나 그냥 "잘 몰라요"라고 답하게 된다.

둘째, 부인이다. 위험하고 불쾌한 사실을 인정하지 않고 마치 없는 일인 양 행동하는 작업이다. 예를 들어 가족으로부터 소외된 노인이 어느 날 자기 앞에 나타나 마구 잘해주는 젊은 여인에게 고마움과 연정을 느끼게 되었다고 가정하자. 그런데 그녀가 갑자기 돈이 필요하다면서 힘들어하는 모습을 보이기 시작한다. 노인은 안타까운 마음에 있는 돈 없는 돈 다 구해서 그녀에게 빌려준다. 그 후 이해하기 힘든 일이 벌어진다. 그녀가 갑자기 몸이 아프다는 이유로 잠적한 것이다. 노인은 그녀와 연락이 닿지 않자 매우 불안해진다.

일련의 사태를 옆에서 지켜본 주변 사람들은 그에게 아무래도 그녀에게 사기를 당한 것 같다고 조언한다. 더 이상 노인으로부터 돈이 나올 구석이 없음을 안 그녀가 노인을 떠난 것이다. 그러나 노인은 현실을 그저 부인한다. 그는 그녀가 그럴 리 없다며 계속 그녀를 옹호한다. 다행히 그녀가 초췌한 모습으로 다시 나타난다. 그녀는 그럴듯한 변명으로 그간의 잠적 이유를 설명하며 여전히 돈 문제가 해결되지 않아서 다시 자리를 비워야 할 것 같다고 말한다. 그녀를 곁에 두어야만 불안하지 않은 그는 어렵지만 다시 돈을 구해 그녀에게 보낸다. 돈을 받은 그녀는 또다시 잠적한다. 외롭고 불안한 노인의 심리를 이용한 이런 식의 사기는 실제로 우리 주위에서 일어나는 일이다.

셋째, 투사이다. 자신의 마음에서 일어나는 불편한 감정이나 욕망, 생각 등을 자기 것이 아닌 외부 대상의 것이라고 떠넘기는 일이다. 덕분에 위험스러운 감정, 욕망, 생각에 대한 책임을 그 대상에게 돌리며 회피할 수 있다. 예를 들어 질투는 매우 유치하고 수치스러우며 약해 빠진 감정이라고 치부하는 남성이 있다고 가정하자. 그는 어느 날 호감을 가지고 만나는 여성이 다른 남성과 다정하게 대화하는 모습을 본다. 그의 마음에서 갑자기 질투가 일어난다. 그간 자신이 부정적이고 하찮은 감정으로 여긴 질투가 자신에게 일어났다는 사실을 그는 받아들일 수 없다. 이는 그에게 불안을 야기하는 위험한 일로 다가온다. 따라서 그는 자신이 아니라 여성이 오히려 자신을 질투하고 있다고 생각하며 그녀를 비난하기 시작한다.

이와 같은 세 가지 방어기제는 우리 마음에서 흔히 일어난다. 이것들은 일시적으로 불안을 피하게 하고 위안도 제공하지만, 진정한 문제 해결책이 될 수 없다. 진실을 따르는 것이 아니기 때문이다. 진실은 언제나 괴로움을 치유하는 가장 큰 힘이자 그 원천이다. 부인이라는 방어기제에서 들었던 예를 다시 살펴보자. 노인은 젊은 여인이 나를 진정으로 사랑한 것이 아니라 그저 돈 때문에 이용한 것이라는 끔찍한 현실을 인정하지 못한다. 그것을 자발적으로 인정하게 되면 너무 큰 위험이 뒤따를 것 같기 때문이다. 그래서 노인은 그저 현실을 부인하는 방어기제를 사용한다. 진실을 인정하지 못하는 그는 여인에게 다시 한번 똑같은 사기를 당해야 했다.

우리의 일상에 큰 영향을 미치고 있는 불안

불안에 한 번 빠지면 마음을 제대로 다스리기 어렵다. 불안의 원인을 제대로 이해하고 불안에 대처하는 마음의 근육을 확실히 키울 때까지는 불안과 아주 불편하고 힘든 동거를 해야 한다. 나를 위협하는 심적인 요인이 실제로는 위험한 것이 아니었다는 확신이 자리 잡을 때까지 마음은 안도감을 가지기 어렵다. 한 번 불안을 경험하면 그 불안은 쉽게 사그라지지 않는다.

'사람은 잘 바뀌지 않는다'라는 말은 불안이 얼마나 끈질기게 우리의 인생에 영향을 미치는지를 잘 보여 준다. 살면서 내가 겪은 불안의 포인트는 마음 깊이 각인되어 쉬이 변하지 않는다. 삶의 현장에서 그 포인트가 자극되는 순간마다 내 마음은 불안에 대처하기 위해 방어기제를 작동시킨다. 즉 내면에서 부지불식간에 위험이 느껴지면 자동적으로 우리의 마음은 익숙한 대처 방안인 방어기제를 꺼내어 그 위험을 처리하려 든다. 살아가면서 이 방어기제가 반복되면 이는 몸과 마음이 반응하는 습관으로 자리 잡는다. 그리고 이 습관은 결국 내 성격이 된다. 성격은 삶을 이끄는 운명처럼 작용하게 되기 마련이다. 이에 대해서는 이 책의 가장 마지막 부분인 5장에서 좀 더 자세히 다루게 될 것이다.

인간은 이성적 존재일까, 아니면 감정적 존재일까? 이 질문은 고대부터 지금까지 철학자들이 끊임없이 고민하고 논의해 온 것으로서 쉬이 결판나지 않는 문제이다. 이성은 생각하는 일을 대표하고, 감정은 느끼는 일을 대표한다. 어떤 자극이 주어지면 우리는 어떤 생각을 하게 되고, 또 그에 따른 어떤 감정을 느끼게 된다.

그런데 불안은 이 두 가지가 함께 일어나는 심적 문제이다. 불안이 일어날 때면 우리의 마음은 위험을 예감하며 이런저런 생각을 굴린다. 걱정이나 근심 혹은 고뇌가 불안에 동반되는 것이다. 또한 위험을 예감하는 마음은 자연적으로 불안정하고 불편한 느낌을 가지기 마련이다. 이 느낌이 곧 불안인데, 이에 따라 여러 부정적 정서가 밀려들 수 있다. 불안할 때 우리의 마음은 생각이 많아지고, 또 불편한 느낌으로 인해 부정적 정서에 사로잡힌다는 사실을 잘 기억해 두기를 바란다. 붓다가 불안의 원리를 어떻게 자기만의 방식으로 해명하는지를 다루는 3장에 가서 이에 대해 다시 언급할 것이다.

지금까지 아주 간략하게나마 불안에 대해 정리해 보았다. 주의할 점은 지금 다룬 불안의 내용이 이 책에서 소개하는 불안의 전부가 아니라는 점이다. 붓다의 삶과 가르침을 불안의 틀로 조망하려면 분명 이보다 더 깊고 폭넓은 불안에 대한 이해가 필요하다. 지금 소개한 불안의 내용은 아주 기초적인 것으로, 논의를 본격화하기에 앞서 독자들이 쉽게 내용을 따라올 수 있도록 돕는 징검다리 역할을 할 뿐이다. 다음 장부터는 이를 토대로 하여 인간 싯다르타의 삶을 검토하면서 좀 더 풍성하고 구체적인 불안에 관한 지식을 함께 확인하게 될 것이다.

1장

인간 싯다르타에게 주어진 불안의 조건

붓다는 세상의 모든 일은 그냥 일어나는 법이 없다고 말한다. 어떤 일이라도 그럴만한 조건이 먼저 갖추어져야만 일어나거나 소멸될 수 있다. 그에게 조건이란 곧 인연을 의미한다. 인연을 따라 세상의 모든 것이 일어나고 소멸한다. 그는 이를 '연하여 발생한다'라는 뜻에서 '연기한다'라고 표현했다. 예를 들어 어떤 사회에 자살률이 증가한다면 그것은 그 사회에 그럴만한 조건이 갖추어졌기 때문이다. 마찬가지로 어떤 사회에서 갑자기 범죄율이 감소한다면 그 또한 그만한 조건이 갖추어졌기 때문이다.

붓다는 인간의 괴로움도 마찬가지라고 보았다. 인간이 괴로운 이유는 이런저런 조건이 먼저 갖추어진 가운데 그 조건에 따라 잘못된 선택과 행동을 하는 인간 자신의 무지와 정서적 취약함이 있기 때문이다. 한 개인이 불안하다면 거기에는 그만한 조건이 갖추어져 있음이 분명하다. 따라서 그의 불안을 알아보기 위해 가장 먼저 해야 할 일은 그가 당시 어떤 불안의 조건을 갖추고 있었는지를 파악하는 일이다.

붓다는 왕자의 신분으로 잘 살다가 갑자기 혹은 우연히, 아니면 그냥 운명에 따라 출가하여 깨달음을 얻은 자가 된 것이 결코 아니다. 그가 출가를 선택한 것도, 깨달음을 얻고 괴로움의 문제를 해결하는 성자가 된 것도, 또 자신의 깨달음을 펼치기 위해 나선 것도 다 그만한 조건이 갖추어져 있었기 때문이다. 이 책은 그런 조건의 핵심 중 하나로 불안이라는 심리적 문제를 지목한다. 그는 어떤 조건 속에서 불안을 겪었고, 또 그로부터 어떤 영향을 받은 것일까?

1. 싯다르타의 출생 비밀

인간 붓다의 본래 이름은 고타마 싯다르타*이다. 고타마는 그의 가문이 사용하는 성이고, 싯다르타는 그만의 고유한 이름이다. 싯다르타는 카필라국에서 태어났다. 카필라국은 고타마 가문이 속한 석가** 종족의 나라였다. 그의 아버지는 이 왕국을 통치하는 고타마 숫도다나 왕이었다.

불교의 경전 중 가장 오래된 경전으로 알려진 『숫타니파타』에는 붓다의 탄생 비화가 담겨 있다. 이에 따르면 당시 히말라야에서 구도를 하던 아시따라는 선인이 어느 날 천신[천상계에 사는 신적 존재]들이 매우 기뻐하며 난리 치는 모습을 확인했다. 그 연유가 궁금하여 그가 천신들에게 묻자

---

* 붓다의 본래 이름을 초기 경전어인 팔리어(pail)로 표기할 경우 '싯닷타'(P.: Siddhattha)와 '고따마'(P.: Gotama)이다. 반면 대중에게 익숙하게 알려진 그의 이름은 '싯다르타'와 '고타마'이다. 붓다의 삶을 불안의 관점에서 현대의 독자에게 쉽게 소개하는 이 책은 후자의 이름을 사용한다. 참고로 괄호의 'P.'는 팔리어의 약어이다. 이 책에서 특정 단어를 괄호 속에 표기할 때 쓰이는 약어로는 이 외에 산스크리트어의 약어 'S.', 영어의 약어 'E.' 등이 있다.

** 석가는 사꺄(P.: Sakya)의 한문 번역어이다. 이는 우리에게 사꺄보다 더 익숙한 단어이므로 그대로 이를 사용하고자 한다.

그들은 다음과 같이 대답했다.

> 비교할 수 없이 빼어난 보석 같은 인물이 석가족의 룸비니 동
> 산에서 태어났습니다. 이 아이는 세상 사람들의 이익과 행복
> 을 위해 인간 세상에 태어난 것입니다. 이것이 바로 우리가 이
> 렇게 기뻐하는 이유입니다. 이 아이는 모든 생명의 존재 가운
> 데서 가장 뛰어난 성자가 되어 동물의 왕 수사자가 포효하듯
> 가장 뛰어난 진리를 펼칠 분입니다. (『숫타니파타』)

하늘의 상서로운 징조를 읽은 그는 곧바로 산을 내려가
카필라국의 숫도다나 왕을 알현했다. 당대의 명성 높은 스승
이 방문했다는 소식을 들은 부왕은 기뻐하며 그를 맞이했다.
그는 아시따 선인의 요청에 따라 자신의 갓난 아들을 보여
주었다. 왕자의 모습을 자세히 살펴본 선인은 눈물을 흘리기
시작했다. 갑작스러운 선인의 눈물에 사람들은 놀라며 걱정
스럽게 그 이유를 물었다. 그는 다음과 같이 답했다.

> 이분은 앞으로 가장 뛰어난 깨달음을 얻을 것입니다. 많은 중
> 생의 행복을 위해 자비로운 마음으로 진리를 펼치실 것입니
> 다. 이분의 청정한 삶은 드높이 칭송받을 것입니다. 저의 목숨

은 이제 얼마 남지 않았습니다. 이분의 가르침을 듣지 못하고 죽는다고 생각하니 너무 슬퍼서 우는 것입니다. (『숫타니파타』)

이 말을 남기고 아시따 선인은 다시 산으로 돌아갔다. 산으로 가면서 그는 자신의 조카인 날라까에게 언젠가 세상에서 깨달은 자가 나타났다는 소문이 돌거든 꼭 그를 찾아가 가르침을 청하고 배우라고 당부했다. 실제로 훗날 조카 날라까는 싯다르타가 깨달음을 얻은 붓다가 되어 세상에 이름을 떨치게 되자 그를 찾아갔다. 그리고 그에게서 성자의 삶에 대한 가르침을 듣는다. 후대의 문헌에 따르면 날라까는 그 가르침을 듣고 히말라야로 들어가 수행하여 깨달음을 성취했다고 한다.

또한 『디가 니까야』의 「대전기경」과 『장아함경』의 「대본경」에는 싯다르타 붓다가 제자들에게 그동안 인류의 역사에 등장했던 여러 명의 붓다의 인생에 관해 이야기해 주는 장면이 담겨 있다. 그에 따르면 인류의 역사는 기록으로 전해지는 것보다 훨씬 오래된 것으로, 각 시대마다 흥망성쇠가 있었다. 해당 시대에는 각자 다른 이름을 가진 붓다들이 출현했는데, 이들은 대체로 공통된 인생 경험의 패턴을 공유한다. 싯다르타 붓다는 그 예로서 위빠시 붓다의 것을 들어서 자신을 포함한 모든 붓다의 인생에 관해 설명한다.

예를 들어 부왕은 당대의 저명한 사제와 학자들을 초대하여 그의 운명을 점쳐 달라고 부탁했다. 왕의 요청에 그들은 왕자의 얼굴과 몸의 모습을 꼼꼼히 관찰한 후 다음과 같이 왕에게 고했다.

> 이런 모습을 한 아이는 필연코 두 가지 길로 나아가게 됩니다. 만일 왕자가 세속에 머무르기를 택하면 전륜성왕이 되어 천하의 왕 노릇을 할 것입니다. 강한 군대를 갖추되 바른 가르침으로 천하를 다스리시니, 무엇 하나 치우침이나 억울함이 없을 것이며, 왕의 은혜는 온 천하에 두루 미칠 것입니다. 반대로 만일 왕자가 세속을 떠나 출가하여 구도의 길을 택한다면 반드시 최고의 깨달음을 얻는 성자가 될 것입니다. (「대본경」)

이 예언을 들은 부왕은 너무 흡족한 나머지 철학자들에게 소원을 말하라 주문했고, 실제 그 소원을 들어주었다고 한다.

『자타카』에는 숫도다나 왕이 귀하게 얻은 아들의 이름을 짓기 위해 명명식을 열었다고 기록되어 있다. 부왕은 이 행사에 당대의 여러 훌륭한 사제와 철학자들을 초대했다. 그렇게 모인 이들 가운데 가장 뛰어난 여덟 명이 왕자의 운명에 대해 예언을 내렸다. 그중 일곱 명은 아이의 운명을 두 가지 가능성으로 점쳤다. 한 가지는 아버지 숫도다나 왕의 뒤를 이어 올바르게 세상을 다스리는 성스러운 왕, 즉 전륜성왕이 될 가능성이었다. 다른 한 가지는 왕자의 신분을 버리고 출가한 후 최고의 깨달음을 얻는 성자가 될 가능성이었다. 다만 나머지 한 명인 가장 젊은 사제 꼰단냐는, 왕자에게는 오직 최고의 성자가 될 운명만이 있다고 다르게 예언했다.

종합해 볼 때 아이에게는 두 가지 운명의 가능성이 주어져 있었다. 어느 쪽이 되더라도 모두 나무랄 데 없는 훌륭한 가능성이다. 그래서인지 왕자의 이름은 '싯다르타'로 채택되었다. 이는 '소원 혹은 목표를 성취하는 자'라는 뜻이다. 이름에서조차 아기의 타고난 훌륭한 운명이 성취되기를 바라는 부왕과 주변 사람들의 바람이 녹아 있다. 이 위대한 왕자의 탄생을 두고 왕족과 신하들은 물론 온 나라 백성들은 기뻐하며 축복했다. 심지어 왕은 죄수를 풀어 주고 곳간을 열어 백성들과 나누었다고 한다. 이렇게 싯다르타의 탄생은 크나큰 축복이자 높은 기대가 함께하는 성스러운 사건이었다.

사실 모든 훌륭한 성자의 탄생에는 늘 성스럽거나 비범한 이야기가 등장한다. 예를 들어 예수 그리스도가 탄생하기 직전 동방박사들은 하늘에 나타난 특별한 별을 보고 '유대인의 왕'이 될 운명의 아기가 태어났음을 깨달았다. 그들은 아기를 보기 위해 예루살렘으로 갔다. 거기에서 그들은 우여곡절 끝에 아기를 만났고, 아이에게 경배하며 황금, 유향, 몰약 등의 세 가지 의미 있는 선물을 했다. 이런 식으로 특출나게 위대한 인물의 탄생에는 그에 걸맞은 성스러운 징조가 하늘과 땅에서 보이기 마련이며, 그 인물의 운명에 대한 예언도 뒤따르는 법이다. 싯다르타 붓다도 예외가 아니었다.

그런데 싯다르타의 탄생 비화에는 이렇게 밝은 면만 있는 것이 아니다. 그의 탄생에는 명과 암이 극단적으로 공존한다. 그의 탄생 직후 친어머니인 마야 왕비가 사망한 것이다. 보다 정확하게는 그가 태어난 지 칠 일째 되는 날, 그의 어머니는 급작스럽게 병으로 유명을 달리했다. 그 때문에 아내를 잃은 숫도다나 부왕은 당시의 풍습을 따라 처제, 즉 마야 왕비의 동생인 고따미 마하빠자빠띠를 아내로 맞아들였다. 싯다르타는 태어나자마자 친모가 아닌 양모의 품에서 자라야 했다.

붓다의 탄생에 얽힌 이 비극적 사실은 특별나게 위대한 성자의 통상적인 탄생 비화에는 그다지 적합한 이야기가 아니다. 인류 역사에 빛을 밝힐 위대한 존재의 탄생에 그림자가 드리워졌다는 것은 그 위대함을 축소시킬 위험이 있다. 따라서 후대 불교도들은 붓다의 이 비극적 탄생에 대해 상당한 부담을 느끼면서 이를 고민했다.

그들은 붓다의 탄생이 어머니의 죽음으로 이어졌다는 부정적 사실을 긍정적으로 소화하기 위해 다양한 해석을 내놓았다. 그중 몇 가지만 예로 들자면, 첫째, 마야 부인은 자신이 낳은 이 뛰어난 아기를 보고는 기쁨을 이기지 못하고 임종하게 되었다는 설이다. 둘째, 마야 부인은 성자 붓다의 어머니가 될 엄청난 공덕을 감당할 만한 운명이 아니었다는 설이다. 그래서 싯다르타는 출산 후 칠 일 만에 사망할 운명을 가진 여성을 미리 알고 그녀를 어머니로 일부러 택해 태어났다고 해석한다. 셋째, 붓다가 될 싯다르타를 낳은 뛰어난 공덕으로 말미암아 마야 부인이 반드시 천상에 다시 태어나는 과보를 즉각 받아야 했다는 설이다. 따라서 그녀는 출산하고 바로 사망하여 천상계에서 다시 태어나게 된 것이라고 해석한다. 넷째, 마야 부인은 싯다르타가 머물던 자궁을 순결하게 보존해야 하므로 그 임무를 다하기 위해 사망했다는 설이다. 다섯째, 붓다를 출산한 생모는 다시 부부관계를 하는 것이 적절하지 못하므로 사망했다는 설이다.[14] 이러한 견해들은 각각 이유를 달리해도 공통적으로 싯다르타의 출산이 마야 부인의 죽음에 직접적 원인이 된다는 해석을 피하려고 부단히 노력하고 있다.

인간 싯다르타의 삶을 있는 그대로 바라본다면 그의 탄생에는 두 가지 극단적인 측면이 공존한다. 한쪽은 뛰어난 운명을 가진 아이의 탄생과 그에 따른 크나큰 축복 및 기대가 함께하는 성스러운 측면이다. 다른 한쪽은 그의 탄생이 친모의 사망으로 이어지는 비극적인 측면이다. 그의 탄생 비화에 얽힌 이 두 극단은, 그의 성장 환경은 물론 그의 깨달음의 여정, 나아가 깨달음의 내용에도 영향을 미치는 중요한 조건이라고 할 수 있다.

2. 왕자 싯다르타의 성장 환경

싯다르타에게는 두 가지 운명이 예언을 통해 주어졌다. 그러나 분명한 한 가지 사실은 어린 시절부터 부왕을 포함해 모든 주변 사람들은 그에게 오직 전륜성왕의 운명만을 바랐다는 점이다. 거기에는 그럴 만한 이유가 있었다. 당시 고대 인도는 여러 국가로 분열되어 있었다. 이 국가들은 각기 규모와 세력이 달랐다. 큰 국가는 작은 국가들을 침략해 통합시키면서 세력을 확장하고 있었다. 안타깝게도 석가족의 카필라국은 규모와 세력 측면에서 모두 작은 나라였다. 즉 이 나라는 언제 주변의 강대국에 의해 침략당할지 모르는 상황에 처해 있었다. 이 위태로운 국가적 입지로 볼 때, 왕자의 운명이 전륜성왕의 실현이라는 사실은 큰 의미가 있었다. 그것은 이 국가가 오래도록 번성함은 물론 가장 강한 국가로 거듭날 것이라는 핑크빛 미래를 약속하는 것이었기 때문이다. 따라서 그들은 자신과 자손들이 안전할 것이며, 앞으로 계속 번영할 것이라는 희망을 가질 수 있었다. 그들은 싯다르타의 운명이 전륜성왕이기를 간절히 바랄 수밖에 없었다.

『불본행집경』에는 한 철학자가 숫도다나 왕에게 아드님의 운명이 반드시 전륜성왕이 되는 것이라고 예언하자 부왕이 기뻐하며 다음과 같이 말하는 대목이 나온다.

> 그렇다면 우리 석가족의 가문은 반드시 더 번성하리라. 지금의 모든 왕은 공덕과 올바른 힘, 인내 등 모두 부분이 모자라지만, 이 왕자에게는 이런 복된 요인들이 모두 갖추어져 있다. 그러니 이제 우리 가문은 반드시 흥성하여 이전의 전륜성왕들처럼 될 것이다. (「종원환성품」)

극한의 쾌락을 즐기는 환경을 얻다

아들이 세속의 전륜성왕이 되기를 간절히 바라는 숫도다나 왕은 두 가지 과제를 안고 있었다. 한 가지는 아들이 출가에 관심을 가지지 않도록 하는 것이었다. 아들의 관심을 세속에 완벽히 붙잡아 둠으로써 출가자가 아닌 위대한 왕이 되도록 만들어야 했다. 『불본행집경』에는 아시타 선인이 왕자 싯다르타의 운명이 오직 출가하여 대각자가 되는 것이라고 예언하자 불안을 감추지 못하는 부왕의 모습이 묘사되어 있다. 왕은 그럴 리가 없다며 다른 철학자들이 왕자의 운명을 전륜성왕으로 예언했다고 그에게 항변한다. 그러자 선인은 그들이 헛소리를 한 것이라며 자신이 맞다고 반박한다. 왕은 이에 크게 실망한다. 그러자 철학자들은 다시 왕을 다음과 같이 위로하고 조언하게 된다.

> 왕이시여, 걱정하지 마소서. 저희의 예언대로 왕자는 반드시 전륜성왕이 될 것입니다. 결국 저희가 말한 대로 될 것입니다. (…) 혹여 그 선인의 예언이 헛되지 않다고 하더라도 방편이 있사옵니다. 왕자가 어릴 적부터 세상에 대한 애착심을 가지도록 만드소서. 그러면 저절로 궁에 있기를 좋아할 것이며, 출가하여 고된 길을 가지 않을 것입니다. (「사타문서품」)

그 말을 들은 왕은 모든 신하와 가족들에게 이렇게 명했다.

나 그대들에게 친히 명하노니, 왕자가 더 자랐을 때 그의 앞에서 아시따 선인이 예언한 바를 입 밖에 내지 말라. 왕자가 혹여 이 말을 들으면 기뻐하여 출가의 마음을 낼지 모른다. (「사타문서품」)

부왕은 아들에게 세속이 즐겁고 머물 만한 곳이라는 인식을 심어 주기 위해 최선을 다했다. 따라서 그는 아들에게 극한의 쾌락적 환경을 제공하기로 마음먹었다. 『중아함경』의 「유연경」에는 숫도다나 왕이 왕자 싯다르타에게 어떤 쾌락의 여건을 조성해 주었는지가 구체적으로 묘사되어 있다.

아버지는 나를 위해 여러 가지 궁전, 즉 봄 궁전, 여름 궁전, 겨울 궁전을 지어 주셨다. 내가 잘 즐기며 노닐 수 있도록 하기 위해서였다. 궁전에서 멀지 않은 곳에 푸른 연꽃 못, 붉은 연꽃 못, 빨간 연꽃 못, 흰 연꽃 못 등 갖가지 꽃 못을 만들어 주셨다. 그 연못 가운데에는 푸른 연꽃, 붉은 연꽃, 빨간 연꽃, 흰 연꽃 등 온갖 물꽃이 심겨 있었다. 궁에는 언제나 물이 있고,

언제나 꽃이 있었다. 또한 아버지는 사람을 시켜 연못을 지키고 가꾸게 하셨으니, 오직 나만이 이를 즐기며 놀 수 있었다. 연못의 언덕에는 재스민 꽃, 목련 꽃, 참파 꽃, 향기로운 꽃, 꿀 향기가 나는 꽃, 덩굴 꽃, 하르싱가르 꽃 등 온갖 육지 꽃을 심게 하셨다.

그뿐만 아니라 네 명의 사람을 시켜 나를 목욕하게 하고, 목욕 후에는 붉은 전단향을 내 몸에 발라 주셨다. 몸에 향을 바른 후에 새 비단옷을 입게 하셨다. 나는 위아래나 안팎이나 겉과 속 모두 항상 새것만을 입었다. 밤낮으로 언제나 시중을 드는 이가 있었다. 시중은 양산을 내게 씌워 밤에는 이슬에 젖지 않고, 낮에는 볕에 타지 않도록 했다. 항상 음식도 온갖 산해진미로 가득했다. 심지어 궁의 가장 낮은 하인도 쌀밥과 기름진 반찬을 식사로 삼았다. 최고로 맛있는 짐승 요리가 준비되었다. 자고새, 메추라기, 멧돼지 등과 같은 들짐승 중 가장 맛난 짐승이 언제나 나를 위한 요리가 되었다. 과거의 아버지 나라에 머물던 시절을 생각해 보면, 당시 나는 여름 사 개월 동안 남자는 없고 오직 기생만 있는 궁에서 즐기면서 밖으로 잘 나오지도 않았다. (「유연경」)

이렇게 부왕은 아들이 출가에 관심을 두지 않도록 온갖

세속적 쾌락을 선사하는 데 많은 노력을 기울였다. 가끔 아들이 비세속적인 것에 관심을 가질 만한 징조가 조금이라도 보이면, 즉각 세속의 즐거움을 더 누릴 수 있도록 쾌락적 요소들을 강화했다.

최상의 교육 환경을 얻다

문제는 세속에 관심을 두는 것만으로는 전륜성왕이 될 수 없다는 점이다. 부왕은 아들을 전륜성왕으로 만들기 위해 또 다른 중요한 과제를 수행해야 했다. 그것은 바로 싯다르타가 훌륭한 왕의 재목이 되도록 교육하는 일이었다. 전륜성왕은 강력한 군대를 가진 왕일 뿐만 아니라 올바른 이치를 알고 그에 따라 통치하는 지혜로운 왕이기도 하다. 전륜성왕이라면 문무 모두에 능해야 한다. 숫도다나 왕은 아들에게 양질의 교육 환경을 제공하며 그가 공부에 전념할 수 있도록 많은 배려를 했다.

초기 경전에는 붓다가 왕자 시절 어떤 교육을 받았는지에 대한 기록이 거의 전무하다. 다만 싯다르타 가문의 계급이 크샤트리아였음을 감안할 때, 확실히 궁술이나 검술, 창술, 승마, 몸 겨루기, 병법 등의 무예 기술은 그가 능통해야 할 당연한 과목들이었을 것이다.

전통적으로 인도 사회에서는 사회 구성원이 총 네 가지 계급으로 분류되었다. 첫째는 브라만 계급이다. 종교 지도자, 철학자 등의 역할을 수행하는 이들이 이에 해당한다. 이들은 가장 공부를 많이 한 지식층이면서 동시에 각종 종교 행사를 주관하는 영적 지도자이다. 이 계급 중 뛰어난 이들은 인간의 운명을 예언하기도 하는데, 앞서 숫도다나 왕이 아들의 운명을 점치기 위해 초대했던 철학자들도 바로 이 계급에 속한다. 둘째는 크샤트리아 계급이다. 국가 통치자, 전사 혹은 군인, 귀족 등이 이 계급에 해당한다. 세속의 정치적 권력을 가진 층으로 권력과 군사력을 쥔 핵심 계층이다. 셋째는 바이샤로 상인이나 농부, 장인 등이 이에 속한다. 무역이나 생산 활동의 핵심 계층인 이들은 사회의 경제 기반을 담당한다. 네 번째는 수드라 계급이다. 하인, 농노, 노동자 등이 속한 매우 낮은 사회 계층이다. 주로 앞선 계급에 속한 사람들을 섬기고, 고된 노동을 담당한다. 이 네 가지 계급과 더불어 찬달라라는 최하층민도 존재한다. 이들은 시체 처리, 쓰레기 처리, 청소 등 가장 불결하고 미천하다고 여겨지는 일을 담당한다. 이들은 극도로 차별받는 계층으로 각종 권리를 박탈당하고 공동체 활동에서 배제되는 일이 많았다.

이 중에서 크샤트리아 계급이었던 싯다르타는 통치자

로서의 역량과 전사로서의 역량을 함께 갖추어야 했다. 따라서 그는 자신의 가문과 국가를 번성시키기 위해 첫 번째로 무예와 병법에 밝아야 했다.

그렇다면 문예, 즉 다른 주요 학문에 관한 공부는 어떠했을까? 당시의 인도는 기존 계급 질서의 위계에 변화가 생기는 혼돈의 시기를 지나고 있었다. 이 시기는 농업 경제와 상업이 발달하며 국가의 규모 및 영향력이 매우 확장되는 시기였다. 따라서 국가 간의 세력 다툼이 극심했다. 이로 인해 정치와 군대의 실권을 잡고 있는 크샤트리아 계급과 경제적 실권을 쥐고 있던 바이샤 계급의 역할이 상대적으로 중요했다. 법과 질서를 유지하는 유능한 통치자로서의 크샤트리아 계급은 단순히 무예에만 능통한 것을 넘어 여러 학식도 두루 갖추도록 요구받기 시작했다. 이들은 특히 사제나 철학자들로 구성된 최상위의 브라만 계급이나 신흥 권력인 바이샤 계급을 설득하면서 통치를 해 나가야 했다. 당연히 통치에 요구되는 여타 학문에 대한 교육 욕구도 증가하게 되었다. 정치적 실권을 쥔 크샤트리아 계급이 때로는 전통적인 지식층인 브라만 계급에 비견될 정도로 철학적으로 뛰어난 식견을 가질 수 있는 여건이 마련된 것이다.

실제로 당시 인도의 대표적 문헌인 『우파니샤드』에는

크샤트리아 계급이 브라만 계급보다 오히려 우월한 철학적 지식을 가진 것으로 묘사되는 장면들이 있다. 예를 들어 크샤트리아 계급인 카시의 왕 아자따샤뜨루는 브라만 계급인 드리쁘따 발라키 가르그야가 말하는 브라흐만 신에 대한 지식을 문제 삼으며 오히려 이를 올바로 교정해 준다.[15] 크샤트리아 계급이 브라만 계급을 압도하는 철학적 지식을 갖추는 것은 기존의 상식으로는 있을 수 없는 일이었다.

그러므로 당시 싯다르타는 언어학, 시문학 혹은 운문학은 물론 토론술이나 변론술, 나아가 철학 등 여러 학문을 배웠다고 보는 것이 타당하다. 후대의 문헌에서도 싯다르타가 다른 동료들과 함께 철학을 포함한 여러 학문을 배우는 장면이 묘사되어 있다. 예를 들어 『불본행집경』에는 부왕이 왕자 나이 여덟 살이 되자 신하들에게 가장 지혜가 있으며 글과 모든 학문을 가르칠 뛰어난 스승이 누구인지 천거하라는 대목이 나온다. 또한 학문을 배우는 태자의 뛰어난 역량에 대해서도 다음과 같이 기록되어 있다.

태자가 왕궁에서 자라던 어린아이였을 때는 놀기만 하고 배우지 않다가 여덟 살이 되어서야 스승을 찾아가 학당에 들어갔다. '비사바밀다라'와 '찬제제바' 등의 뛰어난 두 스승 밑에서 갖가지 책들을 읽고, 일체 학문과 병법과 온갖 잡술을 배웠다. 그렇게 4년이 지나 열두 살이 되었을 때, 태자는 이를 두루 섭렵하여 통달하게 되었다. (「유희관촉품」)

또한 『보요경』에도 싯다르타가 다른 동자들과 함께 스승에게 여러 세상의 진리에 대해 배웠다고 기록되어 있다. 거기에서 그는 이미 스승을 넘어선 뛰어난 식견을 가진 아이로 등장한다. 비록 이런 후대의 문헌은 소년 싯다르타의 학습 능력과 지혜를 다소 과장하여 표현하고 있지만, 그가 문무의 공부를 겸했다고 전한다는 점에서는 공통적이다.

싯다르타, 철학에 관심을 가지다

숫도다나 왕은 아들이 전륜성왕의 운명을 타고났다는 예언을 들었을 때 더없이 기뻐했다. 그는 당연히 아들이 그런 왕이 될 수 있도록 전폭적인 교육 지원을 했다. 당대 최고의 스승들을 모셔 아들을 가르치게 했고, 아들이 성장하는 모습을 깊은 관심과 긍지를 가지고 지켜보았다. 다만 한 가지, 유독 아들이 철학에 가장 깊은 관심을 보이는 일만큼은 달가워하지 않았다. 당시의 철학은 인간의 생사, 세상의 기원, 죽음 이후의 문제 등 상당히 비세속적인 주제들을 다루고 있었다.

철저히 아들을 세속의 왕으로 키우고 싶었던 그는 아들이 그러한 철학에 관심을 가지는 일을 경계했다. 그는 아들이 세속에 더 많은 관심을 가지기를 바랐다.

그런 부왕의 기대와 달리 싯다르타는 철학에 관심이 정말 많았다. 당시 카필라국의 귀족 자제 중에는 수준 높은 교육을 받기 위해 당시 번창했던 간다라의 수도 딱까실라나, 신흥강국 마가다의 수도 라자가하 등으로 도시 유학을 가는 경우가 있었다. 그런 대도시에서는 여러 철학 사상이 꽃피고 있었다. 당시의 대표 사상인 우파니샤드는 물론 여러 사문이 구축한 새로운 철학 사상을 그곳에서 만날 수 있었다. 여기에서 사문이란 세속의 삶을 버리고 깨달음을 추구하며 수행하는 출가자를 지칭한다. 당시의 인도는 확고한 계급 질서에 반감을 품고 혁명적인 세상을 꿈꾸면서 새로운 사상을 추구하고 확립하는 자유사상가, 즉 사문(P.: Samaṇa)들이 생겨나고 있었다. 그 사문들에는 브라만 계급은 물론 크샤트리아, 바이샤, 심지어 수드라 계급도 있었다. 그들은 각자 자신만의 사상을 구축하고 펼쳤다.

사문의 주요 활동 무대는 대도시였다. 그곳에서는 사람들에게 경제적 지원을 받을 수 있었고, 또 가르침도 널리 펼칠 수 있었기 때문이다. 대한불교조계종에서 편찬한 붓다의 전기에 따르면, 왕자는 전통 철학인 베다 사상 및 그에 대한 보조 학문들을 배웠음은 물론, 여러 사문의 새로운 사상들도 모두 섭렵했다.[16] 또한 붓다의 전기를 쓴 이학종은 싯다르타가 주변의 다른 청년들처럼 자신도 대도시로의 유학을 간절히 원했다고 주장한다. 그러나 아버지 숫도다나 왕의 반대로 그의 뜻은 무산되었다. 그런 유학으로 인해 아들이 비세속적인 주제에 관심을 가지고 출가에 뜻을 품지 않을까 하는 부담을 부왕이 크게 느끼고 있었기 때문이다.[17]

어찌 되었든 간에 싯다르타는 다분히 철학적 소양을 가진 아이로서 사색을 많이 하는 청년으로 성장했다. 그가 매우 철학적이고 사색적이었다는 사실은 어느 날 그가 아버지와 함께 농경제 행사에 참여했던 일화에서 잘 확인할 수 있다. 그는 일행 무리에서 몰래 빠져나와 홀로 잠부나무 아래에서 생각에 잠기게 된다. 왕자는 잠부나무에 등을 기대고 앉아 호흡을 편안히 하면서 자연스럽게 사색에 들어갔다. 그는 깊은 몰입 상태에 들어가 희열과 행복을 느꼈다. 『중아함경』의 「유연경」에는 당시 그가 어떤 사색을 했는지가 구체적으로 기록되어 있다. 이에 따르면 싯다르타는 인간이라는 존재의 한계와 무상함에 대해 다음과 같이 사유했다고 한다.

많이 알지 못하는 어리석은 일반인은 누구나 병을 가지고 있고 이 병을 떠나지 못했다. 그들은 다른 사람의 병을 보고서 그것이 자신의 문제이기도 하다는 사실을 스스로 관찰하지 못한다. 그리하여, 병자를 미워하고 천하게 여기며 사랑하지 않는다. 나 역시 병을 가지고 있고 병을 떠나지 못하면서, 만일 남의 병을 보고 미워하고 천히 여겨서 사랑하지도 아끼지도 않는다면, 나 또한 옳지 못하다. (「유연경」)

이런 생각이 든 싯다르타는 다시 다음과 같은 생각을 하게 된다.

어리석은 일반인은 늙기 마련이다. 늙음을 떠나지 못했으면서, 남의 늙음을 보고 이것이 자신의 문제이기도 하다는 사실을 관찰하지 못한다. 하여, 노인을 미워하고 천하게 여겨, 사랑하지 않고 기뻐하지 않는다. 나도 늙는다. 늙음을 떠나지 못했으면서도 만일 내가 남의 늙음을 보고는 미워하고 천하게 여겨, 사랑하지도 않고 아끼지도 않는다면, 나 또한 옳지 못하다. (「유연경」)

이런 생각이 들자 싯다르타는 앞서 누리던 몰입의 즐거

움과 행복이 모두 사라졌다고 한다. 이런 사색의 내용은 소년이 하기에는 다분히 철학적이라고 할 수 있다. 특히 이는 당시 인도 철학이 가진 세속적 삶에 대한 부정적이고 염세적인 관점을 잘 드러낸다. 왕자 싯다르타가 당시의 철학에 관심을 두고 공부했음을 간접적으로나마 확인시켜 주는 대목이다.

왕자 시절부터 관심을 가지고 쌓은 철학적 내공은 출가 뒤 그의 구도 여정에 많은 도움이 될 뿐만 아니라 깨달음을 성취한 후의 행보에도 큰 자산이 되었다. 예를 들어 훗날 싯다르타는 붓다가 되어 적극적으로 세상에 자신만의 새로운 철학 사상을 펼쳤다. 그도 사문의 대열에 동참한 것이었고, 또 결국에는 당시 가장 영향력이 큰 사문이 되었다. 경전 곳곳에서 붓다는 당시의 주요 사상에 대해 핵심을 꿰뚫고 있는 인물로 묘사된다. 당대의 가장 뛰어난 사문이라는 명성이 높아지자 브라만 계급이나 여러 사상가들이 그 소문을 듣고 붓다를 찾아와 철학적 대론을 요청하는 일이 종종 있었다. 이는 붓다의 철학적 깊이를 확인하기 위함인 동시에 혹여 자신이 붓다를 철학적으로 굴복시키면 그만큼 명성을 얻고 그의 세력을 흡수할 수 있을 것이라 기대했기 때문이다.

하지만 붓다는 이 대론에서 단 한 번도 패한 적이 없다.

오히려 그는 모든 대론에서 한결같이 상대가 기초로 삼는 철학적 핵심을 이미 알고는, 역으로 상대의 논리를 이용하여 그들 사상이 가진 허점을 들추고는 했다. 덕분에 붓다의 높은 식견과 지혜는 대중에게 더욱 널리 각인되었다. 여러 사상의 핵심을 파악하는 붓다의 경쟁력은 단지 그가 깨달음을 얻은 후에 생긴 것만으로 볼 수 없다. 이는 그가 어릴 적부터 축적한 철학적 소양과 지식이 그 바탕이 되었다는 해석을 가능하게 한다. 탄탄한 철학적 기초 위에 궁극적 깨달음이 세워지면서 그 깊이와 폭은 더욱 깊고 넓어졌기 때문이다.

2장

붓다가 되기 전의
불안 여정

붓다의 가르침을 미리 한 가지 공개하자면, 그는 사람들이 '나는 늘 영원할 거야'라고 믿는 일 혹은 '나는 내 마음대로 나를 다스리고 통제할 수 있어'라고 믿는 일을 경계했다. 이런 믿음은 스스로를 완벽하거나 전능한 존재로 착각하게 만들 위험이 있기 때문이다. 특히나 인간은 본래 자신이 유리한 대로, 또는 자기중심적으로 스스로를 평가하고 인정하는 경향이 있다. 그러므로 자신을 과대평가하는 일은 타인과의 관계에 큰 문제를 낳을 수 있다.

이 가르침은 인간이라는 존재가 상당히 괴로움에 취약한 불완전한 존재임을 솔직히 인정하라는 뜻이 담겨 있다. 나 자신을 있는 그대로 보고 인정하는 일에서부터 붓다가 추구한 목표, 즉 괴로움의 종식을 향한 작업이 시작되어야 한다. 다시 말해 불안으로부터의 자유는 역설적으로 불안에 대한 자신의 취약성을 고백하고 인정하는 데서 시작되어야 한다. 자신의 불완전함에 대한 객관적 인식 없이는 불안으로부터의 자유도 없다.

이는 붓다 자신에게도 마찬가지였다. 괴로움을 해결한 대각자가 되기 전의 싯다르타는 매우 불완전하고 불안에 취약했다. 그의 성장 환경은 출생의 비밀만큼이나 매우 극단적이었고, 불안을 조성하는 조건이었다. 사실 그는 자신이 마음먹기에 따라 쾌락을 극단적으로 즐길 수도, 또 양질의 교육 기회를 마음껏 누릴 수도 있었다. 이렇게 잘 즐기고 잘 배울 수 있으니, 그의 유년 시절은 불안과는 별 상관이 없는 것처럼 보인다.

그런데 정말 그랬을까?

싯다르타가 누렸던 왕자로서의 신분이나 풍족한 환경, 좋은 교육 등 표면적으로 드러난 조건에만 초점을 맞추면 그의 삶에 대한 진실을 온전히 이해하기 힘들다. 누릴 권리가 많다는 것은 다른 한편으로 그만큼 기대가 높고, 또 자신을 제대로 관리할 책임과 의무가 많다는 것을 의미한다. 스스로를 통제할 수 있는 역량을 아직 제대로 갖추지 못한 왕자이자 소년 싯다르타에게는 일찍부터 주어진 외적 풍요와 쾌락이 되레 상당한 불안의 촉매제로 다가왔다.

이번 장에서는 깨달음을 얻기 전의 싯다르타가 한 인간으로서 극단적인 성장 조건 속에서 어떻게 불안을 경험했는지를 구체적으로 살핀다. 덜 여물었던 이 시기에 싯다르타가 겪었던 불안은 다음과 같이 단계별로 나누어 살펴볼 필요가 있다. 세속의 왕자로서의 불안, 왕자의 신분을 내려놓고 출가를 결심하는 과정에서의 불안, 출가 후 구도자로서의 불안 등이다. 불안이라는 괴로움을 경험했다는 측면에서는 모두 동일하지만, 각 단계마다 불안의 성격과 강도는 조금씩 달랐다. 앞선 단계의 불안은 다음 단계의 불안에 선행 조건이 되었고, 때로는 각 단계의 불안이 서로 그 크기를 가중하거나 덜어 내는 식으로 유기적으로 연결되어 작용했다.

3. 왕자 싯다르타의 불안

왕자 싯다르타에게는 심리적으로 어린아이가 감당하기에 버거운 몇 가지의 불안 조건이 구비되어 있었다. 결론적으로 말해서 그는 일찍부터 마음 한편에서 불안을 느끼고 그 영향을 받으며 자라야 했다. 물론 어떤 아이라도 불안을 경험하기 마련이다. 하지만 어린 왕자 싯다르타의 불안은 조금 더 특별했고, 더 높은 강도였다고 할 수 있다. 다만 그는 강한 아이였고, 전륜성왕이 될 것으로 평가받는 재목이었다. 그는 불안에 쉽게 무너져 막무가내로 떼를 쓰거나 애먹이는 모습을 보이지 않았다. 그는 일찍이 불안과 동거해야 했지만, 그에 잡아먹히지는 않은 것이다. 오히려 그는 아무 일도 없다는 듯, 또는 모든 것이 잘되어 간다는 듯 주변 사람들의 기대에 부응하며 무난한 일상을 보여 주었다. 겉으로는 어떤 문제도 없어 보이는 그를 보며 사람들은 칭송했고, 진정 전륜성왕이 될 것이라는 큰 기대를 걸었다.

　무너지지 않는 가운데 여실히 체험하고 치열하게 씨름하게 된 불안의 존재는 왕자 싯다르타의 마음속에서 점점 더 분명한 모습을 갖추어 가며 그를 압박했다. 나이를 먹어 갈수록 그의 내면에서 불안은 더 크고 분명하게 느껴지기 시작했다. 또한 점점 농도가 짙어지는 불안은 싯다르타의 철학적 기질을 자극하는 자양분으로 작용하기도 했다. 그리고 이는 훗날 그의 아버지가 그토록 경계하던 출가의 결심을 과감히 선택하게 만드는 데 있어 핵심적인 역할도 했다. 더 살펴보겠지만, 왕자 싯다르타에서 출가자 싯다르타로의 전환은 엄청난 사건이자 그의 개인적 입장에서는 극도로 힘들고 어렵게 내려진 결정이었다. 어떻게 그는 이런 과감한 선택을 할 수 있었을까?

1) 예언이 가져다준 불안

싯다르타의 아버지 숫도다나는 왕으로 표현되지만, 사실 우리가 생각하는 절대 군주, 즉 무소불위의 강력한 왕권을 행사하는 그런 왕이 아니었다. 앞서 이야기했듯, 싯다르타의 탄생 당시 고대 인도는 여러 규모의 국가들로 분열되어 있었다. 이들 국가의 정치 체제는 크게 두 가지로 나뉘었다. 하나는 강력한 왕권을 바탕으로 통치하는 군주제 형태의 체제이다. 이 체제에서 왕은 절대적 권력을 행사하고, 나라의 주요 의사 결정에 있어서도 엄청난 권한을 누린다.

다른 하나는 크샤트리아 계급의 여러 귀족 지도자들이 연합하여 하나의 통치기구를 설립하고, 그 기구에서 주요 정치적 결정을 내리는 공화정 형태의 체제이다. 이를 당시는 '가나상가'(P.: gaṇa-saṅgha)라고 불렀다. 가나상가에서는 여러 귀족 지도자들이 하나의 회의체를 형성하고, 정기적으로 모여서 나라의 주요 안건을 논의하고 그 합의에 따라 결정을 내린다.[*] 가나상가가 잘 운영되려면 왕은 독단적으로 판단하여 결정하지 않고 다른 귀족들을 두루 잘 살피고 의견을 물으며 때로는 눈치도 보아야 한다. 사실 다른 귀족들도 엄연히 자기 가문의 대표이기에 후대 문헌의 일부 표현에서는 그들도 마찬가지로 '왕'(P.: rāja)이라고 번역하기도 한다. 여하간 이 체제에서는 여러 왕 같은 귀족 지도자들 가운데에서도 가장 위계가 높은 대표 왕이 한 명 있는 것이고, 그가 내리는 핵심 결정은 모든 귀족 지도자들이 참여하는 회의체에서 함께 논의되고 승인받아야 했다. 즉 대표 왕은 다른 귀족들에 비해 비교적 우월한 권한을 행사하지만, 그렇더라도 그 수준이 분명 조선 시대의 왕과 같은 수준은 결코 아니었다.

싯다르타의 국가는 가나상가의 정치 체제로 운영되는 소규모 국가였다. 국가의 수장인 숫도다나 왕은 회의체에 참여한 귀족들의 합의에 따라 추대된 대표 귀족이자 선출된 권력이었던 것이다. 물론 당시 카필라 공화국의 귀족들은 대체로 같은 석가족 출신으로 구성된 사촌지간이었다. 따라서 국

---

[*] 이와 같은 내용은 「찬도기야 우파니샤드」에서도 확인할 수 있다. "옛날에 '스웨따께뚜 아루네야'가 빤잘라국의 회합에 왔었다." 임근동 역(2012), 『우파니샤드』, 을유출판사, p.416.

가 수장으로서의 왕의 자리는 같은 석가족 내에서 공유되고 있었다. 아버지 숫도다나 왕의 뒤를 이어 싯다르타도 왕이 될 수 있는 유리한 위치에 있었던 것은 분명한 사실이다. 이는 숫도다나 왕 이전의 카필라국의 왕이 그의 할아버지인 시하하누 왕이었다는 사실에서도 잘 드러난다.[**] 그렇다 하더라도 절차상 싯다르타는 그의 아버지가 그러했듯, 자신이 왕으로서 부족함이 없는 인재라는 사실을 주변 사람들에게 증명할 필요가 있었다.

고대 인도에는 스바얌바라(S.: svayaṃvara)라는 크샤트리아 계급의 결혼 문화가 있었다. 이는 '스스로 배우자를 고르는 의식'이라는 뜻으로, 신부가 원하는 배우자를 직접 고르는 일종의 구혼 행사이다. 혼기에 찬 딸을 둔 좋은 가문에서는 여러 왕자나 귀족의 청년들을 초대해 스바얌바라를 열었다. 이에 초대된 남성들은 무예, 철학, 시, 토론 등 여러 문무의 영역에서 자웅을 겨루게 된다. 이 행사에서 여성이 자신이 원하는 남성을 고르거나 혹은 우승자의 청혼을 허락하면 두 사람은 약혼이 된 것으로 인정된다.

[**] 참고로 훗날 싯다르타가 출가하자 숫도다나 왕의 뒤를 이어 카필라국의 왕이 된 것은 그의 사촌동생이었다.

후대의 문헌을 볼 때, 싯다르타 왕자도 아내 야소다라를 얻기 위해 스바얌바라에 참여한 것으로 판단할 수 있다. 감히 한 나라의 왕자가 신붓감을 택하기 위해 경쟁을 해야만 했다는 뜻이다. 사실 야소다라도 같은 석가족이었지만, 엄연히 그녀는 이웃 나라였던 꼴리아국의 왕 숩빠붓다의 딸이었다. 즉 그녀 역시 공주인 셈이었다. 그녀에게 선택되기 위해 싯다르타도 작은 나라의 왕자로서 다른 좋은 가문의 청년들과 경쟁해야 했다. 다행히도 그는 여러 사람이 지켜보는 가운데 글쓰기, 수학, 활쏘기, 검술, 승마 등 문무 모두에서 다른 쟁쟁한 젊은이들을 제치고 승리하며 자신의 경쟁력을 입증했다고 한다.

　　아버지 숫다도나 왕은 아들이, 왕자 싯다르타는 본인이 전륜성왕에 걸맞은 인재임을 보여 주어야 한다는 심적 부담을 분명히 안고 있었다. 싯다르타는 왕자이지만 경쟁해야 했고, 주변의 기대에 걸맞은 퍼포먼스를 보여 주는 것이 당연하다고 생각했을 것이다. 또한 숫도다나 왕은 아들이 다른 젊은이들보다 더 경쟁력 있는 왕자가 되도록 물심양면의 지원을 아끼지 않았다. 그는 왕자에게 양질의 교육을 제공하느라 여념이 없었다. 싯다르타도 그런 아버지의 노력에 철저히 부응했다. 문헌 어디에도 왕자 싯다르타가 문제아였다거나 일탈의 행동을 했다는 기록은 없다. 그는 모두가 인정하는 어엿한 왕자로서 열심히 공부하고 노력하며 좋은 모습만을 보였다. 왕자는 주변 기대대로 매우 성공적으로 잘 자랐고, 다른 청년들보다 분명 뛰어난 청년으로서 자신이 어떤 경쟁에서도 앞설 수 있는 미래의 전륜성왕임을 분명히 보여 줄 수 있었다.

이렇게만 보면 당시 그의 마음은 아무 고민 없이 늘 평화로웠던 것처럼 생각할 수 있다. 그런데 정말 그랬을까? 표면적으로 보이는 그의 모습만으로 그가 심적으로 어떤 번민이나 갈등도 없이 무난하게 잘 자란 왕자라고 할 수 있을까? 누군가 항상 모범적이고 좋은 모습만을 보인다면 오히려 그의 마음 어딘가에는 더 큰 그림자가 드리우고 있는 것이 아닐까?

싯다르타는 분명 전륜성왕 혹은 위대한 성자라는 두 가지 운명의 가능성을 가지고 태어났다. 어느 쪽이 되었든 아이가 짊어지기에는 매우 무거운 운명이다. 다만 그는 성장하면서 오직 하나의 가능성, 즉 전륜성왕의 예언을 실현하는 데 집중하는 삶을 살아야 했다. 그에게는 전륜성왕이기를 바라는 시선과 기대가 늘 따라다녔다. 이 운명은 그의 삶 자체였다. 거기에는 합당한 이유가 있었다. 그가 전륜성왕이 된다는 사실은 나라와 온 백성의 명운이 달린 중차대한 문제였기 때문이다. 왕은 간절한 마음으로 아들에게 그 위대한 운명에 대해 자주 상기시키며 예언이 실현되도록 갖은 노력을 아끼지 않았다. 또한 다른 귀족들 앞에서도 보란 듯이 공공연히 그 운명에 대해 논했을 것이다.

문제는 이제 막 세상을 경험하고 배워야 하는 성장기 소년의 입장에서 볼 때, 전륜성왕의 운명을 타고났다는 예언의 무게는 참으로 가혹하고 버거웠을 것이라는 사실이다. 특히 일반 아이들처럼 부모님이나 친척만이 아닌 주변 모든 이로부터 그런 엄청난 기대와 관심을 한 몸에 받아야 했다면, 그리고 일시적으로가 아니라 왕이 될 때까지 계속 그러했다면 문제는 더욱 심각하다. 싯다르타는 그렇게 엄청나게 무거운 예언의 무게를 짊어진 가운데 성장해야 했다.

오히려 불안의 조건이 된 전륜성왕이라는 운명

현대 심리학에서는 아이에게 주는 과도한 기대와 칭찬이 오히려 심적으로 큰 부담을 지우며 불안의 조건이 된다고 경고한다. 어린 시절부터 심히 높은 기준과 목표를 부여받고 성장하는 아이 중 상당수가 결국 그 기대에 미치지 못하고 엇나가는 경우가 적지 않다. 예를 들어 어린 시절부터 천재라는 소리를 듣고 자랐거나 엄청난 아버지의 후광을 받으며 아버지를 뒤이을 훌륭한 재목이 되기를 기대받던 아이가 커서는 오히려 그에 한참 못 미치는 경우가 있다.

싯다르타에게 전륜성왕이라는 운명은 그의 남다른 운명 혹은 타고난 우월한 역량을 돋보이게 하는 이야기일 수 있으나, 정작 한창 성장기에 있던 당사자에게는 무척이나 큰 심리적 짐을 지운다. 예를 들어 사람들은 전륜성왕이라는 안경을 쓰고 그를 바라보기에, 아이의 행동 하나하나가 그들에게는 남달라 보이게 된다. 싯다르타는 늘 "역시 왕자님은 다르시군요", "훌륭한 운명을 가진 분의 행동답습니다"와 같은 칭찬을 들었거나 혹은 "역시 본래 뛰어난 운명을 지니신 분이니 그런 겁니다"라는 식의 평가를 당연하다는 듯 받았을 것이다.

아이들에게 하는 기대나 칭찬에는 두 종류가 있다. 한 가지는 아이에게 "너는 원래 대단한 아이야", "너는 원래 똑똑한 아이야", "넌 본래 참 착한 아이야" 같은 식의 칭찬이나 기대이다. 여기에서 초점은 아이의 존재나 재능 자체에 맞추어져 있다. 따라서 이런 칭찬이나 기대를 한 몸에 받은 아이는 자신이 원래 굉장한 존재로 태어났다거나 타고난 재능을 갖춘 존재라고 여기게 된다. 아이는 자신이 앞으로 만들어

가야 하는 것보다는 이미 타고난 것에 초점을 맞추고 주목하게 된다. 여기에서 불안의 씨앗이 자란다.

미성숙한 아이는 몸이 성장하듯 마음도 성장하는 발달의 과정을 거친다. 이 과정에서 아이는 생소하지만 다양한 자신의 모습을 드러내고 경험하며 배워야 한다. 때에 따라서 이는 좋을 수도 있고 안 좋을 수도 있다. 이때 아이는 이럴 수도 있고 저럴 수도 있는 자신의 여러 모습을 이해하고 그 변화의 모습을 오롯이 수용할 수 있어야만 심리적으로 건강해진다. 그런데 본래 자신은 뛰어난 존재라는 고정된 사실에 묶여 버리면 자기 삶이 만들어 내는 풍부한 경험과 다양한 자신의 모습을 온전히 받아들이기 어렵다. 아이는 자신의 뛰어남을 지지하고 증명해 주는 사실만을 선택적으로 받아들이고, 나머지 모습들은 배척하기 시작한다. 마음에 그림자가 지는 것이다.

이런 아이는 자신이 뛰어나지 않거나 부족한 존재라는 경험을 할 때마다 큰 불안을 느낀다. 분명 내가 보이는 내 모습인데, 불쾌하고 또 내가 아닌 것 같다. 여기에서 오는 불안을 제대로 담아내거나 버티지 못하는 아이는 쉬이 일탈로 나아간다. 혹여 불안을 잘 버티는 강단 있는 아이라면 당장은 주변의 높은 기대에 맞추는 삶을 계속 이어 갈 것이다. 하지만 그에 따른 대가는 반드시 치러야 한다. 그 대가 중 대표적인 것이 바로 완벽주의 성향이다. 아이는 매사에 자신이 대단하다는 사실을 확인하며 존재감을 유지해야 한다. 주변의 높은 기대에 부응하는 완벽한 자신을 계속 확인해야 안전함을 느낀다. 그래서 아이는 어릴 적부터 자신을 끊임없이 점검하고 자신의 결점을 경계한다. 그렇게 세상 어디에도 존재하지 않는 완벽함을 갖추려 한다.

일단 완벽주의 성향을 가지게 되면 불안에 취약해진다. 자신이 훌륭하지 않거나 위대하지 않은 현실 경험을 제대로 소화할 기회를 박탈당하므로, 아이는 오히려 빈약한 자존감을 가지게 된다. 자신의 전체적인 모습을 따뜻하게 수용하지 못하고 선택적으로 나를 받아들이기 때문이다. 더불어 나를 완벽하게 유지하려는 이 관점이 오히려 내 부족한 부분을 더욱 눈에 잘 띄게 하는 아이러니를 낳는다. 아이는 자신이 이미 충분히 뛰어나고 우수해도 계속 자신의 결점이 먼저 보이므로, 그에 매달리고 마음을 써야 한다. 그것이 내 존재를 흔들고 무너뜨릴 것 같은 위험을 주기 때문이다. 아이에게는 실패와 실수가 당연한 권리이지만, 그것은 내 완벽을 파괴하는 경험이므로 아이는 작은 실패에도 위협을 느끼며 민감해진다. 작은 부정적 충격에도 예민해지고, 그 충격을 이겨 내는 회복력도 잘 형성되지 않는다. 아이의 마음에는 본래부터 타고난 측면이 살면서 스스로 만들어 가는 부분보다 훨씬 크게 느껴지기 때문이다.

이러한 아이의 마음은 경직되기 십상이고, 삶은 매우 답답한 것으로 다가올 수 있다. 아이가 이 어려움을 다행히 버티어 낸다 하더라도, 훗날 자신이 어떤 존재인지에 대한 혼란과 여러 불안의 문제를 겪을 수 있다. 성인이 된 그는 '나'라는 존재가 도대체 누구인가 하는 문제로 심각하게 고민하게 될 수도 있다.

반면 위의 경우와는 다르게 아이에게 취할 수 있는 바람직한 기대와 칭찬 방식이 있다. 아이에게 "정말 노력을 많이 했구나", "힘든데도 잘 이겨 냈네", "이런 생각도 하다니 멋진걸"과 같이 기대하고 칭찬하는 것이다. 이는 아이에 대한 기대나 관심의 초점을 타고난 부분이 아니라 현재의 노력이나 과정에 맞추는 방식이다. 이와 같은 식으로 칭찬이나 기대를 받은 아이는 자신의 존재 자체를 높이 평가하지 않아도 된다. 그러므로 타고난 부분에 대한 높은 기대와 평가를 유지하고 증명해야 하는 부담에서 상당히 자유롭다. 아이는 자신이 타고난 것보다는 자신이 지금 무엇을 해내고 있는지, 그 과정 혹은 노력 자체에 관심을 기울이게 된다. 혹여 지금 좋은 성과를 거두지 못하더라도, 이 또한 삶의 한 부분이라는 사실과 실패하는 모습도 엄연히 자신의 모습이라는 사실을 거부감 없이 받아들일 수 있다.

애초 자신이 대단한 존재라는 부담을 가지지 않았기에, 실패든 성공이든 간에 어떤 결과이든 불안해하지 않고 받아들일 수 있다. 덕분에 역경이 닥치거나 부정적인 일을 겪어도 다시 일어서는 높은 회복력을 가질 수 있다. 오히려 아이는 더 긍정적이고 높은 자존감을 누리게 된다.

불안에 민감한 소년 싯다르타

안타깝게도 싯다르타는 어린 시절부터 심히 높은 기대를 받으며 살아야 했다. 소년 싯다르타는 전륜성왕이 될 왕자로서, 주변의 높은 기대에 어긋나지 않는 모습으로 자신을 계속해서 맞추며 성장할 필요가 있었다. 다행히도 철학적이고도 조숙했던 소년 싯다르타는 부모나 주변의 기대에 부응하기 위해 안간힘을 쓰면서도 큰 일탈 없이 그 임무를 잘 수행했다.

하지만 이런 성장 과정에서 그는 여느 아이보다도 불안이라는 심적 괴로움에 민감한 아이가 되었다. 그의 완벽주의적 성향은 갈수록 견고해졌다. 다른 아이들과 비슷하다거나 조금 못 미치는 것으로 생각되는 경험은 그에게 자기 존재를 위협하는 상당한 불안으로 다가왔다. 소년 싯다르타에게 무엇이 부족하다거나 결핍되었다는 사실, 혹은 무한함이 아닌 유한함을 상기시키는 특성, 완전이 아닌 불완전한 존재라는 인식 등은 유독 신경이 쓰이면서 불안을 발동시키는 조건이 되었다. 예를 들어 인간이 질병에 걸린다거나 죽는다는 사실, 혹은 내 뜻대로 나 자신을 통제할 수 없다는 사실 등은 그가 다른 아이들처럼 그냥 무감각하게 넘기기 어려운 문제가 되기에 충분했다.

이뿐만이 아니었다. 위에서 언급했듯, 당시 카필라국은 소규모 국가로서 안정적인 입지를 누리지 못하고 있었다. 당시 고대 인도에는 16개의 강대국이 있었다. 안타깝게도 싯다르타의 나라 카필라국은 물론 고따미 왕비나 마야 왕비의 나라이자 싯다르타의 아내 야소다라의 모국이기도 한 꼴리야국은 16개의 강대국에 들지 못하는 여러 약소국 가운데 하나였다. 더욱이 이 두 나라는 강대국 중에서도 가장 강력한 두 국가인 마가다국과 코살라국에 가까이 위치하고 있었다. 이 두 강대국은 강력한 왕권을 갖춘 군주제의 국가로서 당시 규모와 세력을 빠르게 확장하고 있었다. 싯다르타의 나라 카필라국과 그의 양어머니 고따미와 아내 야소다라의 나라 꼴리

야국은 언제 두 거대 국가에 침략을 받을지 그 미래를 장담할 수 없었다. 뒤에서 다루겠지만, 실제로 카필라국은 훗날 코살라국의 침략으로 멸망하게 된다. 이 불행한 사태는 붓다의 생전에 벌어진 일이다.

싯다르타는 왕자로서 정치학이나 왕정학 등을 배우면서 자신의 나라가 처한 암담한 국제 정세를 제대로 이해하고 있었다. 그는 아버지의 뒤를 이어 자신이 왕으로 추대된다는 생각을 할 때마다 점점 위태로워지는 나라의 상황에 제법 부담을 느꼈을 것이다. 반면 석가족의 모든 이는 싯다르타가 전륜성왕이 되기를 간절히 바라고 있었다. 그는 자신이 반드시 전륜성왕이 되어야 한다는 것을 자신의 미래로 취하고 있었다. 그는 성장할수록 자신에게 주어지는 높은 기대인 전륜성왕이라는 운명과 다른 한편으로 그와는 반대되는 만만치 않은 국가 현실 사이의 간극을 분명히 인식하며 자랐다.

이상의 논의에서 우리는 왕자 싯다르타가 비록 물질적으로 풍족하고 여러 세속의 즐거움을 누리는 조건 속에서 성장했더라도, 심리적으로 마냥 편안한 일상을 보낸 것은 분명히 아니었음을 알 수 있다. 더욱이 그는 자신의 완벽주의 성향이 주는 문제로 인해 고전했을 것이다. 철학적 기질이 다분했던 싯다르타는 소년 혹은 청년답지 않게 인생이 버겁고 힘든 것이라는 생각에 자연스럽게 관심이 갔고, 이에 대해 사색하는 조숙함을 보일 만한 조건을 충분히 갖추고 있었다. 성장기의 싯다르타는 표면적으로 아무 문제 없이 자란 듯해도, 내면적으로는 점점 자기 삶에서 정작 자신이 빠져 있는 듯한 혹은 자신이 잘 느껴지지 않는 듯한 공허함을 느꼈을 수 있다. 삶이 답답하게 느껴지고, 때로는 모든 것을 내려놓고 싶은 충동이 부지불식간에 일어남을 경험했을 수도 있다. 그는 세속의 왕보다 출가한 성자가 더 매력적으로 다가올 일말의 가능성을 그렇게 내적으로 마련하고 있었다.

붓다는 훗날 세속인으로서의 자신이 깨달음을 얻기 전 어떤 생각을 했는지를 다음과 같이 떠올린다.

> 깨닫기 전, 즉 아직 깨달음을 성취하지 못한 세속에 몸담은 자였을 때, 나는 이런 생각을 했다. '세속의 삶은 번잡하고 번뇌가 많은 길이다. 반면 출가의 삶은 허공처럼 열린 길과 같다. 세속에 살면서 더할 나위 없이 완벽하고 지극히 청정한 소라고둥처럼 빛나는 올바름을 실천하기란 쉽지 않다. 그러니 나는 이제 삭발하고 가사를 입고 집을 떠나 출가하리라'라고. (「삿짜까 긴 경」)

2) 친모의 죽음과 불안

싯다르타 탄생 후 친모는 곧 사망했다. 어떤 식으로 미화하더라도 이는 거부할 수 없는 진실이다. 그렇다면 싯다르타는 자기 출생에 관한 이 비극을 언제 알게 되었을까?

안타깝게도 그 시점이 정확히 언제인지 알려 주는 구체적인 기록은 없다. 다만 왕자의 관심을 철저히 세속에 묶어 두고자 했던 부왕과 그 주변 사람들은 그가 자라면서 삶의 무상함에 주의를 두도록 만드는 부정적 요인들을 철저히 제거하려 노력했다. 이렇게 볼 때 부왕 숫도다나 및 양모 고따미는 최소한 싯다르타가 철이 들기 전까지 친모의 사망 사실을 비밀로 간직했다고 유추해 볼 수 있다. 설령 그렇다 하더라도 온 국민이 다 아는 진실을 언제까지 비밀로 유지할 수 없었음은 분명하다. 싯다르타는 아주 어렸을 때든 아니면 좀 더 컸을 때든 분명히 어느 시점에서는 이 진실을 알게 되었으리라. 이학종은 싯다르타가 이 비극을 알게 된 시기가 대략 열 살 즈음이었다고 추측하면서 그가 이 사실을 알고는 큰 충격을 받았을 것이라고 분석한다.[18]

이 비극은 아이들이 겪는 일반적인 사건이 아니다. 아직 준비가 덜 된 상태에서 이런 충격적이고도 부정적인 진실을 급작스레 알게 되면 흔히 소년의 마음에서는 두 가지 일이 벌어진다.

한 가지는 자신 때문에 어머니가 죽었다는 생각이 들게 된다는 것이다. 아이는 죄책감을 느낀다. 특히 이 사실을 알게 된 나이가 어리면 어릴수록 더욱 그렇다. 아이는 자기가 세상의 중심이라고 생각한다. 아이는 아직 상황을 전체적으로 바라보며 해석할 능력이 부족하기 때문에, 부모가 사망하거나 이혼하면 자신 때문에 그런 일이 벌어진 것이라는 자기중심적 해석을 하게 된다. 예를 들어 부모가 이혼하면 '내가 말을 안 들어서 엄마랑 아빠가 헤어진 거야'라고 생각한다든가, 부모가 사망하면 '내가 좋은 아이였다면 부모님은 절대 돌아가시지 않았을 거야'라고 생각하는 식이다.

성인의 시각으로 보면 이상해 보이지만, 실제로 그런 생각이 아이의 마음에서 일어난다. 따라서 이런 일이 아이에게 닥쳤을 때 주변 어른들은 좋은 상담자가 되어 주어야 한다. 또한 아이에게 명확하고 지속적으로 '이 비극은 너로 인해 벌어진 일이 아니야'라는 따뜻한 메시지를 제공해야 한다. 이런 내적 작업이 제때 올바르게 제공되지 않을 경우 아이는 죄책감에 취약한 성향을 가지게 된다. 참고로 죄책감은 완벽주의 성향과 깊은 관련이 있다. 이 둘은 모두 자신의 실수를 큰 흠으로 여기고 스스로에게 가혹하게 대한다는 공통점이 있다. 또한 자신이 설정한 내적 기준에 충족하지 못할까 봐 끊임없이 압박감을 느낀다는 점도 유사하다. 그러다가 실제로 그런 일이 혹여 발생하면 자신을 부족한 존재라고 자책한다.

다른 한 가지는 이 불편한 진실을 그저 부인하고 억압하게 된다는 것이다. 이 두 가지 방어기제에 대해서는 서장에서 이미 간략히 정리한 바 있다. 심리학자 얄롬은 죽음을 대하는 아이의 가장 핵심적인 전략은 죽음을 단지 부인하는 것이라고 말한다. 자기중심적 사고를 하는 아이는 자신이 살아 있다는 현실에 비추어서 죽음에 관한 진실을 부인한다. 그러면서 자신을 특별한 존재로 여기게 된다. 죽음의 문제가 자신과 동떨어져 있다고 보는 것이다.[19]

다만 얄롬은 아이가 이렇게 죽음을 부인하더라도 죽음에 대한 관심 자체를 없애지는 못한다고 말한다. 아이는 자기 나름대로 죽음을 부지불식간에 자각하는 능력을 갖춘다. 실제로 아이들은 의식적으로는 죽음을 부인하거나 모른다고 무시하지만, 무의식적으로는 죽음을 표현하거나 의미 짓는 경우가 종종 있다. 얄롬은 이를 아이들의 '무의식적 죽음 불안'[20]이라고 칭한다. 언어 능력이 부족한 아이들은 죽음을 제대로 표현하지 못해도, 자신과 동떨어진 것으로 부인하는 죽음에 대해 나름의 수준으로 자각하고 불안해하는 것이다. 따라서 아이들이 어떻게 죽음을 대하고 있는지 잘 파악하는 일은 아이들의 심리 이해에 매우 중요하다. 얄롬은 심리학이 아이의 심리 치료에 있어, 죽음에 대한 아이들의 관심과 자각에 대해 더 많은 주의를 기울여야 한다고 강조한다.[21]

싯다르타처럼 어머니의 죽음과 직결되는 역사를 가진 극소수의 아이들은 특히나 죽음이라는 사실을 마냥 부인하기 쉽지 않다. 부인이 잘 이루어지지 않을 경우 그 다음으로 아이는 억압을 시도할 수 있다. 억압이란 불편한 진실이 의식되지 않도록 마음 깊숙한 곳으로 이를 밀어 넣는 일이다. 이로써 일상에서는 불편한 진실을 의식하지 않고 살아갈 수 있다. 아직 충격적이고 부정적인 현실을 받아들일 내적 준비가 제대로 되지 않은 아이의 마음속에서 억압은 종종 벌어지는 일이다. 덕분에 아이는 당장은 심각한 문제없이 살아갈 수 있다. 억압이 쉬운 일은 아니지만, 다행히도 인생 경험이 짧은 아이는 성인보다 이를 더 잘 수행할 수 있다.

문제는 억압에 성공했음이 곧 부정적 경험 자체를 없던 일로 만들지는 않는다는 점이다. 누군가 불편한 진실을 억압했다면 그에 대한 대가를 반드시 치르게 된다. 우리의 무의식에 갇힌 불편한 진실은 시간의 흐름에 영향을 받지 않는다. 시간이 흐른다고 해서 무의식 속의 그 기억은 부서지거나 희미해지지 않는다. 억압된 기억은 언젠가 적절한 기회가 될 때 의식에 떠올라 제대로 해소되어야만 한다. 적절히 기억을 소화하지 못하면 이는 계속 무의식에서 불안이 발생하는 강한 조건으로 작용한다.

싯다르타도 예외는 아니었다. 의식 뒤편으로 밀려들어간 어머니의 죽음이라는 충격은 그냥 사라지지 않았다. 겉으로는 문제없이 일상을 지냈다 하더라도, 소년 싯다르타의 마음속에는 자신으로 인해 어머니의 죽음이 야기되었다는 사실이 깊숙이 잠재되어 있었다. 그렇게 싯다르타는 어릴 적부터 무의식적 죽음불안을 남달리 안고 살아가야 했다. 죽음불안, 완벽주의 성향 등 이러한 불안 조건들은 그로 하여금 삶이 유한하다는 사실에 대해 민감하게 반응하는, 또 그에 대해 사색하는 태도를 가지게 만들었다.

앞서 소개했듯, 소년 싯다르타는 농경제 행사 때 사색을 하며 인간의 유한성과 죽음에 대해 골몰히 사유했다. 『불본행집경』은 이 사색의 시간을 보내기 직전 그가 농부들이 쟁기질하는 모습을 구경하다가 다음의 장면을 보고 충격을 받았다고 기록한다. 쟁기질로 뒤집힌 축축한 땅에서 벌레들이 모습을 드러내었다. 그때 갑자기 어디선가 새들이 날아와 벌레들을 쪼아 먹었다. 이 장면을 목격한 싯다르타는 급작스레 죽음불안을 막연히 느꼈다. 당시 소년이었던 싯다르타의 마음속에서 다음과 같은 생각이 떠올랐다고 한다.

> 아, 세간의 뭇 생명들은 큰 괴로움을 겪는구나. 어찌하여 사람들은 이 모든 괴로움을 버리려 하지 않을까? 왜 괴로움을 싫어하고 고요한 지혜를 구하지 않을까? 어째서 그들은 태어나서 늙고 병들고 죽는 괴로운 일들에서 벗어나기를 바라고 이에 관해 생각하지 않는가? 이제 나는 한번 이 문제에 대해 고요하고 한가로운 곳에서 잘 생각해 보아야겠다. (「유희관촉품」)

이런 생각이 든 싯다르타는 더 깊은 명상과 사색을 하고 싶었다. 그는 한적한 잠부나무 아래에 드리워진 그늘을 찾았다. 그러고는 앞서 소개한 바처럼 깊은 선정의 경험과 더불어 소년답지 않은 성숙하고 철학적인 사유에 이르게 된다. 설령 당시 싯다르타가 어머니의 죽음으로 인해 자신의 무의식이 영향을 받고 있음을 제대로 인식하지는 못하고 있었다 하더라도, 이런 사색은 갑자기 나온 것이 아니었다. 이는 분명 그의 마음속에 자리 잡은 죽음불안이라는 조건에 영향을 받은 것이었다.

소년 싯타르타와 죽음불안

죽음은 인간을 불안하게 만드는 가장 핵심적인 요인이다. 불안을 연구한 신학자 폴 틸리히는 불안을 만드는 위협의 근원은 '없어짐'(無)이라고 지적한다.* 자신이 죽어 없어질 것 같은 예감은 모든 두려움의 기저에 존재하고, 또 불안의 모든 양상은 이 두려움의 변형이라고 그는 말한다. 또한 죽음에 대한 두려움이 모든 두려움의 정서에 가장 앞장서서 불안을 결정한다고 설명한다.[22]

얄롬도 틸리히의 생각과 다르지 않다. 그는 죽음이 인간의 마음이 경험하는 여러 일들에 조용히, 그리고 예리하게 침투한다고 본다. 내가 사라져 무(無)로 돌아갈 것 같은 치명적인 예감으로 유발되는 불안에 직면하여, 우리는 당황하며 이런저런 방어를 한다. 그 방어는 대부분 무리수라서 부작용

---

* 사실 폴 틸리히 외에도 키르케고르, 하이데거 등 여러 실존주의 철학자들은 공통적으로 불안의 근원적 이유로 무(nothing)를 지목한다. 무가 원인이기에 불안은 막연할 수밖에 없다. 대상을 특정할 수 없기 때문이다. 반면 프로이트와 같은 심층심리학자들은 불안이 막연하다는 사실에는 동의하면서도 그 이유는 불안을 야기하는 진짜 요인이 무의식에 있기 때문이라고 주장한다.

을 낳기 쉽다. 얄롬은 죽음불안을 경험하는 이가 혹여 이를 제대로 다루지 못할 경우 다른 여러 정신적 괴로움을 겪게 된다고 설명한다.[23]

현대 심리학에 관한 다수의 연구는 불안의 핵심에 죽음이라는 주제가 관여하고 있음을 확인시켜 준다. 많은 연구가 죽음에 대한 불안이 수많은 심리 장애를 발병시키고 유지되도록 하는 기본적 두려움이라고 평가한다.[24] 여러 심리적 문제의 기저에 죽음불안이 있다는 것인데, 예를 들어 강박적으로 손을 많이 씻는 이들은 죽음을 상기시키는 질병에 대해 암묵적인 위협을 느끼며 그 위험에서 벗어나고자 손 씻기 같은 강박 행동을 한다. 뱀이나 거미 등의 특정 대상에 대한 공포증 역시 죽음에 대한 회피라고 할 수 있다. 그들은 죽음을 상기시키는 진정한 원인을 피하고자 죽음의 대체제로 뱀이나 거미를 상정해 놓고 이것들을 회피함으로써 손쉽게 죽음의 위험을 없애려 한다. 심리학자 에릭 스트라찬Eric Strachan 과 그의 동료들은 거미 공포증 환자 32명과 일반 사람들 32명에게 죽음을 상기시키는 실험을 했다. 그리고 난 후 거미에 대한 두려움이 어느 쪽에서 얼마나 커졌는지 관찰했다. 그 결과 죽음을 상기하는 일만으로도 거미 공포증 환자들은 거미에 대한 공포감이 이전보다 확연히 증가하는 것으로 나

타났다. 반면 일반 사람들은 심리적으로 아무런 변화도 보이지 않았다.[25]

불안이 심한 사람은 일반 사람보다 죽음에 대한 두려움이 높다. 역으로 죽음을 두려워하는 사람에게 불안은 눈에 띄게 문제가 된다.[26] 이는 죽음에 대한 두려움과 불안이 매우 밀접한 관계에 있음을 의미한다. 죽음에 대한 두려움이 크면 불안에 취약해지기 쉽고, 반대로 불안에 취약하면 죽음에 대한 두려움이 커지기 쉽다.

따라서 임상 현장에서는 죽음불안을 다루는 일을 '회전문'(revolving door) 효과에 비유한다.[27] 여러 심리 장애의 기저에 놓인 죽음불안을 제대로 다루지 않고 당장 문제가 되는 심리 증상만을 다룰 경우, 당장은 치료가 된 듯하여 병원 문을 나섰다 하더라도 훗날 새로운 장애나 유사한 장애를 안고 다시 병원 문을 여는 일이 생길 수 있다는 것이다. 죽음불안이 정신질환에 미치는 영향을 다룬 논문 104편을 메타 분석한 2024년의 한 연구는, 죽음불안이 여러 정신병리에 미치는 영향이 분명하다는 점을 확인했다. 다만 죽음불안이 각각의 병리에 어느 수준의 강도로 기여하느냐의 차이는 있을 수 있다고 밝혔다.[28]

죽음불안이 여러 양상의 불안에 토대가 된다는 점에서

볼 때, 소년 싯다르타는 일찍이 불안 자체에 민감하고 취약했다고 볼 수 있다. 왕자로서 그의 표면적 삶은 화려하고 풍족했을지 모르지만, 내면적 삶은 불안과 공허감이 감도는 것이었다. 그에게는 자신의 내적 문제를 해소해 줄 철학적 사색이 필요했다.

죽음불안을 완화하거나 상쇄하는 가장 효과적인 방법 중 하나는 자신의 존재 가치를 확인하거나 삶의 의미를 획득하는 일이다. 이 부분에 대해서는 바로 뒤에서 더 자세히 논할 것이다. 핵심은 싯다르타의 마음속에서 죽음불안이 점점 더 요동치면서, 권세를 누리는 왕자로서의 삶 외에 다른 삶에서도 큰 의미와 가치를 확인할 수 있지 않을까 하는 생각의 씨앗이 자라게 되었다는 점이다. 그렇게 죽음이라는 주제로 인해 그의 삶은 큰 전환의 계기를 맞게 된다. 즉 그는 죽음을 넘어서 보다 완전한 존재가 되는 일에 매력을 느낄 만한 내적 조건을 갖추어 가고 있었다.

3) 성 밖 동산에서의 충격적 경험과
싯다르타의 죽음불안

소년 싯다르타가 불안과 얼마만큼 씨름하며 유년기를 보냈는지는 경전을 통해 제대로 확인하기 어렵다. 그럼에도 한 가지 명확한 사실이 있다. 익히 알려진 그의 극단적 성장 환경, 즉 감각적 쾌락을 누리기 쉬운 왕자로서의 삶과 전륜성왕의 재목으로서 왕의 자리를 물려받기 위해 최고의 교육을 제공받는 왕자의 삶은 그의 불안에 어떤 식으로든 영향을 주는 조건이 되기 충분했다는 점이다.

오늘날 집안 환경이 매우 풍족한 아이들일지라도 문제없이 잘 자라기만 하지 않음을 우리는 종종 확인한다. 오히려 때로 그들은 심각한 일탈에 빠져 뉴스에 나오기도 한다. 스콧 스토셀은 불안을 사치에 비유한다. 그는 후진국보다 선진국 사람들이 불안증에 걸릴 위험에 훨씬 많이 노출되어 있다는 사실에 주목한다. 먹고사는 문제로 바쁘면 불안할 여유조차 없지만, 풍족한 물질적 환경이 더 많은 선택과 의심의 기회를 제공하면 그것이 불안의 조건이 된다는 것이다. 그는 스스로 생각하고 선택해야 하는 자유가 불안을 가져오는 아이러니를 야기한다고 설명한다.[29]

컬럼비아대학교의 심리학자 수니야 루따르Suniya Luthar
는 한 연구를 통해 전반적으로 빈곤층 청소년이 부유층의 청
소년보다 여러 주관적인 괴로움에 더 취약하지만, 부유한 배
경의 청소년도 '조건에 따라서는' 빈곤층의 청소년보다 담배
나 알코올 등의 약물 남용의 문제에 더 취약할 수 있다는 연
구 결과를 발표했다.* 그 이유로는 먼저 풍족한 아이들의 환
경이 그들로 하여금 약물 구매를 더 용이하게 만든다는 점을
들 수 있다. 돈은 잘 쓰면 유익하지만, 잘못 쓰면 해가 되는
자유의 무게를 선사한다. 또한 상류 중산층의 청소년은 부모
로부터 학업에 대한 높은 성취 압력을 받는 상황에 처해 있
기에 약물 남용에 취약할 수 있다는 점도 무시할 수 없다. 내
적 압박은 청소년의 약물 사용을 예측해 주는 중요한 요인
중 하나라고 루따르는 밝힌다.[30]

싯다르타는 전륜성왕이 될 운명이라는 거대한 심적 압
박을 견뎌야 하는 상황이었다. 이런 조건 속에서 그는 두 극
단을 경험하는 특권 아닌 특권을 누렸다. 쾌락을 즐기는 삶

---

*   다만 본 연구는 풍족하거나 더 상류층이라는 외적 조건만으로 아이들이 무
       조건 더 불안하고 심적 부담이 크다고 일반화할 수 없음을 강조한다. 그 역
       시 아이들의 부모 성향이나 여타 환경에 따라 다를 수 있다.

과 배우고 공부하는 삶이 그것이다. 어느 쪽에 더 관심을 두고 누릴 것인지는 전적으로 그가 선택할 자유이다. 하지만 이 자유는 곧 훌륭한 왕이 되어야 한다는 책임을 동반하고 있었다. 전륜성왕이 될 것이라는 기대를 한 몸에 받던 그는 이 양단의 조건 속에서 자유의 무게를 심히 느껴야 했다.

불교에 조예가 깊었던 철학자이자 심리학자 에리히 프롬Erich Fromm은 자유란 인간에게 무거운 책임과 의무를 상기시키면서 불안의 중요한 조건이 된다고 보았다. 그는 인간이 자유에 내재된 위험과 책임에서 심한 불안을 느끼므로 자유로부터 도피하고픈 충동에 빠진다고 주장한다. 주어진 자유의 폭이 넓으면 넓을수록 자유에 대한 부담도 커지면서 더 큰 불안에 사로잡힐 수 있다. 그래서 자유를 감당하지 못하고 인간이기를 포기하는 잘못된 행동을 저지르기도 한다는 것이다. 프롬은 자유의 부담을 이기지 못하고 충동에 휩쓸려 함부로 행동하는 인간을 생각 없는 '자동인형'에 비유한다.[31]

예를 들어 제대로 불안을 다루는 법을 배우지 못한 사람은 심한 불안 앞에서 이를 망각시켜 줄 대상을 찾는다. 그들이 쉽게 도박이나 쇼핑, 알코올, 엇나간 성생활 등의 유혹에 사로잡히는 이유이다. 이들은 당장 다가온 불안을 회피하고자 중독에 빠진다. 그렇게 중독 행위를 저지른 뒤 다음 날

이면 유혹에 넘어가 스스로를 올바로 통제하지 못했다는 사실에 자책한다. 그래서 더 불안해지고 더 공허해진다. 이들은 중독 행위를 하기 전보다 더 취약해지면서 다시 중독의 실수를 저지르는 악순환에 빠진다.

출가 전의 싯다르타 왕자는 아직 자기 마음을 다스리는 법을 제대로 알지 못했다. 그런 그에게 아버지 숫도다나 왕은 감각적 쾌락을 누릴 수 있는 최상의 조건을 제공했다. 심지어 싯다르타는 성년이 되어 결혼을 하고도 아버지가 마련해 준 호화로운 궁에서 기녀들을 끼고 노는 삶을 때때로 즐겼다. 이는 싯다르타가 자신이 직면해야 했던 자유의 무게, 즉 큰 책임과 높은 기대에 따르는 마음의 불안을 잊게 해 주는 최고의 도피처였을 것이다. 그는 감각적 쾌락을 마음껏 누리면서 잠시나마 불안을 멀리할 수 있었다.

죽음불안, 드디어 만개하다!

어느덧 그는 스물아홉 살이 되었다. 그에게 있어 죽음불안은 늘 문제가 되었으나 아직 이것이 제대로 의식에 떠올라 심각한 문제를 일으키며 일상을 무너뜨리는 정도는 아니었다. 그저 무의식적 죽음불안에 의해 소년 싯다르타가 알게 모르게 영향을 받는 상황이라고 할 수 있었다. 하지만 조용한 죽음

불안은 곧 의식에 강하게 떠올라 떠들썩한 문제를 일으키게 된다.

어엿한 성인이 된 그는 어느 날 성 밖의 동산으로 마부와 함께 구경을 나섰다. 그 길에서 그는 우연히 몰골이 심히 상한 노인을 만났다. 피부는 온통 주름이 잡혀 있고, 치아는 모두 빠졌으며, 허리는 완전히 90도로 꺾여 있었다. 노인은 지팡이를 짚고 있었고, 걸음걸이는 힘없는 비틀거림이었다. 또한 온전히 숨을 쉬기 어려워 헐떡이고 있었고, 눈동자의 초점은 흐릿했다. 무너져 가는 노인의 모습에서 싯다르타는 도저히 젊음의 흔적이라고는 찾아볼 수 없었다. 그간 인생의 대부분을 카필라국의 궁궐 내에서만 보내며 건강하고 활기찬 사람들의 모습만 주로 보던 싯다르타였다. 왕자는 처음 접하는 인간의 적나라한 '늙음'의 실상에 상당한 충격을 받았다. 생이라는 것 자체에 혐오가 느껴질 정도였다.

싯다르타가 받은 당시의 충격을 『디가 니까야』의 「대전기경」과 『장아함경』의 「대본경」에서는 각각 다음과 같이 묘사하고 있다.

아, 참으로 태어난 자에게는 반드시 늙음이 오나니 그 태어남이라는 것이 참으로 혐오스럽구나! (「대전기경」)

얼마 남지 않은 목숨을 가진 노인, 지팡이에 기대어 비틀거리
며 걸어가네. 생각해 보건대 나도 저 재앙을 면치 못하리라.
(「대본경」)

　　동산 행차의 경험은 단순한 충격으로 끝나지 않았다.
그의 마음 깊숙이 자리 잡은 죽음불안을 제대로 건드렸다.
이 불안은 드디어 의식 표면으로 올라와 널뛰기 시작했다.
궁에 돌아왔을 때 그의 마음은 이전과는 완전히 달라져 있었
다. 싯다르타는 늙음의 운명이 자신의 것임을 제대로 인정하
기에 이른다. 이를 억압하는 것은 이제 불가능해졌다. 잊으
려 해도 자꾸 노인의 모습이 눈앞에 아른거렸다.

　　그날 이후 싯다르타는 혼란스럽고 불편한 날들을 보내
게 된다. 성인이 된 그는 본격적으로 불안과 씨름하게 된 것
이다. 마음속에서 자신을 괴롭히는 불안을 떨쳐 버리고 싶었
으나 뜻대로 되지 않았다. 그는 자신의 마음이 왜 이리 들뜨
고 동요하는지 그 원인을 알 수 없었다. 단지 늙은이의 모습
을 본 것이 전부였을 뿐이다. 막연하면서도 거칠게 다가오는
이 불안을 안고 그는 앞으로 잘 살아갈 자신이 없어지기 시
작했다. 어떤 식으로든 이 상황을 타개해야만 했다.

　　싯다르타는 답을 찾겠다는 각오로 다시 마부와 함께 성

밖으로 나간다. 경전에 따르면 그는 성 밖으로 세 번을 더 나갔다. 이 중 두 번의 시도는 그의 죽음불안을 완화시키기는 커녕 오히려 더 요동치도록 만드는 경험이 되었다. 두 경험 중 하나는 중병에 걸려 고통에 시달리는 병자를 본 일이었다. 그 병자는 대소변을 본 뒤 그 위에 그대로 누워야 할 정도로 거동이 심히 불편한 자였다. 자기 대소변으로 온몸이 범벅이 되어 악취를 풍기는 병자를 보면서 싯다르타는 다시 큰 충격을 받았다. 또 다른 경험은 상여가 나가는 장례의 과정을 지켜본 일이었다. 그는 상여를 세우고는 망자의 시신을 살펴보았다. 망자의 얼굴과 몸은 살아 있을 때와는 달리 전혀 핏기가 없었고, 일부 피부와 조직은 이미 함몰되어 부패가 임박해 있었다. 싯다르타는 이를 보며 사무치도록 죽음불안을 느꼈다. 사람들이 칭송하는 아름다운 자신의 몸도* 죽으면 이런 흉측한 시신이 될 것임이 자명했다.

궁으로 돌아왔으나 그는 전보다 정신적으로 훨씬 더 안 좋아졌다. 일상을 제대로 영위하기 힘들었다. 맛난 것을 먹어도 그 맛이 잘 느껴지지 않았고 오히려 식욕이 줄었다. 잠

---

* 참고로 경전에서는 싯다르타 몸의 훌륭한 모습과 성스러운 징조들에 대한 묘사가 자주 등장한다.

을 자려 해도 잠이 제대로 오지 않아 불면의 밤을 보냈다. 불교학자 마스타니 후미오Fumio Masutani는 동산 행차에서 인간의 유한성을 여실히 경험한 싯다르타가 드디어 몸서리쳐질 정도로 불안을 경험했을 것이라고 추측한다. 인간이라면 누구나 병들고 늙고 죽는다는 운명 앞에서 싯다르타는 심히 괴로움을 느꼈고, 그 괴로움이 바로 현대의 말로 하자면 '불안'이라고 후미오는 분석한다.[32]

점점 어둡게 변하고 있는 아들의 모습을 보며 부왕은 심히 걱정되었다. 그의 마음 한편에서는 늘 떠나지 않고 때때로 불안을 야기하던 예언이 다시금 떠오르기 시작했다. '싯다르타는 출가하여 큰 깨달음을 얻는 성자가 될 것이다.' 그는 정말로 아들의 출가자 운명이 실현되는 것은 아닌지 불길한 예감을 떨치기 어려웠다. 그는 고심하고 또 고심했다. 그는 신하들을 불렀다. 그들에게 왕자가 머무는 궁을 더욱 화려하게 꾸미고 아름다운 기녀들을 더 뽑아 아들이 정신없이 즐길 수 있도록 만들라고 명했다.

그러나 마음이 탈이 나면 모든 외적 조건은 허수아비가 된다. 더 이상 어떤 외적 풍요와 즐거움의 조건도 그의 눈과 마음에 들어오지 않았다. 그는 더욱 아름답게 꾸며진 궁과 교태를 부리는 절세미인들에게 눈길조차 주지 않았다. 오히려 그렇게 떠들썩하고 화려한 외부의 상황이 차츰 멍들어 가고 있는 자신의 어두운 마음과 대비되며 공허감을 더 크게 만들었다. 그는 현실과 자신의 마음 사이에 자리 잡은 거대한 괴리감에 더욱 불안해졌다. 그러면서 점점 물질적이고 외적인 조건들이 마음의 행복과 안정에 본질적이지 않다고 생각하기 시작했다.

죽음불안, 삶의 의미를 추구하도록 만들다

싯다르타는 본격적으로 죽음불안에 마주해야 했다. 그에게는 자신이 늙고 병들어 죽는다는 사실이 그 어느 때보다 당장 일어나 겪을 일처럼 생생하게 다가왔다. 그것을 거부할 힘도, 또 회피할 다른 출구도 없었다.

심리학의 공포 관리 이론가들이 주장하는 '죽음 현저성'(mortality salience) 개념은 왕자 싯다르타처럼 죽음이라는 주제가 생생하게 다가온 이들의 마음에서 어떤 일이 벌어지는지를 설명한다. 죽음 현저성이란 죽음의 문제를 진지하게 인식하게 될 때, 다시 말해 자신의 죽음을 거부할 수 없는 일이라고 생각하게 되었을 때 마음에서 두드러지게 일어나는 현상을 말한다. 이 이론을 연구하는 심리학자들은 실험실에 참가자를 초대하여 장례식, 사고, 재난 등에 관한 영상을 보여 주고, 자신의 죽음에 관한 글을 쓰게 하는 식으로 죽음을 떠올리게 했다. 그 결과 사람들은 대체로 몇 가지 유의미한 죽음 현저성의 특징을 보였다. 삶이 유한하다고 생각하게 된 그들은 가치 있는 인생의 목표를 설정하거나, 자신의 인간관계를 돌아보고, 또 자기 인생에서 정말 무엇이 소중한지 우선순위를 헤아려 보는 등 전반적으로 삶의 의미를 찾는 경향성을 보였다.

특히 그들은 자신이 속한 문화의 관점을 강력하게 옹호하고 방어하는 경향성도 보였다. 이에 대해 심리학자들은 여러 분석을 내놓았는데, 그중 하나는 집단의 가치와 체제가 영원히 존속될 것이기에, 자신이 죽은 뒤에도 자신이 속했던 집단과 계속 연결되어 '상징적인 불사'를 얻으려는 마음이 있다는 것이다. 자신의 육신은 사라져도 자신과 같은 신념 및 가치를 지닌 이들은 계속 이어질 것이므로, 그들과 연결되어 있다는 믿음이 죽음을 넘어서게 만드는 효과를 낳는다.[33] 집단 내 모두가 공유하는 가치와 규범에 동참함으로써 자신이 더 큰 의미 구조의 일부로 편입되는 듯 느끼면서 삶의 의미를 얻게 되는 셈이다. 이렇게 확보된 삶의 의미는 당사자로 하여금 자존감을 상승시키고 안정감을 느끼게 하면서 죽음의 공포를 관리하는 데 큰 기여를 한다.

당시 싯다르타의 마음에서도 일종의 죽음 현저성이 일어났다고 볼 수 있다. 그는 죽음불안을 해소해 줄 수 있는 삶의 의미나 자기 가치에 대해 진지하게 고민하기 시작했다. 싯다르타는 다시 답을 구하기 위해 성 밖으로 나가지 않을 수 없었다. 그것은 그의 마지막 동산 행차였고, 거기에서 그는 드디어 가진 것 하나 없는 초라한 행색의 구도자를 만났다. 그런데 그의 얼굴은 온화하고 평온한 빛을 띠었다. 싯다르타는 그를 보며 근래에 경험하지 못한 마음의 안정을 잠시나마 느꼈다. 그는 구도자에게 다음과 같이 대화를 청했다.

싯다르타: 머리를 깎고 해진 옷을 입고 있는 그대여, 당신은 무엇을 구하고 있습니까?
구도자: 나는 마음을 길들이며 영원히 마음의 평화를 얻고자 하는 사람입니다. 마음을 비우고 편안히 유지한 가운데 오직 구도에만 힘을 씁니다. (「대본경」)

싯다르타는 구도자의 말을 듣고 머리에 망치 한 대를 얻어맞은 듯한 충격을 느꼈다. 사실 구도자의 삶이란 본래 그에게 주어졌던 두 가지 운명 중 하나였다. 그러나 자신이 처한 현실적 조건 때문에 단 한 번도 제대로 고민해 보지 못한, 다시 말해 이 또한 내 운명 중 하나임을 망각해 왔던 길이었다. 구도자와 짧은 대화를 나누던 바로 그때, 그의 뇌리에는 자신에게 이 운명도 하나의 가능성으로 주어져 있다는 생각이 스쳐 갔다. 그 순간 그는 막연하게나마 삶의 참된 의미를 확인할 수 있는 길을 드디어 찾은 것이 아닌가 하는 생각도 들었다.

심리학자 빅터 프랭클Viktor E. Frankl은 삶의 의미를 얻는 일이 불안을 완화하거나 치유하는 데 결정적 역할을 한다고 말한다. 그는 의미를 발견하려는 의지가 생기고 삶에서 이것이 유지되면, 불안한 상황에서도 버티고 온전한 정신으로 살아갈 수 있다고 본다. 또한 그는 현대인이 느끼는 불안 증상들, 즉 허무함이나 공허감 같은 것들은 삶의 의미를 얻지 못하기에 나타나는 것이라고 진단한다. 삶의 의미란 개인마다 다른 것이라고 그는 말한다. 자기 삶의 구체적 상황과 조건이 각각 다르기 때문이다. 어느 시대에 태어났는지, 어느 나라에 태어났는지, 어떤 부모를 만나게 되었는지, 어떤 기질을 타고났는지 등 모든 것이 다르다. 따라서 진정한 삶의 의미는 누군가가 자신에게 멋진 목표나 목적을 알려 주어서 생기는 것이 아니며, 또 외부적으로 인정받는 훌륭한 성과를 얻으면서 생기는 것도 아니다. 나는 나만의 삶의 조건을 가지고 그 속에서 고민하고, 씨름하고, 가치를 확인하거나 만들어 내면서 진정한 삶의 의미를 얻는다. 프랭클은 삶의 의미를 찾는 일은 곧 내 삶이 왜 주어졌고, 또 어떤 방향으로 나아가야 하는지를 아는 작업이라고 말한다. 이는 내가 처한 환경과 조건 속에서 야기되는 불안에 직면하여 가장 적절한 삶의 의미, 즉 나만의 삶에 대한 목적을 올바로 찾아내는 일이다.[34]

구도자와의 만남에서 싯다르타는 그간의 답답하고 불안한 마음이 다소 안정되는 것을 느꼈다. 막연하게나마 지독히 겪고 있는 이 불안한 상태에서 벗어날 길이 어쩌면 구도의 길에 있을지도 모른다는 생각도 하게 된다. 그는 마침내 삶의 의미를 찾을 참된 길을 발견한 듯했다. 그렇게 그의 마음속에서는 큰 전환이 일어나기 시작한다. 자기 삶의 진정한 목적이 이것이라는 믿음이 생기며 삶에 대한 희망이 보이는 듯했다. 처음으로 그는 '출가해야겠다'라는 생각을 진지하게 하게 된다.

4. 위대한 포기와 불안

새로운 삶 속으로 들어가는 일은 언제나 기존의 익숙한 삶과의 결별을 요구한다. 이는 지금껏 자신이 붙들고 있던 '내'가 물러가고 새로운 상황에 알맞은 '내'가 등장하는 재탄생의 여정이기도 하다. 재탄생한 나는 새롭고 고유한 삶의 의미를 얻을 수 있다. 다만 이 거듭남의 여정은 기존에 자신이 알던 친숙한 내가 물러가야 하므로 극심한 불안을 필연적으로 동반한다. 심리학자 프리츠 리만은 불안이란 아직 경험하지 못했던 새로운 상황 혹은 친숙하지 못한 낯섦 속으로 들어가게 될 때 동반되는 사건이라고 말한다. 이때의 나는 아직 이를 감당할 수 있을 만큼 성숙하지 못했고 또 준비되어 있지 않았을 수 있지만, 그렇더라도 이는 반드시 건너야만 한다. 그는 이 성숙을 향한 한 걸음 한 걸음이 모두 불안과 결부되어 있다고 강조한다.[35]

　기존의 나를 버리고 새로운 나를 찾아나선 싯다르타는 상당한 대가를 치러야 했다. 이 선택과 결정으로 인해 그는 불안에 더 취약해지는 상황을 감내해야만 했다. 그가 출가의 결심을 실천하는 데에는 수많은 현실적 고민과 어려운 문제들이 놓여 있었다. 싯다르타는 비록 뛰어나고 모범적인 왕자였으나, 당시 여러 세속의 인간관계에 복합하게 얽혀 있는 한 명의 인간이기도 했다. 더욱이 당시의 그는 아직 깨달은 존재도 아니었다. 전륜성왕이 된다는 그의 운명을 부모와 주변 사람들은 한 치의 흔들림도 없이 믿고 있었다. 높은 기대를 한 몸에 받고 있던 그에게 모든 인연의 끈을 끊어 버리는 출가의 결정은 상당한 아픔과 희생을 담은 결단일 수밖에 없었다.

앞서 기술했듯, 싯다르타는 성 밖에서 네 가지 경험을 순차적으로 하면서 출가에 마음을 품게 되었다. 하지만 이때의 마음은 그 뜻을 품어 본 첫 단계에 지나지 않았다. 진짜 문제는 그다음부터였다. 당시 그는 갑작스럽게 찾아온 출가자의 삶을 꾸릴 마음의 준비가 충분히 되어 있지 않았다. 지금까지 왕자로 살던 그에게 이 도전은 감히 엄두가 나지 않는 것이었다. 결단을 내리고 실천으로 옮기기 위해서는 모든 것을 내려놓아야만 했다. 정말 자신이 그래도 되는지, 아니 그럴 수 있는지 확신하기 매우 어려운 상황이었다는 것은 두말할 필요도 없다.

그에게는 이제 엄청난 마음의 갈등이 소용돌이칠 인생 2막의 장이 막 오르고 있었다. 지금 출가해야 한다는 마음과 좋은 왕이 되어 주변 사람들의 기대를 저버리지 말아야 한다는 마음이 서로 충돌하고 또 충돌했다. 도대체 어떤 어려움이 그에게 가장 문제가 되었을까? 그는 이 어려움을 결국 어떻게 극복하고 출가의 결정을 내리게 되었을까?

1) 부모님이라는 출가의 장벽

출가의 결정에 장애를 주는 여러 문제 가운데 부모의 존재는 그에게 엄청난 장벽이었다. 그간 물심양면으로 지원해 준 아버지 숫도다나 왕, 양아들임에도 친아들 난다보다 더 정성껏 자신을 양육해 준 어머니 고따미 등 두 분을 생각하니 쉬이 출가를 결정할 수 없었다. 철석같이 자신을 믿으며 헌신하고, 또 자신을 나라와 종족의 자랑이자 보배로 생각해 온 그들이었다. 싯다르타 역시 부모님에게 똑똑하고 인품이 뛰어난 장남이자 훌륭한 왕이 될 운명을 쥔 아들이 되고자 최선을 다해 왔다. 그런 자신이 떠난다고 했을 때 부모의 심정이 어떠할지 생각하니 어질어질했다. 부모님이 크게 슬퍼하실 것은 불 보듯 뻔했다.

홋날 붓다는 다음과 같이 출가의 순간을 회상한다.

그런 나는 나중에 아직은 연소하고 젊고, 머리가 검고 축복받은 젊음을 구족한 초년기에 부모님이 원치 않아 눈물을 흘리며 통곡하심에도 불구하고, 삭발을 감행하고 가사를 입고 집을 떠나 출가했다. (「삿짜까 긴 경」)

싯다르타의 부모는 통곡하며 아들의 출가를 강력히 뜯어말렸다. 후대의 문헌에는 떠나려는 아들을 말리는 아버지의 모습이 다음과 같이 구체적으로 묘사되어 있다.

왕: 아들아, 부탁한다. 제발 그러지 말거라. 너를 잃는다면 나는 큰 슬픔에 빠지게 될 것이야. 나와 너의 어머니는 이로 인해 원치 않는 죽음을 맞이할 것이다. 너는 정녕 이런 행복과 축복이 있는 삶을 놔두고 나와 너의 백성들, 그리고 왕국을 버리려 하느냐? 네가 출가하여 집 없이 어디를 가든 모든 장소는 황량하며 춥고, 더우며 모기와 벌레가 들끓을 것이다. 사나운 짐승들의 끔찍한 울음소리가 들리고 살육이 난무하는 숲에서 너는 두려워 벌벌 떨 것이다. 그러니 아들아, 너의 아버지처럼 왕으로서 만족하는 삶을 살거라. 네가 정녕 떠난다면 진실로 난 목숨을 끊을 것이다.[36] (*Mahāvastu* vol. II)

숫도다나 왕은 아들에게 왕자로서의 삶에 만족하고 안주하라고 주문했다. 그러면서 아들이 출가하면 아내와 함께 자신이 죽어 버릴 것이라며 협박 아닌 협박까지 했다. 싯다르타가 만약 출가를 선택한다면 부모를 버린 매우 잔인한 아들이 된다는 암묵적인 의미가 포함된 절절한 주문이었다. 이에 아들은 답했다.

> 왕자: 아버지, 제가 지금 젊듯이 영원히 늙지 않도록 해 주세요. 지금 제가 건강하듯이 영원히 질병에 걸리지 않을 수 있게 해 주세요. 지금 제가 살아 있듯이 영원히 죽음을 경험하지 않게 해 주세요. 지금 제가 늘 쾌락과 즐거움이 가득 찬 조건 속에 살 듯이 영원히 어떤 역경도 겪지 않도록 해 주세요.[37]
> (*Mahāvastu* vol. II)

싯다르타도 만만치 않았다. 그는 이 세상 어떤 왕도 결코 들어줄 수 없는 실현 불가능한 일을 요구했다. 유한한 인간의 숙명을 제거해 달라는 것이었다. 그는 그간의 사색과 고뇌로 인간으로서 갖는 유한함이 바로 모든 심적 괴로움, 즉 불안의 원천임을 파악했다.

싯다르타가 요구한 위의 네 가지 사항을 현대적으로 번

역해 보자면 네 가지 불안을 없애 달라고 요구한 것이다. 늙음이 막연히 두려워지는 일은 노화 불안, 질병에 걸릴까 봐 두려워하는 일은 질병불안장애(건강염려증), 자신이나 타인의 죽음에 대한 두려움은 죽음불안, 어떤 역경이나 문제 혹은 결핍에도 두려움을 느끼는 일은 완벽주의 혹은 회피불안[불안한 상황은 무엇이든 피하려는 불안의 패턴] 등이다. 이는 당시의 그가 필멸과 유한함에 대한 불안을 얼마나 광범위하게 경험하고 있었는지를 잘 보여 준다.

더불어 그의 발언은 고대인과 현대인이 모두 유사한 불안의 문제로 고통받으며 이를 극복하기 위해 노력한다는 사실도 잘 보여 준다. 현대의 과학과 산업도 위와 같은 불안들에 대처하기 위해 항노화나 웰빙 분야에 도전하고 있다. 현대의 의료계는 죽음을 하나의 질병으로 보며 의료적 시각에서만 주로 접근한다는 비판을 받기도 한다. 또한 이 시대에는 모든 불편함을 제거하는 편리 만능주의의 문화가 확산되고 있다. 불안은 민족이나 문화 및 시대의 발전 정도와 무관하게 늘 존재해 왔으며, 그때그때 바뀌는 것은 단지 그 불안을 퇴치하기 위해 인간이 고안해 내는 수단과 대책이라는 프리츠 리만의 말이 실감 나게 다가온다. 그는 아무리 기술이 진보하고 학문이 깊어져도 불안이 우리 인생의 일부라는 사실은 조금도 바뀌지 않는다고 말한다. 그는 어떤 발전이나 진보가 우리의 불안을 제거해 주리라는 착각을 하지 말아야 한다고 말한다. 그것은 언제나 진보인 동시에 퇴보일 수도 있다. 그는 어떤 한 불안을 제거하면 그 결과 새로운 불안을 가지게 될 것이라고 장담한다.[38]

위와 같은 싯다르타의 요구에 부왕은 매우 난감했다. 그는 다음과 같이 말한다.

아들아, 너는 그것이 불가능하다는 것을 스스로 잘 알지 않느냐. 네가 말한 늙음, 질병, 죽음 그리고 불행은 내가 어찌할 수 있는 부분이 아니다.[39] (*Mahāvastu* vol. II)

결국 부왕은 이 대화에서 아들을 설득할 수 없었다. 그는 다른 방식으로 아들을 설득할 길이 없는지 찾아야만 했다. 다행히도 그는 곧 아들을 설득할 만한 최상의 카드를 손에 쥐게 된다.

2) 아내 야소다라와 갓 태어난 아들이라는 출가의 장벽

싯타르타에게 있어 출가를 가로막는 가장 큰 장벽은 부모님의 존재가 아니었다. 그에게는 거대한 장벽이 하나 더 남아 있었다. 이는 바로 그를 믿고 따르는 아내 야소다라와 갓 태어난 아들의 존재였다. 당시 남편 싯다르타가 불안 속에서 인생의 최대 결정을 앞두고 고민하는 사이, 운명의 장난처럼 아내 야소다라는 아들을 낳았다. 왕자의 아들이 태어났다는 소식이 세상에 퍼졌다. 가족들은 물론 온 주변 사람들이 기쁨과 축복으로 들썩였다. 싯다르타가 태어났던 바로 그때처럼 말이다. 그런데 당시 싯다르타의 마음은 어떠했을까?

자신의 내적 바람과는 정반대의 방향으로 현실이 흘러가고 있음을 느끼며, 마음속에서는 고뇌와 번민의 골이 더 깊어졌다. 현재 일어나고 있는 외부의 사건과 떠들썩한 축제 분위기, 무엇보다 자기 핏줄이 탄생했다는 사실 등등. 그는 만감이 교차했다. 내적으로 갈등과 불안이 더 심해졌음은 의심의 여지가 없다. 그는 누구보다 아들의 탄생을 축하해 주는 친아버지여야 했다. 그러나 당시에 그의 마음은 정상적인 상태가 아니었다. 그는 정말로 자신이 출가해야 하는지를 스스로에게 묻고 또 묻고 있었다.

반면 그의 아버지 숫도다나 왕을 비롯한 주변인들은 싯다르타의 아들이 태어났다는 소식에 안도했다. 아무리 출가의 뜻을 품은 왕자라고는 하지만, 자신의 친아들이 태어난 마당에 출가를 감행하지는 않을 것이라는 희망이 피어났기 때문이다. 그들은 싯다르타의 출가를 막아 줄 훌륭한 손자의 탄생을 매우 반겼다. 다시 카필라국에 전륜성왕이 출현한다는 운명의 힘이 강력히 발동되는 듯했다. 특히나 부왕은 이제 왕자가 부모를 버리고 떠난다는 사실뿐만 아니라 자기 아내와 나아가 갓 태어난 아들마저 버리고 떠난다는 사실을 제대로 직시하리라고 예상했을 것이다. 부왕은 아들의 출가 포기를 압박하는 더 강력한 작업이 가능하리라는 긍정 회로를 돌릴 수 있게 된 것이다.

싯다르타 앞에 놓인 두 가지 선택지

이런 상황에서 싯다르타에게는 두 가지 선택지가 있었다. 한 가지는 세속에 남아서 아들과 함께 행복한 삶을 보내며 바른 정치를 펴는 전륜성왕이 되고자 노력하는 삶이었다. 그 어떤 것도 잃지 않아도 되는, 모두가 행복하고 만족할 수 있는 선택이었다. 다만 그 모두의 범위에서 자기 자신만은 예외였다. 이 선택을 내릴 경우 앞으로의 그의 삶은 더 이상 만족스럽거나 행복하지 않을 수 있었다. 더욱이 죽음불안이 심히 자극하는 상황에서 자기 삶의 진정한 의미에 대해 깊이 탐구하거나 고민하는 일 따위는 멈추어야 했다. 그냥 지금 그대로의 삶을 긍정하며 사람들이 인정하는 대로 살면 되는 것이었다. 물론 전륜성왕이라는 삶 자체에서도 삶의 의미를 찾을 길은 있겠지만, 지금 자신의 불안이 방향 짓는 길과는 결이 다른 길임이 분명했다. 그는 불안이 일깨우는 삶의 의미에 대한 여러 질문을 모르는 체하면서 그저 살던 대로 살아야 했다.

다른 한 가지는 모든 것을 버리고 출가하여 궁극의 깨달음에 도전하는 구도자의 삶이었다. 모든 이가 실망하고 심지어 오해할 만한 선택이었다. 단 그 모두의 범위에서 역시 자기 자신만은 예외였다. 이 선택을 할 경우 그간의 자기 삶에서 그토록 힘들고 고통스러웠던 심적 괴로움, 즉 불안의 문제를 제대로 다룰 기회를 얻을 수 있었다. 그가 지금 겪는 불안은 이 길을 가리키고 있었다. 그는 이 선택에서 자기 삶의 본질적 의미를 찾을 가능성을 보고 있었다. 하지만 이는 그간 자신이 가진 모든 것을 잃게 만드는 선택으로, 어쩌면 더 불안한 시간을 초래할 위험이 있는 선택이기도 했다.

두 가지 선택지를 앞에 두고 싯다르타는 많은 고민을

거듭했다. 불안은 생각이 많아지도록 만드는 재주가 있다. 현실이 만족스럽지 않고 미래가 불확실하여 고민이 많을 때 일어나는 것이 곧 불안인 것이다. 불안은 자신의 미래와 과거에 대해서도 수도 없이 생각하게 만든다. 현실에서 나오지 않는 답을 상상과 생각으로 먼저 찾아서 잠시 마음의 안정이라도 얻고자 하는 일이 벌어진다. 싯다르타가 경험했던 당시의 많은 번민과 고뇌는 그가 훗날 불안과 생각 양자 사이의 관계에 관한 견해를 정립하는 좋은 계기가 된다. 실제로 붓다는 훗날 이 둘의 상관관계에 대해 강조하는데, 이는 이어질 4장에서 자세히 살펴볼 것이다.

불안한 마음은 미래를 좀 더 부정적으로 상상하도록 만든다. 불안은 자신의 안위가 위협받는 상황에서 일어나는 일로서, 최악의 시나리오를 예측하고 대비하도록 만들기 때문이다. 당시 그의 마음에는 자신을 괴롭히는 불안을 안고 평생 살아간다면 어떤 일이 벌어질까에 대한 생각이 꼬리에 꼬리를 물었다. 잠도 제대로 자기 어렵고 자꾸 생각만 많아지는 이 위축된 상태로는 예전처럼 사람들 앞에 서기 힘들겠다는 생각도 해 보았을 것이다. 일상에서 실수도 할 것이고, 또 부왕에게 좋은 아들로, 갓 태어난 아들에게 훌륭한 아버지로, 아내 야소다라에게 멋진 남편으로, 무엇보다 모든 이에게 위대한 전륜성왕으로 남기도 어려울 수 있다는 잿빛 미래가 그에게 아른거렸다.

부정적 관점을 낳는 불안은 다른 한편으로 그가 출가 선택을 할 경우 과연 자신이 목표하는 성과를 얻을 수 있을지에 대한 의심도 품게 만들었다. 불안이 심해지면 점점 자신감이 떨어지고 무력감을 느낄 수 있다. 그래서 불안이 심할 때는 매우 안정적인 선택, 즉 어떤 변화를 택하기보다는 현재의 상태에 안주하는 결정을 내리기 쉽다. 그 때문에 불안이 심한 이들은 대체로 기존의 질서 혹은 현 상황을 유지하는 보수적인 선택을 할 가능성이 높다.

진퇴양난의 시기였다. 어떤 가능성을 떠올려도 다 만만치 않았다. 싯다르타는 불안으로 머리가 매우 복잡한 시간을 보냈다. 이 절박한 시기에 그가 평소 갈고닦은 철학적 사색이 드디어 빛을 발하게 된다. 그는 지나간 자기 삶을 점검하고 성찰하려고 노력했다. 그간 자신은 늘 전륜성왕에 걸맞은 완벽하고 경쟁력 있는 왕자의 모습을 보여 주려 온갖 노력을 해 왔다는 사실을 깨달았다. 그는 스스로에게 물었다.

'나는 그렇게 완벽한 존재인가?'

'그런데 지금 나는 왜 사무치게 불안하며 괴롭고, 또 고민에 고민을 거듭하고 있는가?'

자신이 한없이 작아 보였다. '완벽한 나'라는 허구의 진실에 균열이 가고 있었다. 자신을 지탱해 주던 전륜성왕으로서의 나라는 개념이 흔들리면서 그는 더욱 불안해졌다. 더이상 나라는 존재가 안전하게 느껴지지도, 또 위안을 주지도 않았다. 어디에도 마음을 붙일 수 없었다. 자신이 무가치하다는 생각이 들면서 온 세상이 무너지는 듯했다.

생각이 여기까지 미치자, 그는 더 이상 주변에서 기대하는 삶의 모습에 얽매여 살기 어렵다는 판단이 들었다. 아니, 이제는 그렇게 살기 싫었다. 지긋지긋한 이 불안을 떨치고 성 밖 구도자가 말한 마음의 평화라는 것이 무엇인지 맛보고 싶었다. 그는 자신을 되찾고 싶었다. 진실로 내가 어떤 존재인지에 대한 참된 통찰을 얻는 작업을 하고 싶었다. 그일을 해낸다면 삶의 참된 의미를 찾을 수 있을 것 같았다. 그러면 자신의 마음속에 있던 불안도 상당히 진정될 수 있지 않을까 하는 막연한 희망도 품었다.

결국 출가의 길을 선택하다

산통에 맞먹을 정도로 심한 불안의 시간을 보내던 싯다르타는 점점 자신이 무엇을 선택해야 하는지 선명히 보이기 시작했다. 그는 결국 두 가지 선택지 중 후자를 선택하기로 마음먹었다. 출가가 최선의 해결책이라는 믿음이 확고해졌다. 다만 그 믿음이 확고해지면 확고해질수록 무엇보다 갓 태어난 아들이 끊임없이 마음에 걸렸다. 후대의 문헌에 따르면 싯다르타는 이 상황에서 고민을 거듭한 끝에 다음과 같이 말했다고 한다.

아, 속박(P.: Rāhula, 라훌라)이 생겼구나!"

지금 자신이 떠나야 할 이 중요한 순간에, 아들은 자신을 강력하게 붙잡고 있었다. 깊은 번민과 갈등 속에서 그는 갓 태어난 아들을 향해 자신도 모르게 나지막이 이 말을 내뱉었다.

이 말을 옆에 있던 시종이 들었다. 시종은 깜짝 놀랐다. 당시 숫도다나 왕을 포함해 주변 사람 모두는 과연 싯다르타가 출가를 결정할지를 두고 신경을 곤두세우고 있었다. 시종은 왕자의 진심이 반영된 이 말을 곧 숫도다나 왕에게 고했다. 왕은 마음이 크게 상했다. 그토록 자신이 염려하던 왕자의 출가 징조가 이제는 분명한 현실로 나타나는 것 같았다. 그는 그런 아들에게 충격 요법을 주고 싶었다. 그는 눈에 넣어도 아프지 않을 손자의 이름을 그저 아들이 내뱉은 탄식을

그대로 받아서 '속박', 즉 '라훌라'라고 보란 듯이 지었다.[*]

　이는 상당히 충격적이고 모순적인 사건이다. 부왕은 자신의 아들 싯다르타가 태어났을 때 이름을 지어 주려고 성대한 명명식까지 열었던 장본인이었다. 그런 그가 손자의 이름을 짓는 일에서는 명명식을 열기는커녕 어떤 고민이나 절차도 없이 '장애'의 뜻이 담긴 이름을 그냥 붙인 것이다. 그러나 이런 충격 요법도 큰 효과를 발휘하지 못했다. 싯다르타는 아무런 희생 없이 출가하기란 불가능하다는 것을 알고 있었다. 절치부심하던 그는 마음을 비우고 모든 오해와 죄스러움을 그저 받아들일 시간이 바로 지금이라고 생각했다. 기왕 불안할 것이라면 불안을 끝낼 가능성이 있는 쪽으로 가고자 결심했다.

　그는 온 주변 사람들이 자기 아들의 탄생을 축복하고 잔치를 벌이며 기쁨에 젖어 있는 사이, 조용히 출가를 단행했다. 그는 모두가 잠든 밤을 기다렸다. 이윽고 밤이 깊어지

---

[*]　참고로 '라훌라'라는 이름에 관한 다른 설들이 존재한다. 예를 들어 아기가 태어난 날에 월식이 일어났다는 추정에 근거한 설들이 있다. 일식과 월식을 일으키는 당시의 신인 '라후'의 이름을 본떴다는 설, 혹은 용의 머리를 뜻하는 '라후'에서 이름을 본떴다는 설 등이다. 그러나 가장 전통적으로 또 지배적으로 잘 알려진 해석은 본문에서 소개한 것이다.

자 마지막으로 아들을 품고 잠자고 있는 아내 야소다라의 모습을 보기 위해 조용히 산모가 있는 방으로 갔다. 아들과 아내 두 사람의 얼굴을 번갈아 쳐다보았다. 그의 마음속으로 엄청난 미안함과 괴로움이 밀려왔음은 두말할 것도 없었다. 갓 태어난 아들과 이제 막 출산을 마친 아내를 버리며 인사조차 제대로 하지 못 하고 떠나는 아버지이자 남편인 그의 마음은 그 짧은 순간에도 수십 번도 더 흔들리고 불안했을 것이다.

그는 마음이 더 약해지기 전에 서둘러 방에서 빠져나왔다. 자신이 아끼는 순백의 말 칸타카를 타기 위해 마구간으로 발길을 돌렸다. 그때 궁에서 유일하게 깨어 있던 마부 찬나가 그를 보았다. 찬나는 이 시간에 마구간으로 향하는 왕자를 보고 그가 출가를 감행하고 있다는 사실을 직감적으로 알아차렸다. 발을 동동 구르며 숫도다나 왕을 깨워야 할지 말아야 할지를 두고 갈팡질팡했다. 그러나 결기가 넘치는 왕자의 표정을 본 찬나는 왕자의 결심을 막을 수 없음을 알고 어쩔 수 없이 그의 뒤를 따라나섰다.

둘은 한밤중에 궁을 빠져나왔다. 왕자 싯다르타는 출가 첫걸음을 그렇게 내디뎠다. 훗날 불교도들은 싯다르타의 이 출가를 '위대한 포기'(P.: Mahābhinikkhamana, E.: The Great

Renunciation)라고 부른다. 이는 인간 괴로움의 문제를 해결하는 대업을 성취하기 위해 싯다르타 개인의 모든 인간적인 부분을 포기하고 구도자로서의 삶을 새롭게 출발한 역사적 선택을 지칭하는 말이다.

위대한 포기 덕분에 그는 인류에 많은 빛을 던져 줄 수 있었다. 그것은 우리 모두가 잘 알고 있는 명확한 진실이다. 하지만 이 선택에는 어떻게 해도 거부할 수 없는 분명하면서도 불편한 진실이 들어 있다. 인류를 위한 궁극적 깨달음을 얻은 붓다이기 이전에 그는 왕자 싯다르타였다는 점이다. 한 인간으로서 그가 감행한 포기는 당시 그 자신에게 엄청난 부담과 희생을 동반하는 결정이었다. 그때의 싯다르타는 자신이 정말 궁극의 깨달음을 얻어 불안의 문제를 해결하는 결실을 얻게 될지 그 미래를 명확히 알지 못하는 불안의 상태였다. 그는 그 길의 끝에 불안으로부터의 자유라는 해탈의 영광된 미래가 있을 수 있다는 막연한 희망을 품고 있을 뿐이었다. 그는 단지 구도의 길로 이제 막 들어서려는 한 인간일 따름이었다.

3) 또 다른 불안을 만나다

위대한 포기를 감행함으로써 싯다르타는 자신을 괴롭히는 죽음불안을 해결할 수 있다는 막연한 희망을 붙잡을 수 있었다. 그 희망은 일시적으로나마 그의 마음을 편안하게 하는 효과가 있었다. 하지만 아직 미래를 잘 알 수 없는 상황에서 출가를 선택하며 잃은 대가가 너무 컸다. 그는 이로 인해 죽음불안과는 다른 종류의 커다란 불안에 직면해야 했다. 이는 바로 도덕적 불안이었다. 도덕적 불안이란 자기 양심에 비추어 보아 스스로가 잘못된 일을 실천한다고 느낄 때 생기는 불안이다. 정신분석에서는 이를 죄책감이라고 설명한다.

아이의 삶에서 부모가 차지하는 부분은 엄청나게 크다. 아이는 세상의 전부인 것처럼 보이는 부모와의 관계로부터 큰 영향을 받는다. 아이는 부모의 기대와 생각을 반영하여 마음에 양심의 기준을 형성하게 된다. 부모의 사랑을 갈구하는 아이는 부모와의 관계 형성 경험을 통해 만들어진 양심의 기준을 충족하는 일이 매우 중요하다고 여기게 된다. 양심을 잘 따라야 부모로부터 사랑받을 것이라고 생각하기 때문이다.

프로이트는 아이가 자라면서 자신이 양심의 기준에서

벗어나거나 이를 훼손했다고 느낄 때면 과도한 도덕적 불안, 즉 죄책감을 느끼게 된다고 분석한다.[*] 이는 아이일 때만이 아니라 성인이 되어서도 별반 다르지 않다. 마음속으로나마 부모의 사랑을 새기는 것은 아이나 어른이나 동일하기 때문이다. 심리적으로 부모의 역할을 대리하는 양심에게 혼이 나거나 버림받는 일은 성인에게도 무척이나 괴로운 일이다. 심리적으로 완전히 홀로 남겨지는 듯한 기분이 들기 때문이다.

미화하지 않고 현실적으로 볼 때, 당시의 싯다르타는 사랑하는 부모의 기대를 저버렸다. 나아가 그는 아내와 아이에게도 상당히 가혹한 일을 했다. 왕이 되는 교육을 받으며 윤리나 인격의 중요성에 대해 배우던 그는 당시 자신이 지극히 나만 생각하는 이기적인 존재가 아닌지 번민했을 것이다. 가뜩이나 불안으로 인해 '나라는 존재는 과연 누구인가?'라

---

[*] 엄밀히 말해서 프로이트는, 죄책감은 인간의 공격 본능이 양심 기관(초자아)에 자리하여 이것이 규율을 어기는 자아에게 그렇게 하지 못하도록 규제하는 역할을 한다고 본다. 죄를 지은 자아는 공격성을 지닌 이 초자아에게 혼날까 봐 불안해진다. 이런 프로이트의 죄책감 해명은 후대에 비판적으로 계승되었다. 예를 들어 에리히 프롬은 프로이트의 이 설명은 지나치게 개인 중심적이고 억압 중심적이며, 사회적 및 문화적 측면을 배제한 관점이라고 비판한다. 즉 그는 구체적인 사회경제적 조건과 문화적 맥락이 어떤 종류의 죄책감을 생산하는지 주목해야 한다고 주장한다.

는 문제에 걸려 고민하던 싯다르타였다. 이 결정은 더욱 자신이 이토록 자기중심적인 존재인가에 대해 끊임없이 반추하도록 만들기에 충분했다. 더욱이 그는 어린 시절에 자신 때문에 어머니가 잘못되었다는 죄책감을 품고 자랐다. 즉 그는 이미 죄책감이라는 불안 정서에 취약한 상태였다. 그런데 이 과감한 결단으로 말미암아 도덕적 불안이 다시 그의 마음속에서 더욱 크게 자리 잡게 되었다. 그가 기존의 안정적인 삶을 선택했더라면 굳이 짊어지지 않아도 될 불안이었다.

위대한 포기는 운명의 자동적 실현이 아니었다

엄청난 희생을 동반한 싯다르타의 출가는 훗날 위대한 일을 성취할 그이기에, 일찍부터 완벽히 내정되어 있던 일이었고, 그는 아무런 고민과 불안 없이 자연스럽게 정해진 수순을 밟은 것이라고 해석할 수 없다. 이는 결과를 보고 원인이나 동기를 끼워 맞추는 사후적 해석일 뿐이다.[**] 그런 사후적 해석은 훗날 싯다르타가 붓다가 되어 펼쳤던 그의 가르침과도 분명히 어긋난다. 깨달음을 얻은 후 그는 인간이라는 존재가

[**] 사실 '위대한 포기'라고 칭해지는 그의 출가 동기에 대한 불교계의 해석은 다양하다. 이에 대해서는 에필로그에서 좀 더 상세하게 소개한다.

그저 완벽히 짜인 운명대로 움직이는 꼭두각시에 불과하다고 가르치지 않았다. 그는 인간의 삶이 그저 이미 정해진 운명대로 흘러가는 것이라고 가르치는 사상가들을 크게 비판했다. 산다까라는 다른 종파의 수행자가 있었다. 그가 어느 날 붓다의 시중을 드는 제자 아난다를 만나서 완전한 스승이란 모든 미래를 다 알고 보는 자라고 주장했다. 그러자 아난다는 다음과 같이 붓다의 가르침을 전했다.

> 그가 모든 것을 알고 보는 자라고 주장하면서 빈집에 들어가는 실수도 하고, 탁발 음식도 얻지 못하기도 하고, 또 개에 물리기도 하고, 사나운 말이나 코끼리를 만나기도 하고, 처음 보는 사람의 이름을 묻기도 하고, 또 마을의 이름을 묻기도 합니다. 만약 사람들이 "왜 모든 것을 알면서 그런 일이 당신에게 벌어집니까?"라고 그에게 따져 물으면, 그는 "그렇게 정해져 있었기 때문이다"라고 답할 겁니다. 하지만 산다까여, 우리의 스승은, 그런 대답은 올바른 대답이 아니라고 여기시고 멀리하십니다. (「산다까 경」)

뒤에서 다시 이야기하겠지만, 붓다는 모든 미래가 다 정해진 운명대로 이루어질 뿐이라고 보지 않았다. 그는 미래의 결과를 가져오는 행위를 '카르마'라고 칭했는데, 이 카르마의 본질은 '의지 혹은 의도'(P.: cetanā)라고 규정했다. 그는 다음과 같이 말했다.

> 나는 의지가 곧 카르마라고 말한다. 의지를 내어 몸, 말, 마음으로 카르마를 짓게 되기 때문이다. (「꿰뚫음 경」)

붓다는 인간의 행위에서 의지를 무척 강조했다. 어떤 의지를 가지고 내가 선택하고 행하느냐가 내 미래를 바꾼다는 것이다. 물론 그는 운명을 바꾸는 의지의 실천이 현실에서 결코 쉬운 일이 아님을 잘 알고 있었다. 그럼에도 불구하고 그가 이런 가르침을 자신 있게 펼칠 수 있었던 것은 자신의 인생 경험이 있었기 때문이었다. 거대한 예언을 짊어지고 태어난 이로써 치열하게 그 운명에 대해 고민하고 씨름하며 살아 본 자가 바로 그 자신이었다.

인간 싯다르타에게는 전륜성왕이라는 운명과 대성자 붓다라는 운명이 두 가지 선택지로 놓여 있었다. 그중 전륜성왕의 운명만이 그의 길이라는 강요 아닌 강요를 받으며 그는 성장했다. 아무런 심리적 부담을 지지 않고, 또 위험을 감수하는 노력을 하지 않는다면 이 운명이 그에게는 압도적으로 유리하고 안전한 선택지였다. 그는 스물아홉 살이 되어 죽음불안에 제대로 직면하기 전까지 자신에게 내려진 이 운명대로 삶을 충실히 살았다. 그러나 죽음불안이 사납게 들이닥치는 상황에서 싯다르타는 치열하게 고민했다. 그리고 결국 출가하여 대성자 붓다의 운명을 걸머쥐는 선택을 했다. 그의 주변에서 가장 경계하고 바라지 않는 것으로, 제일 큰 희생과 대가가 따르는 선택이었다. 이 선택으로 인해 그는 심각한 심적 분열감을 경험하며 도덕적 불안마저 떠안아야 했다.

자유의지를 연구한 대표적 철학자 마크 발라규어Mark Balaguer는 자유의지가 존재한다는 것을 확인하는 중요한 전제로서 '갈린 결정'(torn decision)의 존재를 제안한다. 자신이 선택해야 하는 상황에서 설득력 있는 선택지가 단 하나만 있는 것이 아니라 최소한 두 가지 이상이 있다면 이것은 의식적으로 선택이 가능한 상황이 된다. 이렇게 선택지들이 갈라져 있는 상황에서 자신이 그냥 아무거나 선택하는 것이 아니라 결과를 완벽히 알지 못하는 가운데 스스로 고민하여 무엇이 최선인지를 의식적으로 판단하면서 한쪽을 선택하는 것이 갈린 결정이다.[40] 이때 다른 선택의 옵션은 그냥 버려지는 것이므로, 선택하는 당사자는 하나는 취하고 다른 하나는 버린다는 심적 분열을 경험한다. 즉 그는 불안하고 부담을 느낄 수밖에 없다.

불안이란 본래 불확실성에 대한 두려움이라고 할 수 있다. 불안을 불확실성과 연결 짓는 일은 오래된 전통이며, 또한 불확실성이 뇌의 불안 회로를 자극한다는 현대 신경과학의 발견과도 일맥상통한다. 캐나다 퀘벡 우타우에대학교의 심리학과 교수이자 범불안장애의 선두적 연구가인 미셸 두가스Michel J. Dugas는 범불안장애는 불확실성을 참지 못하는 일이라고 규정한다.[41] 미래란 분명하고 고정된 것이 아니기에 우리는 불안해진다. 어떤 선택이 내 미래에 도움이 되고 생존에 유리한지, 혹은 어떤 일이 내게 닥칠지 현재로서는 완벽히 알 수 없기 때문이다. 불확실성으로 인해 상상하게 되는 잠재적 위험은 스멀스멀 내 마음속으로 기어들어 와 불안으로 변모한다. 이런 불확실성의 불안이 정도가 심해 매사에 걱정을 남발하고 긴장하는 사태가 범불안장애에서 벌어진다.

마찬가지로 싯다르타는 자신이 위대한 포기를 감행할 때 자신이 목표한 바를 반드시 성취한다는 확신을 가지지 못했다. 만약 이런 확신을 가졌다면 그는 이미 미래를 보는 자가 되었다는 뜻인데, 당시의 그는 결코 그 어떤 예지 능력도 가지지 못했다. 그의 마음에는 미래의 결과에 대한 불확실성이 매우 컸다. 이런 불확실성 속에서 싯다르타는 오랫동안 자신이 기대해 온 것은 물론 당연하다고 믿어 왔던 선택지와는 전혀 다른 선택을 했다. 그 선택은 과감했으나 포기해 버린 선택[전륜성왕의 길]보다 현실적으로 더 큰 부담을 지는 것이었다. 그만큼 자연스러움을 거스르고 위험 부담을 떠안은 그의 선택은 자발적이고 의식적이었다고 할 수 있다.

이렇게 위대한 포기는 갈린 결정에서 나온 그의 자유의지의 행사이지, 결코 운명의 태풍이나 뇌 안의 화학적 농간에 의해 자동적으로 이루어진 것이 아니었다. 그 때문에 위대한 포기는 붓다의 위대한 행적을 더욱 특별하게 만든다. 붓다는 종종 사람들에게 우리가 너무 많은 것을 소유하느라 괴로움을 겪는다고 가르쳤다. 그는 세상 모든 것 중 진정 자신의 것이라고 할 만한 것이 있을 수 없다며 '내려놓음의 미학'을 강조하고는 했다. 이 가르침은 위대한 포기를 해 본 그의 삶이 있었기에 더욱 설득력을 얻을 수 있었다. 즉 그는 왕자로서 자신이 가지고 있던 모든 것을 내려놓은 경험이 있었다.

붓다의 삶을 만든 위대한 포기를 인간적 관점에서 보면 불안의 흔적이 자욱하다. 찰리 채플린Charles Chaplin의 "인간의 삶은 멀리서 보면 희극이지만, 가까이서 보면 비극이다"

라는 말이 여실히 느껴지는 대목이다. 위대한 포기 이면에 담긴 불안을 읽는다면 붓다가 말하는 운명에 대한 열린 가르침은 자기 고백이 담긴 이야기로서 우리에게 새삼 와닿는다. 불안 속에서 여러 번민과 고뇌를 거듭한 끝에 위대한 포기를 선택한 그의 내적 역동을 감안한다면 이는 참으로 엄청난 결단이었다.

그의 출가 결심이 죽음불안으로부터 시작되었다면 그 결심의 마무리는 죄책감, 즉 도덕적 불안이었다. 죄책감은 그것을 짊어지고 사는 자에게 종종 마음이 진 빚을 상기하도록 만든다. 죄책감은 죽음불안과 함께 싯다르타가 깨달음을 얻기 전까지 끈질기게 그를 따라다닌 주요 불안이었다. 그는 자신의 양심에 비추어 보았을 때 인간으로서의 도리를 다하지 못했다는 마음의 짐을 안고 출가해야 했다.

불안과 죄책의 관계에 대해 깊이 고찰한 철학자 키르케고르는 불안을 '자유의 현기증'이라고 표현했다.[42] 그는 인간이란 자신의 미래와 존재 방식에 대해 선택이 가능한 '열려 있는 가능성의 존재'라고 본다. 그에 따르면 인간은 자신에게 열린 자유와 가능성을 마주할 때, 높은 곳에서 아래를 내려다볼 때 일어나는 어지러움 같은 것을 느끼게 된다. 이 자유의 어지러움 즉 현기증이 곧 불안이다. 인간은 현기증 속에서 자유를 원하면서, 다른 한편으로 그에 동반되는 선택과 책임을 두려워한다. 그런 점에서 불안은 또한 죄지을 가능성을 의미하기도 한다. 그리하여 실제로 죄를 짓는 선택과 행위를 하게 되면 죄를 지었다는 의식이 생기며 죄책감을 경험하게 된다.

싯다르타는 본인의 태어남으로 인해 친어머니가 죽었다는 탄생 비극의 스토리를 짊어진 자이다. 그는 아들의 출생을 축복이 넘치는 긍정적 이야기로 꾸며 주어야 한다는 사실을 그 누구보다도 잘 알고 있었다. 그런 그가 아들에게 다시금 탄생의 비극을 안겼다. 태어나면서부터 아버지를 잃은 아들로 만든 것이다. 더욱이 그는 아들에게 성스럽고 좋은 이름도 선사하지 못했다. 아들의 이름은 아버지인 자신 때문에 장애를 뜻하는 라훌라가 되었다. 그는 출가 후 갓 태어난 아들을 버리고 나오는 선택을 자신이 감행했다는 사실, 또 자신의 이 선택으로 말미암아 아들은 장애라는 이름을 가지게 되었다는 사실을 분명히 자각하고 있었다. 자유의 현기증 속에서 그는 이렇게 출가자라는 새로운 운명을 열면서 죄책의 짐을 짊어져야 했다.

5. 구도자 싯다르타와 불안

천신만고 끝에 출가하여 구도의 길을 택했다고 해서 당장 불안의 문제가 해결되는 것은 아니었다. 싯다르타가 성 밖 동산 행차에서 구도자를 만나고 대화하며 얻은 잠시의 안정은 망망대해에 표류하던 이가 저 멀리 날고 있는 갈매기 한 마리를 보며 희망을 가지는 효과 정도였다고 할 수 있다. 하지만 그런 희망만으로 불안을 제대로 잠재울 수는 없었다.

그는 여전히 현실 속 불안의 늪에서 허우적대고 있었다. 더욱이 그는 죄책이라는 또 다른 불안의 문제에도 심각히 직면해야 했다. 카렌 암스트롱은 왕자 싯다르타가 세상의 불완전성을 깊이 확신하며 이를 해결할 방도를 찾으러 구도의 여정을 나섰다가 깊은 불안을 느꼈다고 분석한다. 그는 무력감에 시달리기도 했고, 죽음에 대한 강박을 느꼈으며, 세상으로부터의 소외를 느끼기도 했다는 것이다.[43]

출가 후 깨달음을 얻는 그 순간까지의 여정은 본격적으로 불안을 경험하며 이를 알아 가고, 또 이를 다루는 법을 배우는 여정이었다고 할 수 있다. 이 과정에서 싯다르타는 불안이 좀 나아졌다가 다시 악화되는 경험을 반복하게 된다.

즉 그의 마음에서 불안은 때로는 잦아들기도 하고, 때로는 더 심각한 문제가 되기도 했다. 그러므로 구도 여정에서 그가 겪은 불안 경험을 분석하기 위해서는 단계적 구분이 필요하다. 이제 막 출가한 구도 초기의 불안, 두 명의 훌륭한 스승을 만나 명상 수행을 하던 때의 불안, 스승의 도움 없이 긴 시간 고행하던 때의 불안, 궁극적 깨달음을 성취하는 마지막 수행에서 들이닥친 불안 등이 그것이다.

각 단계마다 불안의 증상은 개선과 악화를 반복했다. 이 여정에서 그는 불안으로부터 자유로울 수 있는 이런저런 방법을 자기 심신에 적용하며 시험했다. 그는 어떤 방법이 어떤 효과를 주고, 다른 방법은 어떨 때 적합한지를 체득해 나갔다. 이때 그가 직접 체험하며 깨달은 불안의 내적 메커니즘과 그것을 다루는 비결은 훗날 그가 사람들의 불안을 치유하는 데 있어 큰 자산이 된다.

1) 출가 초기의 불안

싯다르타는 마부 찬나와 함께 궁을 빠져나왔다. 밤새 말을 끌고 이동한 두 사람은 먼동이 틀 무렵 수행하기에 적합해 보이는 첫 번째 숲에 도달했다. 싯다르타는 찬나가 보는 앞에서 그동안 기른 머리카락과 수염을 잘랐다. 자신이 입고 있던 궁궐의 옷과 장신구들도 모두 벗어 버리고 단출한 수행 자의 옷으로 갈아입었다. 그는 마부에게 옷가지와 장신구들 을 건네며 자신의 애마인 칸타카와 함께 궁으로 돌아가 가족 들에게 전해 달라고 부탁했다.

찬나는 펄쩍 뛰었다. 그는 왕자님과 같이 궁으로 돌아 가든지 아니면 자신도 함께 이 황량한 숲에 머물면서 왕자님 을 돌보아 드리겠노라 주장했다. 그러나 싯다르타의 결심은 확고했다. 그는 단호하면서도 달래는 목소리로 찬나를 설득 했다. 찬나는 그의 마음을 돌려놓을 수 없다는 사실을 확인 했다. 결국 찬나는 발길을 돌려 홀로 궁으로 향했다. 그날 오 후 늦게 싯다르타의 가족은 찬나로부터 싯다르타의 소지품 을 전해 받았다. 그들의 억장이 무너졌을 것임을 굳이 설명 할 필요는 없을 것이다.

찬나를 떠나보낸 싯다르타는 완전히 혼자의 몸이 되었 다. 그는 그 무엇도 가진 것이 없었다. 당장 밥을 어떻게 구해 서 먹어야 할지, 잠은 어디서 자야 할지도 정해진 바가 없었 다. 진실로 그는 이제 다른 수행자들처럼 밥을 빌어먹어야 했다. 제대로 때를 맞추어 식사를 할 수 없으므로 몹시 허기 지는 상황을 종종 겪었다. 더욱이 구걸하여 얻은 음식은 궁궐에서 먹던 음식과는 비교할 수 없을 정도로 상당히 질이 좋지 않았다. 처음에 그는 음식들이 비위에 맞지 않아 구역질이 났다. 잠자리도 매우 불편했다. 딱히 잠자리라고 정해진 곳이 없어서 숲의 적당한 곳을 찾아 그냥 잠을 청해야 했다. 밤이 깊어질수록 춥고 쓸쓸해졌으며, 벌레에 몸 이곳저곳을 물리기도 했다. 심지어 가까이서 들리는 야생 동물의 울음소리에 간담이 서늘해지기도 했다. 훗날 붓다는 출가 후 숲속에서 보내던 이 시기를 다음과 같이 회상한다.

> 이전에 내가 깨달음을 얻지 못한 싯다르타였을 때, 나에게는 다음과 같은 생각이 들었다. '숲과 밀림의 이 외진 곳은 참으로 견디기 힘들구나. 이곳에서의 오랜 수행은 행하기가 정말 어렵다. 홀로 여기에서 수행하는 것이란 참으로 즐길 수 있는 것이 아니다. 이 숲은 명상의 깊은 상태에 들지 못한다면 수행자의 마음을 빼앗아 가 버린다. (「두려움과 공포 경」)

참으로 삶의 질이 급격히 변화된 순간이었다. 늘 궁에서 편안하고 좋은 것만을 누리던 그가 이렇게 엄혹한 삶의 현장을 여실히 경험했을 때 그 마음은 어떠했을까? 제대로 된 준비 없이 또 명확히 갈 곳이 정해지지 않은 상황에서 모든 것을 버리고 그저 고통의 문제, 즉 불안을 온전히 해결할 것이라는 목표 하나만으로 출가한 그였다. 난생처음으로 겪는 야생의 삶은 참으로 당혹스러웠다.

이전에는 항상 누군가에 둘러싸여 오롯이 혼자만의 시간을 보내기 어려운 극단적인 사교의 시간을 보냈다면, 지금은 완벽히 홀로 숲에 놓여 완전한 고립을 경험하는 극단적인 고독의 시간을 마주해야 했다. 그의 마음에는 양가적 감정이 올라왔다. 한편으로는 전륜성왕이라는 무거운 짐을 벗어 버리면서 느껴지는 홀가분함이 있었다. 처음으로 무엇인가를 증명할 필요 없이 그냥 존재하면서 고요히 사색할 수 있는 시간을 가질 수 있었다. 그러나 다른 한편으로 '이제 나는 어떻게 해야 하나'라는 불안한 마음이 들었다. 싯다르타는 출가자의 생활을 경험한 적도 없고 배운 적도 없었다. 지금 그의 옆에는 그를 보필해 줄 누구도 없었고, 또 구도의 방법이나 핵심에 대해 가르쳐 줄 스승도, 함께 이를 알아 갈 동지도 없었다.

철저히 혼자였고 막막했다. 그는 인생이 실전이라는 사실을 절감해야 했다. 직접 삶의 현실을 맞닥뜨리면서 궁에서 알지 못한 여러 가지를 배워 갔다. 더구나 그는 혼자서는 수행의 성과를 제대로 얻을 수 없음을 잘 알고 있었다. 그는 끊임없이 좋은 스승을 찾고자 노력했다. 완벽주의 성향인 그는 까다롭게 스승을 골랐다.

앞서 이야기했듯, 그는 왕자 시절에 이미 좋은 스승 아래에서 공부한 적이 있었고, 또 철학을 공부하면서 사안을 분별하는 식견도 길렀다. 덕분에 그에게는 좋은 스승을 알아보는 안목이 있었다. 싯다르타는 당시 명망 있는 여러 구도자를 직접 찾아다녔다. 그들을 만나 질문을 던졌다. 어떻게 수행하고 있는지, 어떤 생각을 가지고 있는지, 어떤 사상을 근간으로 하는지, 또 그의 밑에서 어떤 공부를 어떤 방식으로 하는지 등등. 이러한 질의문답을 통해서 그는 상대가 어떤 스승이고 어느 정도의 수준인지를 파악했다. 때로는 스승이 운영하는 수행 집단에 잠시 들어가 그들의 수행 방식을 맛보았다. 하지만 곧 그 수행의 한계를 파악하고는 곧장 다른 길을 떠났다.

그렇게 그는 각양각색의 스승들을 만나고 여러 수행 집단을 살펴보면서 진정 자신이 만족할 만한 좋은 가르침을 계속 찾아다녔다. 때로는 주변 구도자들로부터 좋은 스승을 추천받기도 했다. 하지만 완벽을 기하는 그의 높은 안목을 만족시키는 스승을 만나기란 참으로 어려웠다.

이런 출가 초기의 순간만 보자면 순진한 구도 신입생이

훗날 엄청난 깨달음의 성과를 내리라 예상하기는 정말 어렵다. 모든 것이 불투명했고 막막했으며 불안했다. 싯다르타도 이 당시에는 자신이 정말로 아시따 선인이 예언했듯, 인류의 독보적인 성자가 될 수 있을지 확신하지 못했을 것이다. 때로는 이 선택이 정말 잘한 선택이었는지 오히려 의심이 들기도 했을 것이다. 심신이 너무 힘들 때면 포기하고 싶은 생각도 들었을 수 있다. 하지만 자신이 이 길을 위해 내려놓고 희생한 것들을 생각하면 그렇게 쉽게 포기한다는 것은 불가능했다. 완벽한 자신을 기억하는 가족과 주변 사람들에게 참으로 우습게 보일 것이 뻔했다. 그에게는 성자의 운명을 반드시 성취해야 한다는 강한 의지만이 있었을 것이다.

2) 두 스승과의 만남과 불안

좋은 스승을 찾아서 이곳저곳을 다니며 발품을 판 싯다르타였지만, 뜻대로 일이 풀리지 않았다. 불안한 마음에 빨리 가르침을 줄 스승을 간절히 원했으나 그런 스승이 쉽게 나타날리 없었다. 그는 초조한 나날을 보내야 했다. 그런 상황에서 그는 스스로 인정할 만큼 제대로 수행하는 두 명의 스승을 차례로 만나게 된다. 두 명의 스승은 바로 알라라 깔라마와 웃다까 라마뿟따였다. 둘은 당시 매우 심오한 명상의 경지에 이른 구도자로서 명성이 높았다. 싯다르타는 소문을 직접 확인하고 싶었다.

알라라 깔라마를 스승으로 삼다

싯다르타는 알라라 깔라마를 찾아갔다. 그는 늘 그러했듯, 질의문답을 요청했다. 알라라 깔라마는 흔쾌히 그의 질문에 답을 해 주었다. 이 질의문답을 통해 싯다르타는 그가 단지 명성만 높은 것이 아니라 진정으로 내실 있는 수행의 성과를 거둔 스승이라고 판단할 수 있었다. 훗날 붓다는 알라라 깔라마와의 대화를 다음과 같이 회상한다.

> 당시 나에게는 이런 생각이 들었다. '알라라 깔라마는 단순히 머리로만 아는 상태에서 "나는 내가 얻은 진리가 최상의 지혜라고 주장하며, 이를 가르치고 실현하고 수행한다"라고 선언하는 것이 아니다. 그는 정말로 이 진리를 깨닫고 이에 머물고 있다.' (「성스러운 구함 경」)

알라라 깔라마도 싯다르타의 총명함과 우수한 자질을 한눈에 알아보았다. 그는 기쁜 마음으로 싯다르타를 자기 수행 집단의 일원으로 받아 주었다. 싯다르타는 죽을 각오로 수행에 임했다. 그는 스펀지처럼 스승의 가르침을 흡수했다. 나날이 빠르게 진보하는 제자를 보면서 알라라 깔라마는 내심 기뻤다. 그는 최선을 다해 싯다르타를 가르치면서 자신이 가진 모든 명상 수행의 비결을 전수해 주었다. 덕분에 싯다르타는 아주 깊은 명상의 경지를 성취해 나갔다.

그는 스승이 가르쳐 주는 명상의 경지를 한 단계씩 이루어 갈 때마다 크나큰 만족감과 안정감을 얻었다. 명상이 깊어지면 깊어질수록 그는 불안이 옅어지는 것을 느꼈다. 불안한 마음에 이리저리 꼬리에 꼬리를 물던 생각도 잦아들었다. 부정적인 생각의 고리가 끊기면서 마음도 점차 안정되어 갔다. 명상에 숙련될수록 싯다르타는 자신이 원할 때는 깊은 명상에 몰입하여 불안을 떨칠 수 있다는 사실을 깨달았다. 그뿐만 아니라 명상의 단계가 고양될수록 일상에서는 얻지 못하는 깊은 희열과 지복의 정서가 온몸과 마음을 촉촉이 적신다는 사실도 직접 체험했다.

이는 상당한 진전이었다. 이유 여하를 막론하고 불안이 찾아올 때면 그때그때 마음에서 불안을 떼어 놓을 올바른 방법이 있다는 사실을 알았기 때문이다. 이는 세속적 쾌락으로 도피하여 불안을 망각했던 이전의 방식과는 차원이 다른 방식이었다. 그는 왕자의 시절, 온갖 풍류와 음주를 즐기고 여색을 향유하며 불안을 잠시 망각할 수 있었지만, 그때마다 더 큰 쾌락을 얻고픈 충동에 휩싸이고는 했다. 그렇게 통제력을 상실하는 자신을 돌아보면서 이는 전륜성왕의 모습이 아니라는 후회와 자책도 했었다. 하지만 지금 배운 이 명상에는 그런 부작용이 전혀 없었다. 자신이 원할 때 명상에 들고, 그만두고 싶을 때는 언제든 멈출 수 있었다. 이는 무해한 불안의 치료제이고 망각제였다.

싯다르타는 자신이 이렇듯 불안에 대한 대처 방법을 잘 실현하는 수준이 되었다는 사실에 감격스러웠다. 그는 실로 오랜만에 마음의 평화를 누렸다. 그는 스승의 지도 아래에서 점점 더 깊은 명상의 상태로 들어가는 수행에 전념했다. 곧 그는 스승이 도달한 가장 높은 명상의 단계까지 성취했다. 알라라 깔라마는 이 사실을 확인했다. 비록 제자이지만 싯다르타가 자신과 동일한 경지를 이렇게 빨리 이루었다는 사실을 인정하고 함께 기뻐해 주었다. 오랜 수행을 통해 좋은 인품을 갖추고 양심에 따라 말할 줄 아는 그는 다음과 같이 싯다르타에게 권했다.

싯다르타 존자여, 당신과 같은 뛰어난 이를 동료 수행자로 맞이한다는 것이 참 다행스럽고 축복받을 만한 일이라고 생각합니다. 내가 스스로 알고 깨쳤으며 성취한 가르침을 당신도 알고 깨달아 성취했습니다. 지금 당신이 깨닫고 성취한 그 가르침이 바로 내가 알고 깨달아 성취한 가르침이라고 공식적으로 선언합니다. 이제 내가 아는 가르침을 존자가 알고, 또한 존자가 아는 그 가르침을 내가 압니다. 그러니 존자여, 우리 둘이서 이 수행 공동체를 함께 이끌어 갑시다. (「성스러운 구함 경」)

스승에게 인정받은 싯다르타는 기뻤다. 하지만 그 기쁨은 그리 오래가지 않았다. 불안이 또 문제였다. 비록 명상에 든 상태에서는 불안을 떨칠 수 있었으나, 그 상태에서 벗어나 일상 의식으로 돌아왔을 때가 문제였다. 일상에서는 여전히 불안이 마음 한편에서 작동하고 있음을 직감했다. 무의식의 차원에서 일어나는 불안의 근본이 제대로 잡히지 않은 것이었다. 그는 명상을 하지 않는 상태에서는 여전히 불안의 침범을 받고는 했다.

싯다르타는 자신이 지금 이 수준에 안주한다면 불안이라는 심적 족쇄를 계속 달고 살아야 하는 것이 아닐까 하고 염려했다. 다른 이들이라면 그 상태에서 그냥 살아갈 수 있어도, 어린 시절부터 불안과 동거하며 섬세하고 민감한 지각력을 갖춘 그는 그럴 수 없었다. 시간이 지나도 일상의 불안은 제대로 통제되지 않았다. 그는 결국 자신이 기대한 경지에 도달하지 못했고, 이 스승 아래에서는 그런 성취를 이룰 수 없다는 확신이 들었다. 그는 다시 떠나겠노라 결심했다.

싯다르타는 고민 끝에 스승의 제안을 정중히 거절했다. 그는 스승에게 솔직하게 지금 이 상태가 최고의 진리에 도달한 것으로 보이지 않는다는 속마음을 털어놓았다. 그러고는 진리를 찾아 다시 떠나겠노라 말했다. 그의 차분한 설명에 스승은 흔쾌히 동의했다. 오히려 스승은 다시 어려운 길을 가는 제자를 격려하며, 훗날 최고의 진리를 얻게 된다면 부디 돌아와 자신을 역으로 가르쳐 달라고 부탁했다. 그렇게 그는 알라라 깔라마의 배웅을 받으면서 다른 스승을 찾아 길을 나섰다.

빔비사라 왕을 만나다

다시 길을 나선 그는 남쪽 마가다국의 수도인 라자가하로 갔다. 그곳에서 새로운 스승을 찾던 중 그는 우연히 마가다국의 왕 빔비사라와 마주쳤다. 왕은 이 수행자를 눈여겨보았다. 왠지 일반적인 구도자와는 다른 분위기를 풍기는 자였기 때문이다. 그는 신하들에게 이렇게 말했다.

> 그대들은 이 구도자를 한번 보아라. 수려한 외모에 건장한 신
> 체를 가졌으며, 안색이 맑고 행동거지가 매우 반듯하다. 당당
> 히 앞을 보며 눈을 아래로 두고 정신을 모으는 것이리라. 분명
> 저 구도자는 천한 가문의 출신이 아닌 듯하구나. 그대들은 저
> 구도자가 어디로 가는지 뒤를 따라가 보라. (『숫타니파타』)

신하들은 그의 뒤를 따랐다. 싯다르타는 탁발을 마친
후 다시 자신의 처소로 되돌아왔다. 그의 처소를 확인한 신
하들은 왕에게 돌아가 고했다. 왕은 화려한 수레를 타고서
그를 만나러 갔다. 그리고 대화를 청했다. 그렇게 시작된 대
화에서 왕은 이 구도자가 석가족 왕자 출신으로, 이미 왕정
학이나 통치술 및 정치학 등을 잘 알고 있는 흔치 않은 구도
자임을 알게 되었다. 왕은 싯다르타에게 흠뻑 마음을 빼앗겼
다. 왕은 그에게 다음과 같은 엄청난 제안을 건넸다.

> 코끼리 떼를 앞세운 웅장하고 장엄한 군대를 선물로 드리겠
> 나이다. 내 나라의 총사령관이 되어 주시오. (『숫타니파타』)

마가다국은 당시 코살라국과 함께 인도의 가장 강력한 세력으로 급부상하고 있던 신흥 강국이었다. 훗날 마가다국은 라이벌인 코살라국마저도 손에 넣으며 최대 강대국이 된다. 왕은 이런 대국을 잘 통치하기 위해 좋은 인재가 절실히 필요한 상태였다. 위와 같은 파격적인 제안을 싯다르타에게 한 까닭이다. 이렇게 싯다르타에게 최대 강대국의 군권을 잡고 명성을 떨칠 기회가 주어졌다. 당시 이는 어쩌면 자신의 나라 백성과 석가족을 안전하게 보살펴 줄 수 있는 기회가 될 수도 있는 일이었다. 하지만 그는 거절했다. 그의 마음에는 오직 불안의 끝을 보겠다는 생각 외에 다른 것이 없었다. 불안의 문제를 해결하지 못하는 한 어떤 외적 환경에 놓여도 그는 결코 행복하고 자유롭지 않다는 사실을 사무치게 깨닫고 있었다. 불안으로부터 도망갈 곳은 없었다. 그는 흔들림 없이 왕에게 말했다.

나는 모든 감각적 쾌락에서 위험을 보았고, 출가의 길이 평화롭다는 것을 알아 정진하려 합니다. 이것으로 내 마음은 만족스럽습니다. (『숫타니파타』)

단호한 싯다르타의 대답에 왕은 아쉬운 마음을 달래야

했다. 왕은 그에게 훗날 깨달음을 성취하거든 자신에게도 그 가르침을 전해 달라고 부탁하며 발걸음을 돌려야 했다. 이 만남은 두 사람에게 모두 의미가 큰 것이었다. 훗날 붓다가 된 싯다르타에게 왕은 가장 든든한 후원자가 되어 준다. 반면 대국을 통치하며 여러 불안에 시달리던 왕은 종종 붓다를 찾아가 가르침을 구하며 불안한 마음을 달래고 힘을 얻게 된다.

웃다까 라마뿟따를 스승으로 삼다

다음으로 만나게 된 스승은 당대 최고의 명상가로 알려진 웃다까 라마뿟따였다. 싯다르타는 이번 스승 역시 명성에 의존하여 선택하지 않았다. 앞선 스승에게 했던 것처럼 그는 웃다까 라마뿟다를 만나 질의문답을 청했다. 웃다까 라마뿟따도 흔쾌히 이를 받아 주었다. 이를 통해 싯다르타는 그가 높은 수행의 경지를 이룬 스승임을 알 수 있었다. 웃다까 라마뿟다도 싯다르타가 이미 상당히 수행이 되어 있는 구도자임을 간파했다. 그는 기쁜 마음으로 싯다르타를 제자로 받아들였다. 알라라 깔라마가 그러했듯, 그도 자신이 가진 명상의 비결을 최선을 다해 전수해 주었다.

기본적으로 웃다까 라마뿟다의 수행 방식은 알라라 깔

라마와 유사했다. 둘 다 깊은 집중과 몰입을 통해 마음을 고요하게 만들면서 안정되고 순수한 의식의 상태를 구현했다. 차이가 있다면 웃다까 라마뿟다의 명상 경지가 알라라 깔라마의 것보다 한 단계 더 높았다는 점이다. 이미 알라라 깔라마의 경지에 이른 싯다르타는 웃다까 라마뿟따의 높은 경지에도 그리 오래 걸리지 않고 도달할 수 있었다. 덕분에 그는 보다 고요하고 평화로운 마음 상태에 머물 수 있었다. 그는 대상과 자신이 하나 된 듯 느껴졌고, 자신이 존재하는지 아닌지 구분되지 않을 만큼 깊은 몰입에 빠져들었다. 자신의 의식이 소멸해 버린 것이 아닐까 하고 착각할 정도로 그의 의식은 미세해졌다.

하지만 이 또한 일상으로 돌아왔을 때가 문제였다. 싯다르타는 여전히 일상의 불안이 제대로 해결되지 않는다는 의심을 지울 수 없었다. 그는 찜찜했다. 갈수록 이 수행으로는 자신이 원하는 그런 경지에 도달할 수 없다는 확신이 들었다. 그런 제자의 마음을 모르는 웃다까 라마뿟따는 제자가 자신의 경지에 도달했다는 사실에 기뻐하며 알라라 깔라마가 그러했듯, 싯다르타에게 함께 수행 집단을 이끌자고 제안했다. 그러나 이번에도 싯다르타는 거절했다. 훗날 붓다는 다음과 같이 이를 회상한다.

그 당시 나는 '이 명상의 경지에 머묾을 인도하는 그의 가르침도 올바른 깨달음, 즉 고통을 종식시키는 열반에 이르게 하지 못한다'라는 생각을 했다. 그 때문에 나는 그의 가르침에 만족하지 못하고 그의 곁을 떠났다. (「성스러운 구함 경」)

싯다르타는 스승과 작별하고 혼자가 되었다. 다시 불안을 제대로 해결할 길을 찾아 나섰다. 비록 두 스승의 가르침에 만족하지 않고 다시 길을 떠나야 했으나, 그들 밑에서 거둔 성과는 큰 의미가 있었다. 싯다르타는 이전보다 불안을 제법 다룰 수 있는 실력을 갖추게 되었기 때문이다. 마음이 괴롭거나 불안할 때면 그때그때 명상에 몰입하여 불안을 떨치고는 했다. 그뿐만 아니라 불안을 해결하는 데 있어 무엇이 정말 문제가 되는지도 더 명확히 인식하게 되었다. 그는 명상에 몰입하여 매우 안온한 마음에 머물다가 그에서 벗어날 때, 다시 조금씩 모습을 드러내는 불안의 작은 씨앗들을 섬세히 보고 느낄 수 있었다. 깊은 명상만으로 온전히 해결되지 않는 것이 불안의 특성임을 그는 절감했다.

3) 깨달음 성취 직전 여정에서의 불안

일상에서 찾아오는 불안은 아직 제대로 해결되지 않고 있었다. 비록 불안의 강도와 빈도는 줄었으나, 죽음불안이나 죄책은 여전히 이따끔 그를 찾아왔다. 그럴 때마다 그는 더 깊은 명상에 몰입하여 그것을 몰아냈다. 그러나 이는 그때뿐이었다. 더 근본적인 접근이 필요했다. 그는 두 스승에게 배운 명상의 경지가 그 어디에서도 찾기 힘든 높은 경지임을 잘 알고 있었다. 그런데도 이 명상으로 해결되지 않는 것이 일상의 불안 문제라면 이제 다른 접근을 해야 한다는 생각이 들었다. 고도의 명상이 불안을 다루는 데 큰 도움이 되는 것은 사실이지만, 이를 온전히 해결하려면 이것만으로는 부족해 보였다.

이런 확신이 들자 그는 더 이상 스승에게 배우는 것으로는 자신이 원하는 깨달음을 구할 수 없다는 생각에 이르렀다. 그는 중대한 결심을 내린다. 이제 홀로 수행하여 답을 찾기로 결정한 것이었다. 그는 당시 인도에서 행해진 수행 방식 중 하나인 고행이 답이 아닐까 하는 생각이 들었다. 고대 인도의 고행자들은 욕망을 일으키는 육신을 부정적으로만 보는 경향이 있었다. 그들은 몸을 극단적 금욕을 통해 통제하면서 순수한 의식의 상태를 얻고자 노력했다. 그들은 부정한 몸을 정화하기 위해 몸을 혹독히 다루었다. 싯다르타는 고행이야말로 불안을 완벽히 제거해 줄 것이라는 기대를 가졌다. 몸을 완벽히 정화하면 불안은 사라질지도 모른다.

그는 홀로 고행자들의 수행터로 갔다. 거기에서 그는 다섯 명의 고행자 동료들을 만났다. 그런데 이 무슨 운명의 장난일까? 그 고행자 동료들 가운데 나이가 가장 많은 한 명은 다름 아닌 부왕이 자신의 명명식에 초대했던 철학자 꼰단냐였다. 명명식 당시 그는 가장 젊은 철학자로서 싯다르타의 운명을 출가하여 최고의 성자가 되는 것이라고 점친 바 있었다. 그런 그가 이제 나이 지긋한 고행자가 되어 자신이 운명을 점쳐 준 아이의 동료로서 함께 구도하는 입장이 된 것이다. 참으로 기구한 만남이었다. 꼰단냐는 싯다르타가 고행을 제대로 완성하여 성자가 되리라고 확신하며, 다른 수행자들과 함께 싯다르타를 잘 돌보고 그의 고행을 돕는 데 최선을 다하게 된다.

극단적 고행에 들다

싯다르타는 본격적으로 고행에 들어갔다. 그는 육신이 마음에 미치는 영향을 완전히 뿌리 뽑기 위해 매우 극단적인 고행을 했다. 그 고행의 수준이란 다른 고행자 동료들이 엄두조차 내기 어려운 수준이었다. 우선 그는 극단적인 호흡 고행을 추구했다. 마치 가사 상태에 빠지는 것처럼 깊은 호흡 명상 상태에 들기 위해서, 그는 숨을 아예 쉬지 않는 방법을 추구했다. 이 호흡 고행에 대해 붓다는 다음과 같이 회상한다.

> 그렇게 내가 입과 코와 귀로 들이쉬고 내쉬는 숨을 멈추자 거센 바람이 배를 도려내는 듯했다. 마치 능숙한 백정이나 백정의 도제가 날카로운 소 잡는 칼로 가축의 배를 도려내듯, 내가 입과 코와 귀로 들숨 날숨을 멈추자 거센 바람이 내 배를 도려내는 듯했다. (「마하삿짜까 경」)

경전에 따르면 붓다는 숨을 쉬지 않는 이 수행에 지독할 정도로 매진했다. 완벽을 추구하는 그는 수행을 완성하기 위해 목숨을 걸고서 끝을 보려 했다. 지독히 수행하는 그를 보면서 주변 사람들은 물론이고 하늘의 신들마저도 그가 죽은 것인지 아니면 죽어 가고 있는 것인지를 두고 논쟁했다고 전해진다.

그뿐만이 아니었다. 그는 혹독한 단식을 통해 마음에서 육신의 흔적을 지우려 했다. 가뜩이나 적게 먹으며 수행하던 그는 더욱 극단적으로 음식의 양을 줄였다. 당시 그가 하루에 먹은 음식의 양과 그에 따른 신체의 변화를 훗날 붓다는 다음과 같이 기록한다.

내 고통스러운 삶은 이와 같았다. 나는 벌거벗고, 모든 편함을 거부했다. 손가락을 빨지언정 세속의 모든 초대를 거부했고, 머물라는 환대도 거부했다. 음식을 제공해 주는 것도 거부하고, 할당해 주는 음식도 거부했다. 모든 식사 초대를 거부했다. (…) 나는 하루 한 번, 나아가 이틀에 한 번, 또 사흘에 한 번, 나흘에 한 번, 닷새에 한 번, 엿새에 한 번, 이레에 한 번 식사를 했다. 그리하여 결국 보름에 한 번 정기적인 식사를 실천했다. 나는 오로지 채소만 먹거나, 기장만 먹거나, 생쌀만 먹거나, 쌀만 먹거나, 하타초만 먹거나, 쌀겨만 먹거나, 반죽만 먹거나, 참깨 가루만 먹거나, 풀만 먹거나, 쇠똥만 먹었다. 또한 나는 숲속의 나무뿌리나 열매로 연명하거나, 자연적으로 떨어진 열매로 연명했다. (「사자후에 대한 큰 경」)

내 사지는 적은 음식의 섭취로 인해 마치 넝쿨 마디나 대나무 마디처럼 되었다. 또한 내 엉덩이는 낙타의 발처럼 되었고, 내 등뼈는 작은 고리를 연결한 것처럼 확연히 드러났다. 내 갈빗

대들은 오래된 집의 서까래가 허물어지고 부서지듯 했다. 내 눈동자 빛은 마치 깊은 물에서 물빛이 아주 멀리 보이듯이 아주 깊고 멀게 보였다. 내 머리 가죽은 마치 쓴 오이가 익기 전에 떨어져 바람과 햇빛에 닿아 오그라들듯이 달라붙고 오그라들었다. 내 뱃가죽은 등뼈에 달라붙었다. 따라서 내가 뱃가죽을 만지려 하면 등뼈가 잡혔고, 등뼈를 잡으려 하면 뱃가죽이 잡혔다. 나는 대변이나 소변을 보러 일어설 때마다 힘없이 아래로 꼬꾸라졌다. (「마하삿짜까 경」)

이러한 극단적 단식을 그는 오랜 기간 이어 나갔다. 그는 영양분을 극소로 섭취한 상황에서 높은 강도의 수행을 강행함으로써 서서히 죽음의 문턱에 이르고 있었다. 피골이 상접한 그의 모습을 보며 동료 고행자들은 '한 인간이 어떻게 이토록 심각한 고행을 할 수 있는 것인가?'라는 생각을 했다. 그들은 이런 싯다르타의 모습을 염려하면서도, 다른 한편으로는 같은 고행자로서 깊은 존경심이 생겼다. 특히 꼰단냐는 자신이 예언한 그 운명, 즉 정말로 싯다르타가 그동안 인류가 만나지 못한 최고의 성자가 되는 미래를 실현할 것이라는 확신을 더 분명히 가질 수 있었다. 그들은 모두 싯다르타가 잘못되지 않도록 노심초사하며 잘 돌보아 주었다.

이렇게 오랫동안 극단적 고행을 이어 나갔으나, 여전히 싯다르타의 일상에서 불안은 온전히 소멸될 기미가 보이지 않았다. 방도를 찾지 못하는 사이, 그의 몸은 드디어 한계를 드러내기 시작했다. 그는 갈수록 일상의 기능이 어려워질 정도로 쇠약해졌다. 그는 고행이 불안을 소멸하는 올바른 수행인지에 대해 점점 의심이 들며 불안해졌다. 훗날 그는 이 순간을 다음과 같이 회상한다.

> 과거의 어떤 사문이나 브라만이 느꼈던 격렬하고 괴롭고 혹독하고 사무치고 호된 느낌 중에서 내가 경험한 것을 능가한 다른 것이 있지 않았다. 미래의 어떤 사문이나 브라만이 겪을 격렬하고 괴롭고 혹독하고 사무치고 호된 느낌 중에서 내가 경험한 것을 능가하는 다른 것이 더 있지 않을 것이다. 현재의 어떤 사문이나 브라만이 겪는 격렬하고 괴롭고 혹독하고 사무치고 호된 느낌 중에서 내가 경험한 것을 능가하는 다른 것이 더 있지 않다. 그러나 나는 이 극단적인 고행으로도 인간의 법을 능가하는 성자에게 어울리는 특별한 지혜와 통찰을 성취하지 못했다. 진정 깨달음을 위한 다른 길은 없는 것인가?
>
> (「마하삿짜까 경」)

고행을 포기하다

이렇게 고행에 대한 확신이 점점 무너져 가던 중에 드디어 일이 터졌다. 육신이 극도로 약해져서 수행을 중단해야 할 지경에 이른 것이다. 결국 그는 고행을 중단했다. 그는 좌절하며 물을 마시고 몸을 씻기 위해 냇가로 아주 힘들게 이동했다. 어렵게 도착한 냇가에서 몸을 물에 담갔으나, 그 물줄기조차 이겨 내지 못하고 쓸려 갈 정도로 그는 기력이 없었다. 앙상하고 힘없는 그의 모습을 우연히 한 여인이 보았다. 수자타라는 여인이었다. 그녀는 음식을 준비하여 싯다르타에게 가져다주었다. 싯다르타는 이때 다음과 같은 생각이 들었다고 한다.

> 이렇게 극도로 여윈 몸을 이끌고는 참된 행복을 얻을 수 없다.
> 나는 이제 음식을 먹으리라. (「마하삿짜까 경」)

그는 거절하지 않고 그녀가 주는 모든 음식을 다 받아먹었다. 몸 회복이 급선무였다. 음식을 제대로 먹기 시작한 싯다르타의 모습을 보고 다섯 명의 동료 고행자들은 충격을 받았다. 가장 고행을 잘 실천하여 경탄의 대상이었던 싯다르타가 이제는 육신의 욕구, 즉 식욕을 이기지 못하고 무너졌다는 생각이 들었다. 그들은 고행을 포기한 싯다르타에게 크게 실망했다. 경탄의 눈은 이제 경멸의 눈초리로 바뀌었다. 그들은 싯다르타가 수행자의 길을 결국 포기했다고 비난하면서 그의 곁을 떠났다. 그들 중 꼰단냐는 가장 크게 실망하며 자신이 예언했던 바를 스스로 뒤집고 떠나 버렸다. 타인의 운명을 내다보는 예언자였으나, 그는 아이러니하게도 자신의 예언이 완벽하지 않음을 스스로 입증한 꼴이었다.

싯다르타는 다시 혼자가 되었다. 지난 6년간 이런저런 수행의 방법을 다 시도해 보았으나 그는 여전히 답을 찾지 못했다는 사실에 자괴감이 들었다. 도대체 무엇이 맞는 것인지 매우 혼란스러웠다. 혹독한 고행을 할 때는 비록 몸은 힘들었어도 주변 동료들의 격려와 지지가 큰 힘이 되고는 했다. 그러나 이제는 그마저도 잃었다. 특히 꼰단냐의 존재와 그의 지지는 불안한 자신에게 큰 위로가 되어 준 것이 사실이었다. 싯다르타는 그가 자신을 돕는 것을 보며 자신이 선택한 출가의 길이 결국 성자가 되는 운명으로 귀결될 것이라는 희망을 품을 수 있었기 때문이다. 그는 꼰단냐의 돌봄을 받으며 심리적으로 안정을 얻고 더 열심히 고행에 몰입할 수 있었다. 힘들어도 싯다르타는 점점 자신의 운명이 실현되고 있다고 기대할 수 있었다. 그런 위안은 그가 어려움을 버티고 또 버티는 중요한 자원이었다. 하지만 꼰단냐가 떠난 지금, 그는 자신이 진정으로 성자의 운명을 실현할 자가 맞는지에 대해 크나큰 의심을 하게 되었다.

오래간만에 그의 마음속에는 다시 큰 불안이 밀려들었다. 불안으로부터의 온전한 자유라는 목표를 성취하지 못할 것이라는 불길한 생각도 들었다. 그와 함께 그동안 자신이 포기하고 희생한 것들과 긴 시간에 걸쳐 자신이 쏟아부은 노력이 떠올랐다. 도대체 무엇을 위해 지금까지 이런 고생을 한 것인지 회의감이 들었다. 그는 나라는 존재에 대해서, 또 그동안 한 것들에 대해서 어떤 의미도 찾을 수 없는 '무의미의 불안'을 느꼈다. 세상이 무너지는 듯했다.

붓다의 전기를 기술한 자현은 이때의 싯다르타는 엄청난 충격과 혼란에 휩싸였을 것이라고 분석한다. 6년간 고행하며 동고동락한 동료 수행자들조차 자신이 붙잡을 수 없었다는 사실에 좌절했다는 것이다. 동료들에게 큰 오해를 받았다는 사실과 이제 완전히 혼자가 되었다는 생각은 그를 심히 더 불안하게 만들었다. 자현은 훗날 그가 깨달음을 얻은 후 첫 번째 가르침을 베풀 제자들로서 이들을 친히 찾아간 것도, 바로 자신에 대한 오해를 풀어 줌으로써 심적으로 밀린 과제를 해결하고자 한 시도였다고 해석한다.[44]

싯다르타는 방황했다. 그러나 다행히도 방황의 시간은 그리 오래가지 않았다. 그간의 노력은 결코 헛되지 않았다. 그즈음 그에게는 중요한 심리적 전환이 일어났다. 우왕좌왕하며 혼란을 겪고 있던 어느 순간, 그의 뇌리에 과거의 중요한 기억이 스쳐 지나갔다. 과거 왕자였던 시절, 아버지와 함께 농경제 행사에 참여했다가 홀로 빠져나와 잠부나무 아래에서 사색하고 명상에 몰입하던 일이 떠오른 것이다. 당시 그는 특별한 욕심 없이 자연스럽게 호흡하며 명상에 들었고, 아주 편안하고 충만한 상태에 이를 수 있었다. 그에 따라 깊은 통찰과 사색도 따라왔다. 왕자였던 당시의 싯다르타는 이 경험을 대수롭지 않게 여겼으나 지금은 달랐다. 그는 극단에 극단을 계속 추구하며 여러 혹독한 고행의 여정을 마친 상태였다.

지금에 와서 그 기억을 돌아보니 부드럽고 자연스럽게 마음을 다루면서 높은 명상의 경지에 이르고, 또 그와 더불어 높은 통찰을 얻는 일이 가능하다는 사실이 분명해 보였다. 그는 드디어 고행이 답이 아님을 명확히 깨달았다. 그에게 몸은 학대의 대상이 아니라 조화와 균형을 알려 주는 좋은 통로이자 수행의 동반자라는 생각이 들기 시작했다. 행복을 무작정 죄악시하며 몸을 혹독히 다루는 고행의 추구도 불안을 떨치기 위해 시도되는 하나의 극단인 것이다. 다시 말해 불안을 처리하기 위해 감각적 쾌락을 추구하는 극단과는 정반대에 자리한 또 하나의 극단일 뿐이었다.

이렇게 싯다르타는 왕자 시절에는 감각적 쾌락의 극단을, 구도자로서는 고행의 극단을 모두 경험해 보았다. 이제 그는 두 극단에서 벗어나야 한다는 생각이 들었다. 어느 극단에도 치우치지 않는 더 나은 방식이 있을 것이라는 확신이 생겼다. 그가 반드시 그것을 찾겠노라 각오하자 마음속의 혼란과 불안이 다시 누그러지기 시작했다.

4) 위 없는 바른 깨달음의 성취

출가한 지 예닐곱 해가 지났다. 스물아홉 살에 출가했던 그는 어느덧 서른다섯 살이 되었다. 그동안 쉼 없이 앞만 보고 수행하며 달려오느라 자신의 지난 삶을 제대로 성찰하지 못했다. 싯다르타는 자기 인생을 찬찬히 그러면서 철저히 되돌아보았다. 탄생의 순간부터 어떻게 왕자로서 성장했고, 어떻게 출가했으며, 어떻게 구도했는지를 깊이 살폈다. 그는 편안하게 마음을 풀어놓았다. 그러고는 현재의 자신을 살피기 시작했다. 그는 일상의 불안을 해결하려면 일상에서 자신이 어떤 상태에 놓여 있고, 어떤 자극에 어떤 방식으로 반응하고 행동하는지 알아야 한다는 생각이 들었다. 고행을 내려놓은 그는 자신의 몸, 느낌, 마음, 마음의 움직임을 주의 깊게 관찰하기 시작했다. 진지하게 이 네 가지에 주의를 기울이며 관찰을 반복하고 또 반복해 나갔다.

연기를 보다

관찰이 깊어지고 주의는 더 날카로워졌다. 이 지혜로운 주의를 기울여 몸, 느낌, 마음, 마음의 생각과 정서들을 놓침 없이 지속해서 관찰하자, 그는 자신의 이전 상태, 현재 상태, 그리고 다음 상태가 어떻게 연결되어 펼쳐지는지를 잘 볼 수 있게 되었다. 이 관찰이 밤낮을 지나 지속되고 있었다. 그러던 한순간 그의 마음에는 모든 인생의 사건들은 앞뒤가 서로 인과적으로 연결되어 일어나고 있다는 사실이 이해되기 시작했다. 그는 세상 모든 일은 조건에 의해 일어나고 소멸한다는 연기의 진리를 이때 이미 개략적으로 보기 시작한 것이다.

연기 사상은 불교에서 인간의 마음과 괴로움을 해명하는 가장 핵심적 진리이다. 따라서 잠시 이 자리를 빌려 연기 사상에 대해 간략히 설명하고 넘어가고자 한다. 생사의 문제에서 반복적으로 나타나는 총 열두 가지 요소들이 어떻게 서로 조건이 되어 펼쳐지는지에 대한 대략적인 요약이지만, 다소 설명이 지루하게 느껴질 수도 있다. 혹여 그런 독자라면 다음 내용인 '궁극적 깨달음과 죽음불안'(179쪽)으로 바로 넘어가도 아무런 문제가 없다. 다만 불교의 핵심 진리인 연기사상을 '현대적으로 재해석'하여 간단하게 정리하는 다음의 글을 한 번쯤 음미해 본다면 자신의 삶을 이해하는 데 많은 도움이 될 수 있을 것이다.

첫째, 늙음과 죽음은 다시 태어남을 조건으로

이 당시 싯다르타에게는 첫째로 다음과 같은 생각이 들었다고 한다.

> 내가 아직 완전한 깨달음의 순간을 맞이하지 못한 구도자였을 때 이런 생각이 들었다.
> '참으로 이 세상은 괴로움으로 가득하구나. 태어나고 늙고 죽으며, 죽어서는 다시 태어난다. 그러나 늙음과 죽음은 괴로운 것이니 이 괴로움으로부터 벗어날 방법을 알지 못한다. 도대체 어떻게 늙음과 죽음이라는 괴로움으로부터 벗어날 길을 알 수 있다는 말인가?'
> 그때 그 생각은 나에게서 이런 생각으로 바뀌었다.

'무엇이 있을 때 늙음과 죽음이 있는가? 무엇을 조건으로 늙음과 죽음이 있는가?'

그러자 내 지혜로운 주의가 기울어지면서 마침내 '태어남이라는 조건이 있을 때 늙음과 죽음이 있으며, 태어남을 조건으로 늙음과 죽음이 있다'라는 진실을 관통했다. (「사까무니 고따마 경」)

언뜻 보면 너무도 당연한 이야기에 불과하다. 인간은 태어나기에 결국 늙고 죽는다. 이것을 모르는 이는 없다. 다만 구도자 싯다르타는 누구나 다 아는 이 진실을 보는 데 있어 중요한 관점을 마련했다. 삶을 인과적 조건의 측면에서 보기 시작한 것이다. 태어나는 것이 조건이 되어 늙고 죽는 일도 벌어진다. 세상의 모든 일이 그렇다. 일단 일어남이 있어야 허물어짐도, 또 소멸도 있다. 싯다르타의 눈에는 이제 어떤 사안도 조건적으로 일어나고, 조건적으로 사라진다는 점이 보이게 되었다.

둘째, 다시 태어남은 존재 형성을 조건으로

사태를 조건적 발생으로 보는 그의 발상은 다음의 더 중요한 통찰로 이어졌다.

다시 내 지혜로운 주의가 기울어지면서 마침내 '다시 태어나
야만 하는 존재의 형성이 있을 때 태어남이 있다. 즉 존재의
형성을 조건으로 다시 태어남이 있다'라는 진실을 관통했다.
(「사까무니 고따마 경」)

그가 보기에 인간으로서의 생은 이전 생들의 산물이라
고 할 수 있었다. 이전의 생에서 자신이 형성한 성격과 습관
에 결점과 장애가 있었다면 반드시 그 부분들은 다음의 생을
불러오는 조건이 된다. 즉 그로 인해 다시 태어나야만 한다.
그런 성격과 습관은 다음 생에서 타고난 기질로서 작용하며
한 생에서 크게 영향을 미치게 된다. 따라서 이번 생에서도
이전 생에서 습관적으로 한 선택이나 행동을 유사하게 반복
하거나 혹은 그런 성격을 갖추면서 비슷한 결점과 장애를 다
시 가지게 될 가능성이 높다.

셋째, 존재 형성은 집착을 조건으로
여러 생이 이렇게 서로 조건적으로 연결되어 있음을 본
싯다르타에게 다시 다음과 같은 통찰이 이어졌다.

다시 내 지혜로운 주의가 기울어지면서 마침내 '집착이 있을

때 다시 태어나야만 하는 존재의 형성이 있다. 즉 집착이라는 조건에 의해서 다시 존재의 형성이 있다'라는 진실을 관통했다. (「사꺄무니 고따마 경」)

싯다르타가 보기에 제대로 정화하지 못하여 다음 생을 야기할 만한 이번 생의 성격과 습관은 근본적으로 집착 때문에 문제가 된 것이었다. 어떤 행동을 하게 만드는 내 의지는 순수한 내 의지라고 볼 수 없다. 그 의지는 내 집착이 덧씌워져 오염된 것이므로 집착에 의해 강제된 의지이기도 하다. 그렇게 왜곡된 의지로 인해 말이나 행동의 실행이 잘못 반복되면서 부적절한 습관이 되고, 그에 따라 특정한 흠결이 있는 성격이 형성된다.

넷째, 집착은 갈애를 조건으로

집착이 성격과 습관의 조건이 됨을 본 싯다르타에게는 다시 다음과 같은 중요한 통찰이 이어졌다.

다시 내 지혜로운 주의가 기울어지면서 마침내 '갈애가 있을 때 집착이 있다. 갈애를 조건으로 집착이 있다'라는 진실을 관통했다. (「사꺄무니 고따마 경」)

갈애란 집착을 야기하는 근원적인 심리적 에너지이자 힘을 뜻한다. 갈애(P.: taṇhā)는 '목마르다' 혹은 '심히 목이 타다'라는 어근 '√tṛṣ'에서 유래된 말이다. 갈애는 사막을 건너는 이가 오아시스를 간절히 찾듯, 대상을 심히 갈구하도록 하는 작용을 한다. 인간이 욕망하는 존재인 이유도 크게는 이 갈애 때문이라고 할 수 있다. 인간이 고독을 두려워하는 근본적인 이유 또한 갈애의 힘을 제대로 소화하지 못하기 때문이다. 대상을 강렬히 붙잡게 만드는 이 힘이 작용하기에 붙잡을 대상 없이 홀로 남겨진 나는 그 힘에 사로잡혀 답답하고 불안하며 괴롭다. 그러므로 갈애의 힘을 정화하고 다루지 못하면 늘 그 힘에 끌려다니며 이 대상 저 대상에 집착하게 될 수밖에 없다. 불교에서는 갈애가 이번 생에서 성격과 습관을 형성시키는 가장 핵심적인 정서적 원인이라고 판단한다. 갈애에 대해서는 다음 장에서 다시 한번 자세히 설명하게 될 것이다.

다섯째, 갈애는 느낌을 조건으로

이렇게 갈애가 집착의 조건이 됨을 본 싯다르타에게는 다시 다음과 같은 중요한 통찰이 이어졌다.

다시 내 지혜로운 주의가 기울어지면서 마침내 '느낌이 있을 때 갈애가 있다. 느낌을 조건으로 갈애가 있다'라는 진실을 관통했다. (「사까무니 고따마 경」)

갈애라는 근원적인 힘도 아무 조건 없이 생기는 것이 아니다. 싯다르타는 이 갈애가 좋음, 싫음 혹은 좋지도 싫지도 않음의 세 가지 느낌에서 일어난다는 것을 깨달았다. 특히 좋고 싫음의 두 가지 느낌은 갈애를 일으키는 가장 핵심적인 조건이다. 좋으면 그 대상에 달라붙게 하는 갈애의 힘이 발동되고, 반대로 싫고 나쁘면 그 대상을 피하거나 파괴하게 만드는 대상 혹은 행위를 추구하도록 하는 갈애의 힘이 발동된다.

여섯째, 느낌은 감각접촉을 조건으로

이렇게 느낌이 갈애의 조건이 됨을 본 그에게는 다시 다음과 같은 중요한 통찰이 이어졌다.

다시 내 지혜로운 주의가 기울어지면서 마침내 '감각접촉이 발생할 때 느낌이 있다. 감각접촉을 조건으로 느낌이 있다'라는 진실을 관통했다. (「사까무니 고따마 경」)

좋고 싫음의 느낌은 그냥 일어나는 것이 아니라 내 몸에서 기초적인 감각인식이 발생하면서 일어난다. 어떤 감각현상이나 감각자극이 인식되지 않는데, 느낌이 자기 마음대로 일어날 리는 없다. 불교에서는 이 감각인식의 발생을 '감각접촉'이라고 한다. 이는 감각기관에 외부 대상의 정보가 포착되면서 어떤 감각현상이 인식된다는 뜻이다. 내가 아끼고 만족해하는 대상이 감각되면 좋음의 느낌이 일어날 것이고, 반대로 싫어하고 혐오하는 대상이 감각되면 나쁨의 느낌이 일어날 것이다.

일곱째, 감각접촉은 감각기관을 조건으로

이렇게 감각접촉을 조건으로 느낌이 일어남을 본 싯다르타에게는 다시 다음과 같은 중요한 통찰이 이어졌다.

> 다시 내 지혜로운 주의가 기울어지면서 마침내 '여섯 가지 감각기관이 있을 때 감각접촉이 있다. 여섯 가지 감각기관을 조건으로 감각접촉이 있다'라는 진실을 관통했다. (「사꺄무니 고따마 경」)

어떤 감각접촉이라도 발생하려면 일단 내 감각기관에

대상이 일차적으로 포섭되어야 한다. 즉 감각기관의 작용이 있어야 한다. 우리는 흔히 다섯 가지 감각기관을 말하지만, 구도자 싯다르타는 감각기관을 여섯 가지로 분류했다. 눈, 코, 입(혀), 귀, 피부(몸) 등의 다섯 가지에 더해서 생각하는 기관으로서의 마음을 포함한 것이다.

여덟째, 감각기관은 태아의 심신*을 조건으로

이렇게 여섯 감각기관을 통해 감각접촉이 발생한다는 사실을 본 싯다르타에게는 다시 중요한 통찰이 이어졌다.

> 다시 내 지혜로운 주의가 기울어지면서 마침내 '태아의 심신
> 이 있을 때 여섯 가지 감각기관이 형성된다. 태아의 심신을
> 조건으로 여섯 가지 감각기관이 있다'라는 진실을 관통했다.
> (「사까무니 고따마 경」)

---

* 아마도 12연기의 각 요소를 현대적으로 해석하는 본 시도에서 '명색'을 태아의 심신으로 설명하는 이 부분이 가장 급진적인 시도일 것이다. 사실 명색(名色, P.: nāma-rūpa)에서 '명'은 개념을 떠올리고 만드는 정신[수·상·행·식]에 해당하고, '색'은 지·수·화·풍과 그것의 파생물로 이루어진 육신에 해당한다. 즉 명색이란 정신과 육체의 상호 의존적 결합이라고 할 수 있다. 다만 독자가 12연기의 흐름을 자연스럽게 따라올 수 있도록 명색을 과감하게 풀어내었다.

처음 어머니의 난자와 아버지의 정자가 만나 성공적으로 수정이 이루어지면 그 수정란에서 세포 분열이 일어나며 배아가 형성된다. 어머니 태아에서 배아는 점차 초보적인 심신의 모양을 갖추며 분화된다. 구도자 싯다르타는 이 태아 단계에서 형성된 심신의 원형에서 다시 여섯 가지 감각기관이 보다 정교하게 발달되어 나온다고 설명한다.

아홉째, 태아의 심신은 의식을 조건으로

이렇게 태아의 심신을 조건으로 감각기관이 형성됨을 본 싯다르타에게는 다시 다음과 같은 중요한 통찰이 이어졌다.

> 다시 내 지혜로운 주의가 기울어지면서 마침내 '의식이 있을 때 태아의 심신이 있다. 의식을 조건으로 태아의 심신이 있다'라는 진실을 관통했다. (「사까무니 고따마 경」)

태아의 심신이 형성되는 일은 한 생명이 태어나는 일과 같다. 구도자 싯다르타는 한 생이 주어지는 일은 반드시 의식이 있어야만 가능하다고 통찰했다. 의식이 없으면 한 생의 시작도 없다. 의식은 생명 조건인 것으로, 이것이 없으면 심신의 형성 자체가 불가능하다. 오늘날 뇌과학은 대체로 의식이 뇌에서 후천적으로 형성된다고 본다. 하지만 불교는 그와 반대로 뇌가 제대로 형성되기 전에 이미 모태 내에서 한 생명의 의식이 존재하고 있는 것으로 본다.

열째, 의식은 의도적 행위를 조건으로

이렇게 의식을 조건으로 심신이 형성됨을 본 싯다르타에게는 다시 다음과 같은 중요한 통찰이 이어졌다.

> 다시 내 지혜로운 주의가 기울어지면서 마침내 '의도적 행위가 있을 때 의식이 있다. 의도적 행위를 조건으로 의식이 있다'라는 진실을 관통했다. (「사까무니 고따마 경」)

구도자 싯다르타는 생과 생이 반복되는 윤회의 과정은 의식의 흐름이 끊기지 않고 계속 이어져 가는 것으로 보았다. 한 생에서 다른 생으로 이어질 때, 그 이어짐의 고리는 의식의 흐름이다. 이러한 의식의 이어짐을 불교는 종종 하나의 초에 있는 불이 그 초가 다해져서 다른 초로 옮겨 가는 것에 비유한다. 그런데 이어진 의식은 백지와 같은 순수한 의식이 아니다.* 그 의식은 과거 생의 성격과 습관 등에 물들어 특정하게 제한되어 있고, 속박되어 있는 의식이다. 마치 도화지에 이미 이런저런 색들이 뿌려져 하나의 그림이 된 것과 같다. 이미 채색된 의식이 다음 생의 여러 구체적인 조건을 형성하는 토대가 된다.

열한째, 의도적 행위는 무명을 조건으로

이렇게 과거 생에서 내가 의도적으로 반복한 행위로 인해 형성된 습관과 성격을 조건으로, 의식이 특정하게 채색된다는 것을 본 싯다르타에게는 다시 다음과 같은 중요한 통찰이 이어졌다.

---

* 사실 위에서 소개한 의식의 본래 불교 한역어는 '식'(識, P.: viññāna)이다. 이는 엄밀히 말해서 우리가 흔히 생각하는 깨어 있음의 증표인 표면의식에만 한정되지 않는다. 이는 인식 작용 자체라고 할 만큼 폭이 넓으며, 심리학에서 말하는 표면의식과 무의식의 전 범위를 포괄한다. 그렇기 때문에 식은 백지처럼 아무 차별이 없는 것이 아니라 각자마다의 과거 카르마에 의해 영향받는 식이 될 수 있다. 또한 식의 핵심 기능은 인식 작용의 토대이자 전제인 대상에 대한 '앎' 혹은 '분별'이다. 다시 말해 식은 감각기관에 포섭되는 모든 대상을 알고 분별하는 역할을 한다. 이는 분명 우리가 아는 의식의 기능이기도 하다. 이런 폭넓은 개념의 식을 다만 독자의 이해를 돕기 위해 의식으로 소개했다.

다시 내 지혜로운 주의가 기울어지면서 마침내 '무명이 있을 때 의도적 행위가 있다. 무명을 조건으로 의도적 행위가 있다'라는 진실을 관통했다. (「사까무니 고따마 경」)

무명! 이것이 구도자 싯다르타가 본 생과 생들이 계속 이어지는 윤회의 시작이자 이유이다. 무명이란 매우 혼란스럽고 어두운 마음 상태로 지혜가 부족함을 의미한다. 잘 알지 못하기에 잘못 행동하고, 또 혼란스럽기에 충동적으로 행동한다. 이런 잘못된 행위가 반복되면서 그 실수는 이런저런 성격과 습관이 된다. 깨달은 자의 눈으로 보았을 때, 뭇 생명들은 자신에게 안 좋은 결과를 가져다주는 수많은 실수를 반복하며 윤회를 이어 가고 있었다. 이 무명과 불안의 관계 또한 다음 장에서 좀 더 자세히 살펴볼 것이다.

구도자 싯다르타는 윤회의 핵심적인 열두 가지 요소들[무명, 의도적 행위, 의식, 명색, 여섯 가지 감각기관, 감각접촉, 느낌, 갈애, 집착, 존재 형성, 다시 태어남, 늙고 죽음]이 이렇게 서로 조건적으로 연결되어 열한 가지의 관계를 상호 이루고 있음을 보았다. 그 유명한 붓다의 연기 사상이 바로 이 시기에 기본적인 모양을 갖추게 된 것이다. 그는 불완전한 인간, 아니 뭇 생명은 무명에서 시작된 고통스러운 윤회의 굴레를 벗어나지 못하는 연기의 실상을 이해하게 되었다. 긴 윤회의 과정에서 어떤 것도 그냥 일어나는 법이 없다. 항상 앞선 일은 뒤의 일에 조건이 되고, 그 뒤의 일이 다시 더 뒤의 일에 조건이 되어 주며 인과의 고리를 형성하고 있다. 이 연기 사상은 훗날 다음과 같은 문구로 요약된다.

> 이것이 있을 때 저것이 있고, 이것이 일어날 때 저것이 일어난다. 이것이 없을 때 저것이 없고, 이것이 소멸할 때 저것이 소멸한다.

경전에 따르면 연기의 통찰을 얻은 싯다르타의 마음에서 순간 지혜의 눈이 열리며 온갖 찬란한 빛이 그의 눈앞에서 펼쳐졌다고 한다. 구도자 싯다르타는 이제 지난 예닐곱 해 동안 불안과 뒹굴며 고뇌하는 가운데 정진했던 노력이 결실을 맺을 수 있다는 자신감이 생겼다. 그토록 그가 원하던 불안의 문제가 온전히 해결될 것이라는 확신이 생긴 것이다. 연기의 통찰은 그렇게 강력하게 그에게 다가왔다.

그러나 이 통찰은 아직 완전히 자신의 것이 되기에는 부족했다. 지적으로는 완벽히 이해할 수 있었으나 체험적으로는 완벽히 깨달은 것이 아니었다. 지적인 이해에 체험적

이해가 동반되어야만 온전한 자신의 깨달음이 된다. 이는 마치 프로이트가 환자들에게 그들의 심적 고통을 일으키는 무의식적 차원에서의 특정 기억이나 억압을 풀어내어 알려 주고, 또 환자들도 그 설명에 동의하더라도 때로는 그 고통이 제대로 해결되지 않는 것과 같다. 프로이트는 환자들의 고통을 치유하려면 그들이 지적인 차원을 넘어 진정으로 이 진실을 깨달아야 한다는 것을 알고 있었다. 그래서 그들에게 이를 반복적으로 알려 주고 연습시키며 체험적 이해를 얻도록 도왔다.

구도자 싯다르타는 이제 이 깨달음을 확실히 완성해야겠다고 마음먹었다. 일상의 불안을 어쩌면 자신이 제대로 다룰 수 있게 될 것이라는 자신감이 마음속에서 솟아났다.

마지막, 궁극의 깨달음을 얻다

이제 싯다르타는 비장한 각오로 연기의 진리를 몸으로 온전히 체득할 최후의 수행 장소를 찾아 나섰다. 이곳저곳을 살피던 그는 갠지스강 근처의 한적한 보드가야 동산에 이르렀다. 거기에서 그는 풍성한 잎사귀와 쭉쭉 수평으로 뻗은 나뭇가지로 인해 시원한 그늘이 넓게 드리우고 있는 무화과나무를 보았다. '참으로 이곳은 수행을 하기에 적당한 곳이다'

라는 생각이 들었다. 그는 굳은 결심으로 나무 아래에 앉았다. 그리고 다음과 같이 맹세했다.

여기 이 나무 아래에서 모든 번뇌가 소멸하는 깨달음을 이루기 전까지 결코 떠나지 않으리라.

그는 눈을 감고 호흡을 골랐다. 몸과 마음을 세세히 관찰하면서 조금씩 집중력을 높여 나갔다. 그렇게 그는 내면 깊이 들어가기 시작했다. 어떤 욕심이나 편견 없이 그저 자연스럽게 마음과 몸을 풀어놓았다. 마음은 고요해지면서 온 심신의 작용이 세세히 보였다. 그는 아주 깊은 몰입의 상태가 되어 갔다. 얼마나 시간이 흘렀을까. 순간 그의 눈앞에 세간의 실상이 직접 펼쳐지기 시작했다. 경전에 따르면 이때, 그에게는 이 세상과 모든 생명의 삶과 죽음에 대한 궁극적 진실을 꿰뚫는 세 가지 지혜가 주어졌다고 한다.

첫 번째 지혜가 열리다!

가장 먼저 싯다르타에게 주어진 지혜는 그간 자신의 수많은 전생들을 기억하는 지혜였다. 경전은 이를 다음과 같이 기록한다.

나는 모든 전생의 갖가지 삶들을 기억할 수 있었다. 바로 이전의 생부터 시작하여 그 전, 또 그 전, 또 그 전… 계속해서 세상이 바뀌는 그 시절에서의 생들까지…. 덕분에 나는 '각 생에서 이름이 무엇이었고, 어떤 가족에서 태어났으며, 용모는 어떠했으며, 어떤 음식을 먹었고, 어떤 즐거움과 괴로움을 겪었고, 얼마나 살았고, 어떻게 삶을 마쳤는지, 또 거기에서 죽어서는 어디에서 태어났고, 다시 이름이 무엇이었고… 등등'. 이처럼 나는 한량없는 전생의 갖가지 삶들에 대해 사소한 일까지도 상세하게 기억해 낼 수 있었다. (「마하삿짜까 경」)

이 지혜를 얻은 그는 자신의 지나간 수많은 생을 여실히 파악할 수 있었다. 그는 각 생에서 언제 어디에서 어떤 인물로 어떻게 살다가 생을 마감했으며, 어떤 경험을 했고, 어떤 실수를 했으며, 그것이 다음에 어떤 결과를 야기하는지 등을 선명히 확인하게 되었다.

두 번째 지혜가 열리다!

다음으로 싯다르타에게 주어진 두 번째 지혜는 자신뿐 아니라 타인들, 더 나아가 모든 생명이 어떻게 죽고 태어나며 삶을 반복하는지를 보는 지혜였다. 경전은 이를 다음과 같이 기록한다.

나는 인간의 능력을 넘어선 정화된 신비한 눈이 뜨이면서 모든 중생이 천박하거나 고상하게, 또는 아름답거나 추하게, 또는 좋은 곳이나 나쁜 곳에서 태어나고 죽는 것을 보았다. 즉 나에게는 중생이 과거 생에서 자신이 행한 대로 합당하게 새로운 생을 받는다는 것이 보였다. 중생은 진정 자신이 행한 대로 다음 생을 살며 윤회하고 있었다. (「마하삿짜까 경」)

그렇게 그는 인과적인 윤회의 법칙이 자신뿐 아니라 다른 생명에도 적용되는 보편적 진실임을 보았다.

세 번째 지혜가 열리다!

마지막으로 싯다르타에게는 자신의 마음에 있던 모든 번뇌, 즉 불안의 그림자들이 전부 사라졌음을 아는 지혜가 열렸다. 그는 마음이 완전히 정화되어 어떤 걸림도 없이 불안으로부터의 자유를 성취했음을 확인한 것이다. 경전은 이를 다음과 같이 기록한다.

나는 감각적 쾌락을 추구하는 욕망으로부터 벗어났다. 생을 추구하는 욕망으로부터 벗어났다. 마음은 지혜로 꽉 차게 되었고, 무명의 번뇌로부터 벗어났다. 이제 나는 드디어 해탈했음을 알게 되었다. '진정 태어남은 다했다. 완전히 삶은 정화되어 순수해졌다. 나는 모든 할 일을 마쳤다. 다시는 어떤 존재로도 돌아오지 않을 것이다'라고 깨닫게 되었다. (「마하삿짜까 경」)

마침내 그는 어떤 불안이 찾아와도 더 이상 자신이 속박당하지 않을 것임을 확신했다. 불교에서는 어떤 심적 장애에도 구속되지 않는 이 마음의 대자유를 '해탈' 혹은 '열반'이라고 부른다.

이상의 세 가지 지혜를 얻으며 구도자 싯다르타는 궁극적 깨달음을 성취했다. 그는 이제 연기의 진실을 완벽히 통찰했다. 모든 삶의 사건들의 앞뒤를 다 보고서 그것들이 어떻게 연결되고 어떤 조건으로 인해 일어나고 사라지는지 그 인과를 간파했다. 그에게는 고통을 낳는 무명이 온전히 제거되었고, 또 갈애가 사라졌다.

이제 그는 진정으로 깨달은 존재이자 해탈자인 '싯다르타 붓다'가 되었다. 무화과나무 아니 보리수나무 아래 앉아서 하룻밤을 온전히 지새우고 이제 막 먼동이 트고 있던 때였다. 그는 붓다로서 첫날을 새롭게 맞이하면서 다음과 같은 게송을 읊었다.

집 짓는 자를 찾아서 나는 수많은 생의 윤회를 떠돌았으나 찾지 못하고 있었네. 거듭 태어남은 괴로움이라. 집 짓는 자여, 나는 그대를 보았노라. 이제 그대, 다시는 집을 짓지 못하리. 그대의 서까래는 모두 부러졌고 대들보는 파괴되었나니, 모든 인과적인 조건 지어짐으로부터의 벗어남에 도달한 이 마음은 갈애의 소멸을 성취했다! (『담마파다』)

그는 위대한 깨달음을 성취한 이 보리수나무 아래에서 곧바로 일어나지 않고 7일간을 더 머물렀다. 그리고 다시 다른 적합한 자리를 찾아 옮겨 다니면서 각 자리마다 일주일씩 머물며 수행을 마무리했는데, 이 마무리 수행은 총 기간이 49일이었다는 설[자타카]과 28일 혹은 35일이었다는 설[마하박가]로 나뉜다. 다만 중요한 것은 마무리 수행을 통해 그는 자신이 그동안 얻은 최상의 지혜, 즉 연기의 진리를 꼼꼼히 정리하고 온전히 체험하며 마음껏 자유의 기쁨과 행복을 누렸다는 점이다.

궁극적 깨달음과 죽음불안

이제 인간 싯다르타는 새로운 삶을 얻게 되었다. 구도자 싯다르타는 진정한 해탈자이자 붓다가 된 것이다. 그렇다면 마지막 깨달음의 과정은 기쁨과 축복만으로 가득했을까? 붓다는 당시 자신이 획득한 이 해탈의 경지를 죽음의 초월, 즉 '불사'(P.: amata)로 표현하고는 했다. 다음의 예를 같이 살펴보도록 하자.

이것이 '불사'이니 곧 집착이 없는 마음의 해탈이니라. (「흔들리지 않는 경지에 적합함 경」)

현자가 어리석은 자들과 함께 있을 때 말을 하지 않는다면 사람들은 현자를 알아보지 못하리. 혹여 말을 하더라도 '불사'의 길에 대해 가르칠 때 비로소 사람들은 현자를 알아볼 것이니. (「위사카 경」)

수행자들이여, 죽음에 대해 상기하며 죽음에 대해 숙고함을 많이 노력한다면 큰 결실을 낼 것이다. 그런 수행자는 결국 불사에 들어가고 불사를 완성한다. 그러니 그대들은 죽음에 대한 마음챙김을 닦아라. (「죽음에 대한 마음챙김 경」)

그런데 문제가 있다. 붓다도 여든 살의 나이에 죽었다는 사실이다. 그렇다면 불사를 완성했다고 말한 그는 거짓말을 한 것일까?

그가 말한 불사에는 두 가지 의미가 담겨 있다. 첫째, 이는 윤회 차원에서의 불사이다. 우리가 죽는 이유는 인간으로 태어났기 때문이다. 붓다는 이제 더 이상 태어나지 않아도 되는 경지에 이르렀다. 다시 말해 윤회를 마쳤다. 그에게 다시 태어남은 없다. 그러므로 이번 생을 끝으로 다시 죽음을 맞이할 일도 없다. 불사의 의미는 더 이상 윤회를 하지 않게 되었음을 의미한다.

둘째, 이는 심리적 차원에서의 불사이다. 이 불사는 한 인간이 실질적으로 죽지 않음을 의미하지 않는다. 몸을 가진 인간은 누구나 죽음을 겪기 마련이다. 이는 죽음에 대한 두려움, 즉 죽음불안으로부터 완전히 벗어났음을 의미한다. 비구 아날라요는 '불사'의 의미란 타인의 죽음에 직면해서든 아니면 자신의 죽음에 직면해서든 더 이상 죽음의 두려움에 흔들리고 영향받지 않는 상태라고 설명한다. 따라서 그는 불사란 살아 있는 동안 성취되는 것이어야 한다고 주장한다.[45] 죽어 가는 순간에서조차 초연히 두려워하지 않고 안정된 마음으로 죽음을 맞이할 수 있다면 그것이 진정한 불사의 실현인 것이다. 그런 경지에 이른 자는 죽음불안으로부터 상당히 자유로운 마음으로 살아갈 수 있을 것이다. 이는 별것 아니어 보이지만, 생각만으로 실천할 수 있는 것이 아닌 살아생전에 그에 합당한 올바른 삶을 산 자만이 성취할 수 있는 것임을 4장의 '중도와 팔정도'에서 자세히 살펴볼 것이다.

보리수나무 아래에서 구도자 싯다르타는 세 가지 지혜를 얻으면서 죽음에 대한 실상을 명확하게 보고 붓다가 되었다. 그는 단순히 머리로 안 것이 아니라 직접 마음의 눈으로 자신과 타자, 즉 모두에 적용되는 죽음의 실상에 대해 남김없이 깨달았다. 그는 더 이상 죽음이 두렵지 않았다. 말로만 두렵지 않은 것이 아니라 정말로 죽는다는 사실이 그에게 심적 위협이 되지 않았다. 앞서 설명했듯, 죽음불안은 불안의 가장 기초적이고 근본적인 형태이다. 그런 죽음불안을 그는 이제 제대로 극복했다. 그렇게 구도자 싯다르타는 이날 불안의 문제에서 대마를 잡았다.

그런데 경전은 구도자 싯다르타가 마지막 깨달음을 성취하고 마무리하는 과정을 모순되게 기록하고 있다. 한편으로 그 과정은 매우 숭고하고 축복받은 것으로, 싯다르타는 궁극의 통찰을 얻고 깊은 명상의 기쁨과 평온을 누렸다고 기록한다. 이는 앞서 충분히 설명한 바 있다. 그런데 다른 한편으로 그 과정에서 그는 자신의 마음에 있는 가장 깊은 그림자를 마주해야만 했던 것으로도 기록되어 있다.

불교 경전에는 종종 '마라'(P.: māra)라는 악마가 등장한다. 사실 마라는 윤회의 세상에서 가장 높은 권세를 누리고 있는 죽음의 신이자 악마이다. 이 마라라는 단어 자체가 죽음을 의미하는 어원에서 유래한다. 마라는 인간을 윤회 세계에 계속 붙잡아 놓고 자신의 지배하에 두고 싶어 한다. 그 때문에 그는 어떤 인간도 죽음을 초월하지 못하도록 온갖 수를 쓰며 방해하는 역할을 한다. 그는 윤회 세상에서 벗어나는 불사의 경지를 성취하려는 수행자들을 가장 경계한다. 그래서 그들 마음의 불안을 이용하여 계속 시험하고 수행을 방해한다.

아이러니하게도 마라는 구도자 싯다르타가 마지막 깨달음을 얻는 수행을 할 때, 그리고 그 깨달음을 마무리하는 정리 작업을 할 때 그를 열심히 찾아와 위협하고 수행을 방해했다. 마라는 필멸의 존재로 남기를 거부하고 자신의 세계를 초월하는 구도자 싯다르타에게서 큰 위협을 느꼈고, 따라서 온갖 수를 써서 그의 길을 가로막으려고 했다.

마라는 싯다르타에게 다음과 같은 말을 건네면서 삶에 대한 집착을 이끌어 내고자 했다.

존자여, 당신은 무척 야위었고 안색도 매우 나쁘오. 당신에게 죽음이 이제 목전에 와 있소. 그대가 살 가망은 천에 하나이니, 부디 그만두고 사시오! 존자여, 사는 것이 좋은 일이라오. 살아야 더 좋은 공덕도 지을 수 있지 않겠소? (『숫타니파타』)

싯다르타는 흔들리지 않았다. 그는 다음과 같은 말로 맞받아쳤다.

그대는 정진하는 나에게 어찌하여 목숨을 운운하는가? 내 마음의 바람은 강의 흐름도 마르게 하거늘, 하물며 내 피 또한 어찌 마름을 각오하지 않겠는가? 피가 마르고, 몸의 모든 수분이 마르고, 육신이 마르면, 도리어 그럴수록 내 마음은 더욱 맑아진다. 내 마음의 집중과 지혜, 그리고 선정은 더욱 확고해진다. (…) 내가 그대에게 항복할 것이라고 보는가? 이 세상에서의 삶은 어차피 괴로운 것이니, 삶이라는 전쟁에서의 죽음은 그대에게 패하여 사는 것보다 훨씬 더 나은 것이리라. (『숫타니파타』)

죽음불안을 해결한 싯다르타는 마라의 꼬드김에도 한 치의 흔들림이 없었다. 그러나 마라 또한 쉽게 포기하지 않았다. 그는 싯다르타를 계속 찾아왔다. 특히 후대의 문헌에 따르면 마라는 혼자 찾아온 것이 아니라 그의 모든 군대를 이끌고 찾아와 싯다르타를 협박했다. 그것도 통하지 않자 자신의 아름다운 딸 셋을 보내 그를 유혹하기도 했다. 그러나 구도자 싯다르타는 이 모든 것을 물리쳤다. 초기 경전인 『숫타니파타』에는 그가 마라 및 그의 군대와 싸워 이기면서 그들의 정체를 밝히는 장면이 다음과 같이 묘사되어 있다.

마라여, 감각적 쾌락이 그대의 첫 번째 군대이고, 불만족이 두 번째 군대이며, 굶주림과 목마름이 세 번째 군대이고, 갈애가 네 번째 군대이다. 게으름과 무기력이 다섯 번째이고, 두려움은 여섯 번째, 의심이 일곱 번째, 고집이 여덟 번째이다. 이득, 명성, 환대, 그리고 잘못으로 얻은 영예가 아홉 번째이며, 자기는 칭찬하되 남은 경멸하는 마음이 열 번째이다. 마라여, 바로 이것이 그대의 군대이니라. 이는 어둠의 군대이니 겁쟁이는 이를 극복하지 못한다. (⋯) 코끼리를 탄 마라와 그 주위에 온통 정렬한 대군을 보고도 나는 전쟁에 나간다. 이곳에서 나를 꿈쩍도 하게 하지 말라. 신들과 세상 어떤 이들도 너의 군대를 꺾을 수 없겠지만, 나는 지혜의 칼로 너의 군대를 부술 것이다. (『숫타니파타』)

구도자 싯다르타는 마라와 마라의 군대가 진짜 실체가 있어서 자신을 공격하는 것이 아님을 간파했다. 그것들은 모두 자기 마음이 만들어 낸 그림자들이었다. 쾌락에 무너지는 나, 불만족스러움 때문에 집착하는 나, 갈애의 힘에 휘둘리는 나, 게으름과 무기력에 빠지면서 우울해하는 나, 두려움에 불안해하는 나, 의심으로 인해 초조해하는 나, 고집으로 인해 타인들과 싸우고 분노하는 나, 외부의 인정을 받기 위해 명성을 좇고, 타인의 환대를 기대하면서 잘못된 행동을 하는 나, 타인을 우습게 알고 자기만 아는 나 등 모두 내 마음속에 있는 그림자의 파생물들이었다. 이것들이야말로 나를 괴롭히는 진짜 정체인 것이다.

구도자 싯다르타는 나 자신이 바로 나를 속박하고 있다는 이 사실을 확인하면서 무명에서 깨어났다. 그가 본 진짜 불안의 문제는 바로 나라는 존재, 즉 내가 품지 못하는 나 자신이었다. 마라는 스스로에게 소외되어 버린 나이기에 세상에서 가장 나를 잘 안다. 따라서 내 분신인 마라는 내 마음에 드리워진 취약한 부분들을 이용하여 나에게 가장 죽을 것만 같은 위협을 가한다. 그렇기 때문에 마라는 이 세상에서 그 무엇보다 가장 극복하기 어려운 존재이다. 붓다는 마라를 다음과 같이 평가한다.

수행자들이여, 나는 마라의 힘만큼 정복하기 어려운 다른 어떠한 힘도 보지 못했도다. (「전륜성왕 사자후 경」)

이상과 같은 붓다의 통찰은 마라의 존재가 현대 불안 이론에서 불안에 정확히 해당될 수 있다는 것을 잘 보여 준다. 세상에서 나를 가장 잘 알아서 내가 쉽게 무너질 만한 부분을 공략하는 마라, 즉 불안에 대해 키르케고르는 불안만큼 개인에게 무서운 고문을 준비하고 심문하는 존재는 없다고 주장한다. 그는 어떤 경찰도 불안만큼 교활하게 피의자의 약점을 잘 파악하고 빠져나가지 못하도록 그물을 칠 수 없다고 비유한다. 불안은 인간이 유한하기에 붙잡고 매달리는 모든 속임수를 낱낱이 폭로하는 역할을 한다고 그는 강조한다.[46] 불안은 나의 약점을 후비어 들춤으로써 내가 나를 확인하는 작업, 즉 내가 그동안 나를 속이고 있던 것들을 확인하게 만드는 양면이 있는 것이다.

따라서 마라를 의인화하면 악마이지만, 이를 심리적으로 분석하면 죽음의 문제를 핵심으로 하는 불안이 된다. 특히 내게 크게 문제가 되는 불안은 내가 거부하고 밀어내는 그림자들이 결국 힘을 얻어 나의 가장 취약한 부분을 치고 오는 위험에서 비롯된다. 그러므로 불안의 참된 모습을 남김없이 확인한 깨달음의 순간에는 불가피하게 양극단의 경험이 있을 수밖에 없다. 한편으로 불안을 잠재우는 명상과 통찰의 순간에서 지복을 느끼고, 비교할 수 없는 극한의 평온함을 경험하는 것이다. 다른 한편으로 자기 마음의 뿌리 깊은 그림자와 대면하여 불안의 마지막 모습까지 다 확인하는 것이다. 그러므로 이때에도 역시 불안을 경험할 수 있다. 구도자 싯다르타는 불안과의 사투와 이에서의 승리 과정에서 이런 양극단을 경험하며 붓다로서의 탄생을 이루어 냈다.

3장

싯다르타 붓다의
불안

서른다섯 살에 싯다르타는 붓다가 되었다. 지금으로부터 대략 2500~2600여 년 전 즈음 이 땅은 그렇게 붓다를 맞이했다. 인류 역사상 최초로 불안을 제대로 알고 다루는 철학자이자 심리학자가 탄생한 것이다.

앞서 소개한 바 있듯, 심적 문제로서의 불안 개념은 고대인이 일상에서 쓰는 개념이 아니었다. 그들은 불안한 자들을 도덕적 기준으로 판단하고는 했다. 두려움, 즉 불안의 정서를 통제할 수 있는지 아닌지에 따라 용감한 이와 겁쟁이를 구분했다.[47] 다른 특별한 심리적 이유가 있어서 병적으로 불안을 겪는다는 인식이 그들에게는 없었다. 즉 불안을 인정할 수 있는 사회문화가 존재하지 않았다. 그들은 자신이 불안해한다는 것이 밝혀질 경우 대외적으로 어떤 비난을 받을지 신경을 쓰고 걱정해야 했다. 그래서 그들은 자기 마음속에서 느껴지는 불안을 사회가 허용할 수 있는 정상적인 방식으로 표현하는 일에만 집중했다. 불안을 있는 그대로 인정하고 표현하는 것은 매우 수치스러운 일이 될 수 있었다.

　이런 일은 고대에서만 벌어진 것이 아니다. 중세에서도 불안의 존재는 제대로 주목받거나 인정받지 못했다. 중세 사람들은 고대의 불안 해석을 이어받으면서 인간이 심적으로 매우 괴롭고 비정상적인 증상을 보이면 다음과 같이 두 가지로 해석했다. 하나는 인간을 구성하는 지, 수, 화, 풍의 네 가지 근본 요소들이 조화롭게 작동하지 않는다고 보는 것이다. 이 역시 고대의 불안 해석과 연장선상에 있다. 다른 하나는 악마나 귀신에 씌었거나 혹은 마녀나 마법사의 주술이나 농간으로 인해 문제가 생겼다고 보는 것이다. 불안한 자는 곧 불경한 자로 간주되었다. 불안의 증상을 낳는 마법적 힘을 쓰거나 악마나 귀신과 내통하는 삿된 존재, 즉 마녀를 처단하려 했다. 이로 인해 마녀사냥이 횡행하게 되었다. 무고한 여성들이 오해를 받아 고문당하고, 억울하게 희생되는 참극이 벌어졌다.

　심적인 괴로움과 그에 따른 여러 증상을 마음의 문제로

깊이 들여다보는 시도는 20세기 들어서 본격적으로 이루어졌다. 이 시기, 심리학자들은 인간의 정신에서 의식보다 무의식의 영역이 더 크게 작용하고 있음을 알기 시작했다. 덕분에 외부의 다른 탓이 아닌 바로 무의식 때문에 여러 심적 괴로움이 일어난다는 발상을 내놓게 된다. 이성적으로 작동되지 않는 무의식은 사실 다름 아닌 자신의 경험과 기억을 담고 있는 내 마음 혹은 의식되지 않는 내 의식의 일부이다. 당연히 불안의 문제도 내 마음의 문제인 것이므로 마음의 정화와 치유를 통해 해결되어야 할 문제이다.

이렇게 인간의 불안한 마음을 심리적 측면에서 접근한 것이 비교적 최근의 일임을 감안할 때, 지금으로부터 약 2600여 년 전 인도 땅에서 한 성자가 나타나 불안의 정체를 파악하고 이를 마음의 문제로 보도록 가르쳤다는 사실은 참으로 놀라운 일이 아닐 수 없다. 현대인에게 불안은 매우 친숙한 개념이지만, 당시의 이런 생각은 가히 혁명적인 발상이었다.

불안의 역사에 대해 연구한 앨런 호위츠는 21세기의 불안이 가지는 가장 큰 아이러니는, 바로 엄청난 과학과 의학의 진보에도 불구하고 불안의 문제에 대한 인류의 이해, 정의, 치료가 고대 그리스 시대의 것으로부터 크게 달라지지 않았다는 점이라고 꼬집는다.[48] 4장에서도 잠시 언급하겠지만, 오늘날 현대의 여러 심리학자들은 붓다의 가르침에서 불안을 다루는 방법과 치유의 원리를 발견하고 연구하고 있다.

인간 붓다는 자신이 괴로움의 문제를 해결했노라 주장했다. 그렇다면 그는 깨달음을 얻은 이후 어떤 불안도 전혀 경험하지 않은 자로서 평생을 살았던 것일까? 정말로 불안은 완벽히 떨쳐 버릴 수 있는 성질의 것인가? 붓다의 최종적이고 바른 깨달음은 그에게서 불안을 완벽히 제거해 주었을까?

6. 싯다르타 붓다와 두 가지 불안

앞서 충분히 설명했듯, 불안이란 내 자신이 위험하다는 예감이 들 때 일어나는 불편한 정서이다. 위험을 느끼는 일에는 고대인과 중세인, 근대인, 현대인 모두 예외가 없다. 누구나 불안했고 또 불안하다. 하지만 불안을 겪는 강도는 사람마다 다 다르다. 누구는 그것을 견딜 만한 것으로 경험하고, 누구는 일상에 큰 불편이나 문제를 일으킬 정도로 심각하게 경험한다. 또 누구는 정신이 분열될 정도로 파괴적이고 극단적으로 경험한다.

왜 누구는 불안을 정상적 범위[일상에 큰 지장 없는 수준]에서 경험하고, 누구는 비정상적 범위[일상에 큰 지장이 초래되는 수준]에서 경험하는 것일까? 위험을 주는 대상이나 원인이 이런 정상과 비정상의 경험에 차이를 빚는가? 그런데 우리의 현실을 보면 그렇지 않은 것 같다. 세계적인 트라우마 전문가인 정신과 의사 베셀 반 데어 콜크Bessel van der Kolk가 소개하는 서른두 살의 한 퇴역 군인인 톰의 사례를 살펴보자. 법률가이면서 건장한 신체를 가진 그는 독립기념일 연휴에 가족들과 모여 즐거운 시간을 보내는 대신 의도적으로 자신의 법률 사무소에 숨어서 술을 마시는 일을 택했다. 그는 이 기념일에 사람들이 모여 큰 소리로 떠들고 불꽃놀이나 폭죽놀이를 즐기는 것을 보고 있노라면 심각한 불안이 밀려왔다. 그는 이런 상황에서 극도의 심리적 위험을 느낀 것이다.

그렇다면 이런 질문을 하게 된다. 기념일에 사람들이 모여 왁자지껄 떠들고, 또 불꽃놀이를 하거나 폭죽을 터트리는 일이 그렇게 위험한 일인가? 대부분의 사람에게 이는 아주 정상적인 일일 뿐 위험을 느낄 만한 이유가 전혀 없다. 하지만 톰에게 그것은 매우 큰 위험으로 다가왔다. 불꽃, 폭죽, 사람들의 소란스러움은 자신이 베트남전에서 겪었던 여러 끔찍하고 죽을 뻔했던 사건을 상기시켰기 때문이다. 그래서 그는 가족들과 같이 독립기념일 행사를 즐기는 대신 불안을 잊기 위해 숨어서 과음하는 선택을 해야 했다.[49] 즉 이 평범한 일로 인해 그의 일상은 큰 혼란에 빠지고 말았다. 이러한 톰의 사례는 불안을 이해할 때 정상적 불안과 비정상적 불안을 구분해 볼 필요가 있음을 알려 준다.

인간 붓다의 불안을 이해하는 일 또한 같은 방식으로 접근해 볼 수 있다. 그가 해결한 불안의 문제를 정상적 범주와 비정상적 범주의 구분에서부터 시작할 수 있다.

1) 싯다르타 붓다와 현실적 불안

정상적 불안이란 내게 발생할 것이라고 예상되는 위험이 정말 존재하는 위험일 때 나타나는 불안이라고 할 수 있다. 이것을 심리학에서는 '현실적 불안'이라고 명한다. 현실적 불안을 야기하는 위험은 자신의 주관적 견해나 생각을 거듭하면서 일어나는 허구의 산물이 아니다. 이는 다가오는 실제적인 위험에 의해 직관적으로 발생하는 즉각적인 괴로운 느낌이

자 스트레스 반응이다. 만약 실제적인 위험 앞에서 두려움의 정서가 전혀 생기지 않는다면, 즉 불안이 느껴지지 않는다면 문제가 정말 심각해진다.

심리학에는 현실적 불안을 느끼지 못하는 존재가 어떤 문제를 겪는지를 확인한 연구들이 있다. 그 대표적인 예로서 2011년 저스틴 페인스타인Justin S. Feinstein과 그의 동료들이 우르바흐-비테 병(Urbach-Wiethe disease)을 앓는 여성 환자 SM에 대해 연구한 바를 살펴보자. 이 병을 앓는 환자는 편도체의 손상으로 인해 불안 반응이 현저히 감소했다. 그 때문에 SM은 자신에게 치명적인 손상을 가져올 뱀이나 거미같이 위험한 생물을 피할 생각을 하지 않았다. 또한 그녀는 칼과 총으로 자신이 위협받았던 사건이나 가정 폭력으로 거의 죽을 뻔한 사건 등 생명의 위험을 겪었던 과거를 정확히 기억하면서도 어떤 긴장감이나 두려움의 반응도 나타내지 않았다.[50]

이제 앞서 소개한 톰의 경우와 SM의 경우를 비교해 보자. 두 사람 모두 죽을 뻔한 고통스러운 과거의 기억이 있다. 그리고 한쪽(톰)은 그 과거 기억으로 인해 심히 불안에 휩싸이며 고통받는다. 반대로 다른 한쪽(SM)은 그 기억을 정확하게 떠올리지만, 전혀 불안해하지 않는다. 이렇게만 보면 불안을 느끼지 않는 쪽이 살아가는 데 있어 훨씬 좋고 편할 듯하다. 그런데 문제는 그리 단순하지 않다. 두려움 자체를 제거당한 SM은 자신의 생존에 위협이 되는 실제 상황에서도 불안하지 않기에 언제든 까딱 잘못하여 큰 화를 입을 수 있다. 반면 톰은 그런 어처구니없는 일만큼은 겪지 않는다. 다만 너무 지나치게 불안의 알람이 울려 일상이 어려워지는 일이 잦을 뿐이다.

SM의 사례를 분석한 연구진은 이 연구를 통해 위험을 감지하고 반응하게 하는 편도체의 존재가 인간의 생존에 있어 필수적인 역할을 한다고 주장한다. 그러면서 실제로 편도체가 없다면 불안의 포괄적 정서인 두려움의 진화적 가치도 사라진다고 결론 내린다.[51] 현실적인 불안을 경험하지 못한다면 인간 아니 뭇 생명들은 결코 살아갈 수 없다. 불안은 인간이나 동물이나 가릴 것 없이 몸을 가진 존재라면 모두 경험하는 생존의 요소임이 분명하다.

이제 붓다의 상황을 살펴보자. 경전에서도 분명히 확인할 수 있는 사실 한 가지가 있다. 붓다도 몸의 고통과 무너짐은 피할 수 없었다는 점이다. 경전에는 그가 음식을 잘못 먹어 배탈이 나고 몸이 아팠던 에피소드가 기록되어 있다. 심지어 그에게는 지바까라는 별도의 주치의가 있어 몸이 좋지 않을 때면 그에게 진찰받고 처방을 얻기도 했다. 또한 그는 말년에 벨루와가마에 머물면서 혹독한 병에 걸려 극심한 고통을 겪기도 했다. 물론 그때 그는 알아차림 수행을 통해 고통을 흔들림 없이 감내하며 잘 버티고 있었다. 그렇게 악전고투 끝에 병이 나은 붓다는 자신의 안위를 걱정하는 제자 아난다에게 이렇게 말했다.

> 아난다여, 이제 나는 늙었다. 긴 세월을 살았고 노쇠했다. 내 나이가 이제 여든이다. 아난다여, 마치 낡은 수레가 가죽 끈에 묶여서 겨우 움직이듯이 내 몸도 그렇게 가죽 끈에 묶여 겨우 살아가는 것처럼 다가오는구나. 하지만 아난다여, 나는 마음의 집중을 놓치지 않고 주의를 이런 느낌들에 명확히 두어 깊은 명상에 듦으로써 이 순간 내 몸을 편안한 상태에 놓을 수 있다. (「대반열반경」)

인간 붓다는 이러저러한 몸의 한계를 여실히 경험하며 삶을 영위했다. 이는 의심의 여지가 없는 사실이다. 다만 그는 필요한 경우 자신의 명상 역량을 활용하여 일시적으로나마 고통에서 벗어나거나 그 고통을 관리할 수 있었다.

이상의 논의는 인간 붓다의 불안을 이해하는 데 있어

아주 중요한 조건을 확인해 준다. 그 조건이란 바로 붓다도 몸을 가진 존재였다는 사실이다. 그는 몸이 있기에 필연적으로 괴로움을 겪고 또 다칠 수 있는 존재였다. 따라서 그가 불안을 아예 느끼지 않고 살아갈 방법은 없다. 몸이 다치거나 죽을 위험이 다가올 때, 몸은 자연스럽게 스트레스 반응을 보이게 될 것이기 때문이다. 이런 반응이 없다면 그는 여생에서 온전히 살아남을 수 없다.

앞서 설명했듯, 불안은 일차적으로 육체적인 특성을 띤다. 몸이 위험을 느끼면 긴장되고, 호흡이 가빠지며, 정신은 각성하기 시작한다. 이런 식의 괴로움으로 불안은 우리에게 위험을 알리는 신호를 보낸다. 일차적으로 자신의 생존을 위협하는 위험에 맞서 직관적으로 일어나는 불쾌의 느낌이 우리에게 '아, 내가 어떤 대처를 하지 않으면 큰일이 나겠구나!'라는 신호로 나타나는 것이다. 불안의 신호를 받은 덕분에 우리는 신속히 대처할 수 있다. 붓다도 자신의 몸에 이상이 생기면 이 신호를 받고 '아, 지금 내가 너무 몸이 안 좋아서 잘못될 수 있으니 지바까에게 가서 처방을 받아야겠다'와 같은 생각을 했음은 당연하다. 이것은 거부할 수 없는 진실이다.

붓다는 궁극적 깨달음을 얻었을지라도 현실적 불안만큼은 경험하며 살았다. 만약 붓다가 이마저 아예 느끼지 않았다고 주장한다면 그는 어떤 외부의 충격이나 자극에도 전혀 영향받지 않는 금강불괴의 몸을 가졌다고 말해야 할 것이다. 그러나 이런 견해는 경전의 기록과 어긋난다. 아무리 궁극적 깨달음을 완성한 자라 할지라도, 그 역시 한계가 있는 몸을 가진 인간이었다.

데바닷타라는 붓다의 제자가 있었다. 그 역시 석가족 출신으로 붓다의 친척이었다. 그는 매우 영특했고, 또 수행도 열심히 하여 높은 경지를 이룰 정도로 뛰어난 제자였다. 그런데 그는 야망이 컸다. 붓다의 수행 집단에서 그는 붓다를 밀어내고 자신이 그 자리를 차지하고 싶었다. 그는 노쇠한 붓다를 위하는 척 그에게 이제 그만 편히 쉬시고 자신에게 이 집단을 맡겨 달라고 요구했다. 붓다는 단칼에 이를 거절했다. 실망한 그는 붓다를 살해하기 위한 수를 썼다. 그는 붓다가 지나가는 길목에 숨어 있다가 위에서 커다란 바위를 굴리려고 준비했다.

이윽고 붓다는 그 길목을 지나갔다. 데바닷타는 바위를 굴렸다. 다행히 바위는 내려오다가 부서졌다. 다만 그 과정에서 붓다는 발가락에 작은 상처를 입었다. 당시 그는 자신에게로 굴러오는 바위를 보며 현실적 불안, 즉 정상적인 위험의 신호를 감지했음이 분명하다. 다가오는 위험에 그의 편도체는 불안 반응을 일으키면서 그가 바위를 그대로 몸으로 받아 내는 위험을 감수하지 않고 대처할 수 있도록 한 것이다. 어떤 인간이라도 그렇게 했을 법한 일을 한 것이었다.

2) 싯다르타 붓다와 신경증적 불안

인간 붓다가 현실적 불안을 경험했음은 틀림없는 사실이다. 그렇다면 괴로움의 문제를 해결했다는 붓다의 선언은 거짓인가? 이 선언을 불안의 틀에서 제대로 이해하려면 앞서 불안이 정상적 불안과 비정상적 불안으로 나뉜다고 말한 사실을 기억할 필요가 있다.

　　불안은 위험이 예감될 때 발생한다. 그런데 내게 느껴지는 위험이 꼭 현실적인 것만은 아니다. 때로는 현실적 근거 없이도 위험이 느껴질 수 있다. 인간은 동물과 달리 지금 눈앞에 존재하지 않는 위험을 상상하거나 떠올릴 수 있는 능력이 있기 때문이다. 우리의 뇌에 있는 편도체는 인지된 위험이 실제인지 아닌지를 꼼꼼히 따지고 분석하지 않는다. 이는 속도가 생명이다. 즉 어떤 식의 위험이든 일단 지각되면 따지지 않고 신속히 스트레스 반응을 촉발시켜야 한다. 이것저것 따지고 그다음에 반응하면 이미 늦는다. 예를 들어 갑자기 허공에서 무엇인가가 자신에게 날아온다는 것이 느껴지는 순간, 뇌는 바로 피할 수 있도록 불안 반응을 일으켜야 한다. 일단 피하고 나서 자세히 살펴보며 자신에게 다가온 것이 돌멩이인지 아니면 종이비행기인지를 뒤늦게 확인할 수 있다. 이렇게 '선반응 후판단'이 이루어지기 때문에 가상이든 현실이든 위험이 직관적으로 느껴지면, 일단 그에 따른 불안을 피할 길이 없다.

뇌에서 순간적으로 자신이 창피를 당할 것이라는 위험이 예측되어도 마찬가지이다. 그 순간 편도체는 창피할 근거가 있는지 따지지 않고 바로 불안 반응을 일으킨다. 사실 창피함이 나를 죽이지 않는다. 더 나아가 창피함의 근거가 사실이 아니면 더욱 문제가 없다. 하지만 그것이 허구이든 아니든 관계없이 중요한 것은 오직 지금의 이 창피함이 나에게 위험으로 다가왔다는 것이다. 나라는 존재에게는 단순히 마음에서 상상되거나 떠오른 허구의 위험도 즉각 불안 반응을 강렬하게 일으키며 정상적 사고를 마비시키고 패닉으로 몰아넣을 수 있다. 그렇기 때문에 광장공포증을 겪는 이는 아무런 실체적 위험이 없는 버스나 주차장, 시장 등 일반적인 외부 공간에서 막연히 위험을 느끼며 불안에 휩싸인다.

이런 일이 가능한 이유는 상상하고 생각하는 능력을 가

진 인간이라는 종의 특성 때문이기도 하다. 허구의 위험을 만들어 내면서 인간은 비정상적으로 불안을 느낄 수 있는 유일한 존재이다. 이것을 정신분석에서는 '신경증적 불안'이라고 명명한다. 신경증적 불안은 당사자의 마음에서 막연히 일어난다.

이 불안의 위험은 내가 원해서 얻는 것이 아니다. 위험을 느끼고 싶은 사람은 없다. 내 의지와 상관없이 강제적으로 위험이 상상되거나 떠오른다. 그런데 그 위험의 진정한 출처는 당사자에게 명확하게 알려지지 않는다. 예를 들어 한 사업가에게 갑자기 사업이 실패할 것이라는 생각이 들면서 심각한 신경증적 불안이 일어났다고 가정해 보자. 그러나 현실적으로는 그의 사업이 실패할 확률은 거의 없다. 주변 사람들도 모두 그런 일은 일어나지 않을 것이라고 조언한다. 그 자신도 머리로는 자신이 실패하지 않을 것이라고 생각한다. 그럼에도 불구하고 왜 자신이 그토록 실패할 아주 작은 가능성에 집착하면서 심히 불안해지는지 그 이유를 알 수 없다. 그저 막연히 실패한다는 생각이 들면 갑자기 위험이 느껴지며 불안해지는 것이다.

현실적 불안은 위험의 출처가 명확하고 실제적이기에 그것이 사라지면 더 이상 문제를 일으키지 않는다. 반면 신경증적 불안은 그 출처를 파악하기 어렵고, 또 만들어진 위험이기에 마음속에서 제거하기 어렵다. 그래서 신경증적 불안에 빠지면 일상을 정상적으로 살아가기가 매우 버겁다. 심리학자 얄롬은 직접 이런 불안을 경험했다. 그는 어느 날 외곽 도로를 운전하다가 갑자기 어떤 차가 자신의 앞으로 돌진하면서 정면충돌 사고가 났다. 양쪽 차는 모두 심각하게 파손되었다. 다행히 그는 크게 다치지는 않아 병원에서 검사를 마친 뒤 다시 일상으로 돌아왔다. 문제는 그 뒤부터였다. 이 사건을 겪은 후 그는 점심시간만 되면 심한 불안을 경험했다. 실력 있는 심리학자였던 그는 자신을 분석하기 시작했다. 그러나 그는 불안의 원인을 파악하는 데 실패했다. 그가 확신할 수 있었던 유일한 사실은 아찔했던 자동차 충돌 사고 이후 이런 일이 벌어졌다는 것이다. 이후 불안은 점심시간뿐 아니라 자동차를 몰거나 심지어 자전거를 타는 등의 다른 일상생활에서도 심각하게 일어났다.[52]

얄롬은 더 이상 자동차 사고의 현장에 있지 않았다. 그는 현실적으로 위험의 상황을 벗어났다. 그런데도 그는 계속 불안을 경험해야 했다. 그는 심리학자로서 이 불안에 대해 알아보고 이를 해소하려 열심히 노력했다. 그럼에도 불구하고 이 심리학자는 불안을 뿌리 뽑지 못했다고 고백했다.[53] 불안의 원인을 제대로 파악하지 못해서 더 이상 현실적 위험이 없는데도 그는 부지불식간에 알 수 없는 위험을 느끼며 계속 불안이라는 신호를 받아야 했다.

　이유를 알 수 없는 막연한 신경증적 불안은 큰 문제가 된다. 불안을 느끼는 내 몸은 불가피하게 긴장되고, 정신은 각성한다. 별달리 한 것도 없는데 비실제적인 위험에 대비하느라 심신의 에너지가 계속 소진되기에 늘 피로하다. 이런 상태가 오래되면 내 몸과 마음의 건강이 조금씩 무너지고, 일상은 정상적으로 영위되기 어려워진다. 이런 상황에서 정작 나는 불안의 이유를 제대로 몰라 그에 대처하기가 어렵다. 그래서 미칠 노릇이다. 투명망토를 입은 보이지 않는 적과 싸우는 격이다. 언제 어디서 어떻게 나를 공격할지 모르니 늘 전투태세로 있어야 한다. 불안한 나는 점점 지쳐가면서 회복하기 어려운 상태가 된다.

두 번째 화살을 맞지 말라

그렇다면 붓다는 신경증적 불안을 경험했을까? 이 문제를 살펴보는 데 있어 큰 도움이 되는 경전이 있다. 유명한 붓다의 화살 비유가 등장하는 『상윳따 니까야』의 「화살 경」이다. 그는 여기에서 인간의 괴로움을 화살에 비유한다. 그는 인간이 육체적 괴로움이라는 첫 번째 화살을 맞는 것은 불가피하다고 말한다. 몸을 가진 인간은 몸에서 느껴지는 불쾌한 느낌을 아예 경험하지 않고 살 수 없음을 붓다 자신도 인정한 것이다. 즉 현실적 불안은 경험했다는 뜻이다.

문제는 첫 번째 화살을 맞고 난 다음이다. 그 괴로운 느낌에 집착하거나 과히 압도되어 혼란스러워질 때 잘못 대처하면 문제가 될 수 있다. 괴로움의 경험을 억압하거나 부인하거나 혹은 그 괴로운 느낌을 제공한 당사자에게 밑도 끝도 없이 그저 분풀이하는 것에만 초점을 맞춘다면 문제를 더 심각하게 키우는 꼴이 된다. 이런 식의 대처는 더 큰 괴로움의 느낌을 불러오기 때문이다. 예를 들어 친한 친구가 길에서 나를 본 것 같은데 인사하지 않고 무시한 채 지나간다. 나는 기분이 상하고 불편하다. 첫 번째 화살을 맞은 것이다. 그래서 친구에게 절교를 선언하거나 크게 화를 내거나 아니면 마음속 깊이 원한을 품으며, 나도 똑같이 그 친구를 무시할 기회를 가지겠노라고 생각한다. 어느 쪽이 되었든 이 대처 방식은 문제를 더 악화시킨다. 친구도 나도 상처만 남는 일이 벌어질 수 있다. 두 번째 화살도 맞은 것이다.

이와 다르게 지혜로운 대처를 할 수 있다. 예를 들어 서운한 느낌이 들었을 때, 먼저 친구에게 자신의 서운함을 솔직히 이야기해 보는 것이다. 친구는 자신을 실제로 못 보았기 때문에 그냥 지나쳤을 수 있다. 혹은 아주 급한 일이 생겨서 여유가 없었을 수도 있다. 혹여 그렇지 않고 정말로 나에게 이전에 서운한 일이 있어서 일부러 무심히 지나쳤을 수도 있다. 어느 경우이든지 대화를 솔직히 시도함으로써 오해를 풀 수 있다. 이런 방식의 대처는 어찌 되었든 처음 느껴진 괴로움에 지배되어 함부로 행동하지 않도록 돕는다. 그리하여 미래의 더 심각한 문제, 즉 더 큰 괴로움을 예방한다. 그야말로 두 번째 화살은 맞지 않은 것이다.

붓다는 첫 번째 화살만 맞고, 두 번째 화살부터는 맞지 말라고 조언했다. 그는 다음과 같이 설명한다.

잘 배운 성스러운 제자는 육체적으로 괴로운 느낌을 겪더라도 근심하지 않고, 상심하지 않고, 슬퍼하지 않고, 가슴을 치지 않고, 울부짖지 않고, 광란하지 않는다. 그는 오직 한 가지 느낌, 즉 육체적 느낌만을 경험할 뿐이며, 결코 정신적으로 더 나아간 괴로움에는 빠지지 않는다. 예를 들면 어떤 사람이 화살에 맞았으나 이 첫 번째 화살에 뒤이은 두 번째 화살은 맞지 않은 것과 같다. 따라서 그 사람은 화살 하나의 괴로움만을 겪을 것이다.

수행자들이여, 이처럼 잘 배운 성스러운 제자는 괴로운 느낌을 접하더라도 결코 근심하지 않고, 상심하지 않고, 슬퍼하지 않고, 가슴을 치지 않고, 울부짖지 않고, 광란하지 않는다. 그는 오직 한 가지 느낌, 즉 육체적 느낌만을 경험할 뿐이다. (「화살 경」)

이 이야기를 불안 문제에 적용해 보자. 불안은 일차적으로 괴로운 느낌이다. 이는 자신이 위험하다는 신호를 알려 온다. 이로 인해 불안이 내게 다가올 때 그 괴로움을 단순히 무시해도 안 되지만, 반대로 무작정 회피해서도 안 된다. 그렇다고 이를 과도하게 두려워할 필요도 없다.

여기에서 두 번째 화살을 맞지 않기 위해서는 어떤 연습이 필요하다. 붓다는 관찰하고 알아차리는 연습을 권했다. 앞서 붓다가 연기의 진리를 발견할 수 있었던 이유도 바로 이 수행을 했기 때문이다. 불안에 동요하는 자신의 모습을 가만히 관찰하고 알아차리면서, 그로 인해 자신의 심신이 어떻게 반응하고, 또 자신이 어떤 실수를 하는지를 살펴야 한다. 불안에 지배되어 충동적으로 실수할 것 같은 자신을 일정 정도 거리를 두고 보게 되면 잘못된 반응을 멈출 수 있다. 좀 더 바람직하게는 자신의 행동을 통제하는 연습도 해

볼 수 있다. 그러면 막연하게 다가오는 불안의 원인이 무엇인지, 자신이 어떤 위험을 상상하고 있는지도 차분히 통찰할 여지가 생긴다.

이 연습이 잘 되어 있다면 불안을 과도하게 남발하여 일상을 망치는 일은 벌어지지 않을 가능성이 높다. 다시 말해 현실적 불안이 그 범위를 넘어서 신경증적 불안으로 진행되지 않도록 자기 자신을 관리할 수 있다. 쉽지 않은 일이지만, 붓다는 궁극적 깨달음을 통해, 또 그런 깨달음을 추구하는 수행 과정에서 이것을 온전히 해낼 역량을 확보했다.

참고로 마라는 싯다르타가 붓다가 된 이후에도 때때로 그를 찾았다. 마라는 자꾸 자신이 다스리는 윤회 세상을 넘어서도록 사람들을 가르치는 그를 어떻게든 망치고 싶었다. 마라는 붓다의 마음속에서 두려움과 공포를 일으키기 위해 매우 성난 코끼리 왕의 모습, 무시무시한 뱀 왕의 모습 등으로 나타나거나 혹은 유혹하기 위한 휘황찬란한 아름다운 빛의 모습 등으로 나타났다. 붓다는 이렇게 다양하면서도 압도적인 모습으로 나타나는 마라를 맞이했다. 첫 번째 화살을 맞은 것이다. 그러나 그때마다 그는 겉모습에 현혹되지 않고 잘 관찰한 후 단박에 그 모습의 정체가 마라임을 알아보았다. 그는 항상 다음과 같이 마라에게 말했다.

긴 세월을 보내면서 그대는 아름다운 모습으로도 또 흉한 모습으로도 등장했나니, 마라여, 이제 그것만으로도 충분하다. 끝장을 내는 자여, 그대가 패했노라. (「코끼리 경」, 「아름다움 경」 등)

그는 단 한 번도 마라의 농간에 빠져 마음의 평온을 잃지 않았다. 그렇게 그는 두 번째 화살은 맞지 않았다.

이러한 사실을 종합해 볼 때, 괴로움의 문제를 해결했다는 붓다의 선언은 그가 아무런 불안도 느끼지 않는 존재가 되었음을 의미하지 않는다. 깨달은 그도 불안을 경험하는 인간이었다. 다만 그는 현실적 불안을 경험하더라도 이것이 신경증적 불안으로 나아가는 악순환을 차단할 줄 아는 현명한 자였다. 그는 불가피하게 현실적 불안을 경험해야 될 때 이를 더 확대해서 정신적으로 덧나는 일이 없도록 하는 지혜가 있었다. 그는 불안을 잘 관리하고 통제할 수 있는 역량이 있었던 것이다. 그는 불안이 일어나는 마음을 훤히 꿰뚫는 탁월한 불안 전문가였다. 실제로 경전 어디를 찾아보아도 붓다가 불안이 과도해져서 다른 심리적 문제를 겪었으리라 추측할 만한 대목은 없다. 그는 대각 성취 이후에 어떤 심리적 장애에도 사로잡히지 않은 채 평생 살아갔다고 보아도 무방하다. 그는 진정 신경증적 불안으로부터 해방되었다.

7. 싯다르타 붓다가 풀어낸 불안의 알고리즘

붓다는 현실적 불안이 아닌 신경증적 불안으로부터 완전히 해방되는 자유를 얻었다. 그가 이런 자유를 얻을 수 있었던 이유는 구도 과정에서 치열하게 불안과 씨름한 끝에 결국 보리수나무 아래에서 이 세상과 뭇 생명의 삶에 대한 실상을 전부 파악하는 깨달음을 얻었기 때문이다. 이로써 그는 불안의 알고리즘을 제대로 풀어냈다. 덕분에 그는 불안의 매트릭스가 존재하는 세상에서의 삶을 끝낼 수 있는 성자가 되었다. 그에게 더 이상 불안을 겪어야 하는 윤회는 없었다.

이후 그는 자신이 통찰한 불안의 알고리즘을 타인에게도 알려 주며 그들의 불안을 치유하는 여정을 시작했다. 덕분에 그의 제자들도, 또 후대의 불교도 중 뛰어난 이들도 붓다의 뒤를 따라 마라의 손에서 벗어나는 대자유를 얻게 된다. 그는 그렇게 자신이 풀어낸 불안의 알고리즘이 단지 자신에게만 유효한 해법이 아니라, 타인에게도 또 시대와 지역을 초월해서도 보편적으로 적용될 수 있는 해법임을 증명할 수 있었다.

그가 말하는 불안의 알고리즘은 현대의 불안 개념이 가

진 두 가지 핵심적인 측면을 관통한다. 독자들은 불안에 대한 기초 지식을 정리한 이 책의 서장에서 강조한 바를 기억할 것이다.* 이를 다시 짧게 정리하면, 불안은 인지적 측면과 정서적 측면이 함께 포함된 것으로, 여러 심적 문제의 가장 기초가 되는 현상이다. 우리의 마음이 위험을 예감하게 될 때 한편으로 부정적 생각이 일어나고[인지적 측면], 다른 한편으로는 불안하고 불편해지면서 안정을 얻기 위한 집착의 정서[정서적 측면]가 일어난다. 이렇게 불안은 생각하고 느끼는 인간의 심리에 있어 모든 곤경의 중심에서 작용한다.

붓다는 현대 불안 이론을 알지는 못했으나, 불안의 두 측면에 대한 핵심은 정확히 이해하고 있었다. 지금부터 그가 풀어낸 불안의 알고리즘이 무엇인지 살펴보도록 하자.

1) 생각이 망상으로

어린 시절부터 유독 불안에 민감했던 왕자 싯다르타는 생각이 참 많았다. 그는 사색적이고 철학적이었다. 그는 생각하

---

* 서장의 주요 내용이 정확히 기억나지 않는 독자는 서장 '불안에 대하여'의 후반부(32-34쪽)를 다시 확인하라.

기를 즐겼지만, 다른 한편으로 생각 때문에 힘들어하기도 했다. 그는 자신이 원하고 좋아하는 것만 생각한 것이 아니라 걱정, 염려, 의심 등을 동반하는 불편하고 부정적인 것도 생각해야 했기 때문이다. 그의 불안 조건들은 그의 머릿속을 복잡하게 만드는 역할을 했다. 예를 들어 그의 완벽주의 성향은 자기가 끔찍하다고 여기는 문제들이 일어날까 염려하여 이를 사전에 방지하기 위해 끊임없이 검열하고 대책을 세우는 데 골몰하게 했다. 동산 행차에서의 죽음불안 경험은 그의 인생에서 가장 심각한 고민을 만들어 냈다. 당시 그는 심한 불안에 시달리며 앞으로 어떻게 해야 이 불안에서 벗어나 마음의 평화를 얻을 수 있을지 끊임없이 생각하고 또 생각했다. 구도의 과정에서도 현재 자신의 수행이 올바른 것인지에 대해 늘 점검하고 의심하며 많은 생각을 했다.

심리학자들은 불안할 때마다 우리의 마음이 이 생각 저 생각으로 마구 날뛰게 되는 현상을 '몽키 마인드'라고 칭한다. 원숭이가 이 나무 저 나무를 재빠른 동작으로 옮겨 다니듯, 불안한 마음은 이런저런 생각을 과도하게 하게 됨을 비유한 것이다. 실제로 불안은 생각이 많아지도록 만드는 일을 한다. 불안이 심해지면 머릿속에서 생각은 불이 나듯 활활 뜨겁게 돌아간다. 이런 불안이 길어지면 이제 생각은 그냥 자동으로 돌아가는 수준이 된다. 특히 내게 위험으로 다가오는 일들에 대한 생각을 놓을 수가 없다. 끊임없이 위험이 내 머릿속에서 떠오르기에 많은 정신적 에너지가 소모되고 괴롭다. 당연히 생각을 멈추고 싶은 마음이 간절해진다. 하지만 생각의 흐름은 통제되지 않는다. 급기야 생각을 멈추기 위해 다른 집중할 만한 대상이나 도피할 만한 활동을 찾고, 쉽게 중독의 유혹에 넘어간다.

사실 몽키 마인드라는 용어는 심리학자들이 붓다에게서 배운 말이다. 붓다는 번뇌에 빠진 마음은 원숭이처럼 이리저리 쉼 없이 오간다는 사실을 알았다. 그는 다음과 같이 말했다.

> 생각을 감각하는 이 기관, 분별하는 의식, 즉 마음이라고 부르는 이것은 낮이건 밤이건 생길 때 다르고, 사라질 때 다르다. 예를 들어 원숭이가 돌아다니면서 이 나뭇가지를 잡았다가 놓아 버리고 다시 다른 나뭇가지를 잡는 것과 같다. (「배우지 못한 자의 경」)

유년 시절 싯다르타는 때때로 불안이 심해지면 도피처를 찾았다. 그는 아버지가 제공하는 최상의 쾌락 환경에서 음주가무를 즐기고 여인을 취하며 모든 생각을 내려놓았다. 감각적 쾌락의 탐닉은 특히나 생각을 줄이는 데 탁월한 효과를 낸다. 우리의 주의(主意)는 동시에 두 군데에서 작동하지 않기 때문이다. 주의는 오직 한 번에 한 곳에서만 작동한다. 그렇기 때문에 자신의 오감각에서 느껴지는 즐겁고 짜릿한 자극이 일어나면 먼저 거기에 주의가 집중된다. 덕분에 복잡하고 부정적인 생각을 자연스럽게 멈출 수 있다. 이때만큼은 머릿속이 단순해지고 불안이 가시는 것이다. 왕자 싯다르타는 한때 이런 생활에 익숙했다.

비록 불편하고 매우 세속적인 경험이었지만, 이 경험은 훗날 그가 불안의 진면목을 파악하는 데 큰 밑거름이 되었다. 그는 불안이 쉼 없이 생각하게 만들면서 어떻게 심각한 문제로 발전하는지 파악했다. 그는 다음과 같이 괴로움의 원인을 설한다.

수행자들이여, 어떤 원인으로 말미암아 인간에게는 망상에 따른 생각의 덩어리가 발생하게 된다. 그에 대해 즐기거나 환영하거나 혹은 집착하지 않는다면 탐욕, 분노, 잘못된 견해, 의심, 교만, 존재하려는 욕망, 무명 등의 번뇌를 끝내게 된다. 반면 이 망상으로 인해 몽둥이나 무기를 들고 서로 싸우고 말

다툼하고 논쟁하고 상호 비방하고 중상모략하며 거짓말하는 일들이 일어난다. 그러므로 망상의 멈춤에 의해서 악하고 해로운 문제들이 남김없이 소멸한다. (「꿀 덩어리 경」)

여기에서 붓다는 인간이 겪는 여러 문제의 원인이 바로 망상이라고 지목하고 있다. 경전에 있는 'papañca'라는 용어가 '망상'으로 번역된 것인데, 이는 '다섯'을 뜻하는 어근 '√pañca'에서 유래된 것이다. 이는 다섯 손가락을 허공에서 쫙 펼치듯이 생각을 과도하게 이리저리 확산함을 뜻한다. 그러면 망상은 어떤 원인에 의해 일어날까? 붓다는 망상의 원인을 다음과 같이 설명한다.

감각접촉이 발생하면 느낌이 일어난다. 느낌이 일어나면 그 느낌을 인식한다. 인식하면 인식한 것을 생각하게 되고, 생각하면 생각에 대해 다시 망상한다. 망상을 원인으로 하여 과거, 현재, 미래에 대해 마음으로 더듬으며 파악하고, 다시 이 파악한 것을 두고 망상에 따른 생각의 덩어리가 발생하게 된다. (「꿀 덩어리 경」)

좋고 싫음의 느낌이 일어날 때, 우리에게는 좋으면 좋

은 대로 붙잡으려는, 싫으면 싫은 대로 피하려는 생각이 자동으로 일어나게 된다. 특히 싫고 불쾌한 생각은 내게 위협으로 다가오면서 더욱 많은 생각을 하도록 만든다. 생각이 많아지면 많아질수록 마음은 과거, 현재, 미래를 쉴 새 없이 오간다. 어떤 문제 되는 사안을 머릿속으로 붙잡고서 그것이 어떻게 과거에서 현재로, 또 미래로 이어지는지를 자기만의 논리로 끊임없이 상상하면서 이야기를 만든다. 그 이야기는 내게 위험으로 다가오는 일들을 없애거나 그로부터 회피하는 시나리오를 가진 이야기이다. 다시 말해 있는 그대로의 사실을 반영하는 것이 아니라 불안을 줄이는 데 더 큰 목적이 있는 시나리오이다.

따라서 많은 생각을 통해 이 시나리오가 정교하고 견고해질수록 현실 감각을 상실하고, 지나친 비약을 타당한 것으로 여기기 쉽다. 불안을 줄이는 데 성공하지만, 이는 상상에 가까운 방향으로 생각이 진행된 것이기에 그 왜곡이 망상의 단계에 이른 것이다. 이 망상은 내가 믿고 싶고, 나에게 위안을 주는 사실들로만 이루어진 거대한 집착의 덩어리이다. 그러므로 망상을 가진 이는 타인과의 관계에서 여러 가지 마찰을 겪을 수밖에 없다. 불안으로 촉발된 생각이 그 범위와 신뢰성에서 정상의 수준을 크게 이탈하며 타인이 공감하고 이해하기 어려운 망상이 되었기 때문이다.

생각의 과도한 확산과 불안의 관계를 짚어 낸 붓다의 설명은 현대 심리학이 불안을 해명하는 핵심과 제대로 맞닿아 있다. 현실이 버겁고 불안의 괴로움에서 버티기 어려운 지경이 되면 이제 현실의 경험보다 머릿속의 경험이 중요해진다. 머릿속으로나마 위험의 상황이 해결되는 그림이 그려지면 당장의 불안한 마음이 조금이라도 진정되는 효과를 가져오기 때문이다. 다시 말해 현실에서 풀리지 않는 심각한 불안의 문제에 대해 머릿속에서 '이렇게 하면 해결되네'라는 생각이 들면 그것이 실제 현실의 해결 방안이 되는지와 상관없이 일시적으로 조금의 안정을 취할 수 있다. 따라서 안정이 필요한 그들은 상상으로나마 절박하게 안정되고 좋은 상황을 붙잡고자 과거와 현재 및 미래를 뒤지면서 여러 생각을 마구 한다. 그렇게 생각 덩어리는 진실이 아닌 가상의 시나리오를 가지는 것이다.

불안을 회피하기 위해 생각의 덩어리를 만들어 냈지만, 장기적으로 보면 이로 인해 오히려 더 불안하고 부정적인 상황을 초래하게 된다. 예를 들어 매우 오랜 기간 준비해 온 임용 시험을 앞둔 수험생이 있다고 치자. 이번 시험에서 떨어지면 더 이상 시험을 준비할 엄두가 나지 않고, 또 주변 사람들을 볼 면목도 없다. 그는 극심한 불안과 부담을 느끼며 잠도 제대로 이루지 못한다. 책상에 앉아도 집중이 잘 되지 않아서 공부를 하지 못하고, 그로 인해 더 불안만 가중된다. 그럴수록 '반드시 시험은 통과해야 해!'라는 생각만 머릿속에 맴돈다.

그는 불안을 완화하고 잠을 자기 위해 이제 머릿속을 뒤지며 과거와 미래를 오간다. 먼저 과거에 자신이 좋은 시험 성적을 받아서 주변에 자랑하고 다녔던 생각을 떠올린다. 그다음 다시 미래로 간다. 자신이 합격하여 취업에 성공하고, 사람들에게 칭찬받고, 또 월급을 받아 여행도 즐기는 그림을 그려 본다. 갑자기 기분이 좋아지고 당장은 좀 살만해진다. 이 가상의 시나리오에 골몰하며 정신에너지를 심히 소진한 그는 공부를 더 하기 힘들다. 그의 실제 현실은 점점 시험 합격과는 멀어지고 있다. 그렇다고 이 망상을 그칠 수도 없다. 그치는 순간 그는 훨씬 더 불안한 상황에 직면해야 하기 때문이다. 그는 갈수록 더 망상의 시나리오에 집착하게 된다.

생각 덩어리가 만들어질 때 답이 잘 구해지는지 아닌지에 따라 생각의 흐름은 대체로 다음의 두 가지 방향으로 갈린다. 답이 잘 그려질 기미가 보이거나 아직은 할 만하다는 생각이 들면 생각의 방향은 주로 미래의 상황으로 간다. 이런저런 미래의 긍정 시나리오를 구상하며 열심히 마음에 안정을 주려 한다. 마음은 심히 들뜬다. 이런 번뇌의 마음을 붓다는 '웃다짜'(P.: uddhacca)라 칭했는데, 이는 위로(ud-) 흩어지는(√dhac) 들뜬 마음을 뜻한다.

반대로 아무리 열심히 생각해도 답이 잘 떠오르지 않고 자신이 할 수 있는 것이 없다는 결론에 이를 수 있다. 그러면 생각은 더 이상 미래로 가지 않고 주로 과거에 머문다. 자꾸 지나간 일들을 반추하면서 과거의 실수에 초점을 맞추고 무언가 탓을 하기 시작한다. '그때 그랬어야 해', '아, 그것만 잘 넘어갔더라면…' 이렇게 생각이 과거에 붙잡혀 현재나 미래로 나아가지 못하므로 꼼짝달싹 못하는 무기력이 발생한다. 불안은 이제 우울로 바뀐다. 이런 번뇌의 마음을 붓다는 '티나'(P.: thīna)라고 칭했는데, 이는 정지해 있는(sthā) 비활력의 마음을 뜻한다.

붓다는 이 두 가지 번뇌를 고요하고 안정된 마음을 확립하는 일을 방해하는 것으로 보면서 해탈을 얻기 위해 극복해야 할 핵심 번뇌라고 가르쳤다. 불안의 족쇄에서 벗어나기 위해 해결해야 할 중요한 심적 문제라는 것이다. 비록 사용한 용어는 차이가 날지언정 붓다는 불안의 원리를 올바로 이해하고 설명했다고 볼 수 있다.

2) 대상의 상실이 집착으로

철학자 레나타 살레츨은 불안을 논하면서 인간은 필연적으로 자신에게 만족을 주는 대상과 분리되어 존재하기에 괴로움을 느낀다고 분석한다. 그녀는 괴로움과 불안을 구분한다. 괴로움은 대상의 상실에 대한 실제의 반응이고, 불안은 그 상실이 가져오는 위험에 대한 반응이라는 것이다. 그녀는 이 상실로 인한 결핍의 자리에 어떤 대상이 채워져야 하는데, 그 채워지는 대상이 자기가 상상하고 만족하는 대상이 아닐 때 인간은 불안하게 된다고 설명한다.[54] 인간은 대상 상실이라는 불가피한 현실에 위험을 느끼는 존재로서 늘 불만족스러울 수밖에 없다. 그 불만족을 해결하기 위해 대상을 구하려 하지만, 그것이 늘 원하고 만족할 만한 대상일 수는 없다. 혹여 설사 그렇더라도 그것을 영원히 곁에 둘 수 없으므로 결국 인간은 불안한 존재가 된다.

프로이트도 불안이란 대상의 상실에 대한 반응으로 나타나는 것이라고 정의한다. 그는 인간의 정신이 발달하면서 나타나는 다양한 형태의 불안들은 모두 소중한 대상과 분리

되는 것에 대한 두려움을 기초로 한다고 말한다. 아이의 경우 이 소중한 대상은 어머니로서, 어머니가 없는 것이 아이에게는 진정한 위험의 내용이다. 그러므로 아이의 불안은 어머니라는 대상에게 자신을 떠나지 말고 돌보아 달라는 구조의 신호로 볼 수 있다. 아이가 성인이 되어 가면서 소중한 대상은 바뀐다. 프로이트는 이런 대상의 변화를 자신의 성기의 상실, 연인으로부터의 분리, 양심으로부터의 버림받음 등 여러 가지 개념으로 설명한다.[55] 대상의 내용은 이렇게 바뀌더라도 대상 상실이 가져다주는 위험의 핵심은 모두 소중한 대상을 상실한다는 것이다.

사실 20세기 초반까지만 해도 서구의 전문가들은 부모가 어린아이를 다루는 양육 방식에 대해 많이 안아 주고, 따뜻하게 품어 주며, 달래 주는 일을 바람직하지 않은 것이라고 보고 금지했다. 그들은 어린아이가 어머니에게 다가가고 안기려는 유대의 욕구를 '의존'의 욕구로만 인식했다.[56] 즉 따뜻한 양육은 아이가 버릇없이 자라거나 의존적 성격을 가지게 할 위험이 있다고 보았다. 따라서 정신과 의사들도 따뜻하게 아이를 안아 주는 부모에게 그렇게 하면 아이의 성질을 버린다며 매몰차게 조언하고는 했다.

이런 당시의 고정 관념에 도전한 심리학자가 바로 애착

심리학의 창시자이자 프로이트를 비판적으로 계승한 에드워드 존 볼비Edward John M. Bowlby이다. 그는 여러 자신의 연구 결과물과, 또 다른 과학자들의 도움을 받은 끝에 당시 부모가 아이를 어떻게 양육하느냐에 따라 아동의 심리 발달이 크게 달라질 수 있다는 사실을 증명했다. 그는 자신을 돌볼수 없는 취약한 상태에서 태어나기 마련인 아이는 절대적으로 어머니와 안정적인 애착 관계를 경험해야 한다고 강력히 주장했다. 자신이 불가피하게 의존해야 하는 소중한 대상인 어머니를 잃어버리거나 신뢰할 수 없다고 느끼게 되면, 아이는 불안한 성격을 가지게 되고 이 성격은 성인이 되어서도 쉽게 바뀌지 않는다. 이는 존 볼비를 뒤이어 애착 연구를 수행한 여러 후속 연구자에 의해 충분히 입증되었다.[57] 덕분에 오늘날 우리는 육아에 있어 애착이 얼마나 중요한 것인지에 대해 더 이상 의문을 품지 않는다.

존 볼비는 양육자와 애착 관계를 맺으려는 인간의 본능은 선천적인 것이며, 이는 단지 영유아 시기에 한정된 본능이 아니라 평생을 가는 것임을 강조했다. 성인도 심리적으로 위기감이 느껴지는 다급하고 어려운 위험 상황에서는 자기도 모르게 돌봄과 안정감을 제공할 수 있는 대상과 유대 관계를 맺으려는 경향성을 드러내게 된다. 그렇기 때문에 성인이 되어서도 아주 위급하고 불안한 상황에서는 "엄마~" 하고 울음을 터트릴 수 있는 것이며, 어머니나 아버지를 상기시키는 연인이나 짝사랑의 대상에 집착하고 매달리는 일도 벌어지는 것이다. 볼비는 대상의 상실로부터 자신을 지켜 주는 애착의 본능은 요람에서부터 무덤까지 평생에 걸쳐 나타나는 선천적인 것이라고 말한다. 그러면서 성인의 애착 행동을 단순히 유아적이라고 매도하는 일에 유감을 표했다.[58] 우리에게 대상의 상실 혹은 대상과의 분리는 생존을 위협하는 아주 끔찍한 사태이다. 대상을 붙잡는 일은 안정을 준다. 그 대상이 무엇이고 어떤 상황이냐에 따라 그 안정이 일시적일지 아니면 장기적일지 차이가 있을 뿐이다.

인간은 정서적으로나 신체적으로 자족할 수 없는 유한한 존재로 태어나고 또 살아간다. 입고 먹고 마시고 정서적으로 돌봄을 받기 위해 늘 대상이 필요하다. 육체적으로나 정신적으로 생존하기 위해 타인과 공생해야 한다. 즉 타인과 반드시 어떤 형태로든 관계를 맺으며 살아가야 한다. 고대 인도의 수행자들조차 비록 홀로 숲에서 수행했지만, 음식을 구하고 입을 옷을 구하기 위해서는 세속의 사람들을 찾아야 했다. 아이러니하지만 세속과 연을 끊은 붓다와 붓다의 제자들이 주로 머문 지역은 숲속이 아닌 여러 대도시였다. 하물며 일반인의 경우는 더욱 간절히 이러저러한 이유로 다양한 대상을 필요로 한다. 붓다 생존 당시의 고대 인도에서도 여러 재력가, 귀족, 유명한 기생, 심지어 강대국의 왕들도 불안을 다스리기 위해 붓다 혹은 그의 제자들의 도움을 필요로 했다. 어떤 대상과도 관계하지 않고 진정 홀로 살아갈 수 있는 인간이란 존재하지 않는다.

신경증적 불안의 여러 양상도 대상과의 관계 측면에서 모두 해석이 가능하다. 예를 들어 어떤 신경증 환자는 대상을 소유하면서 안정을 취한다. 쇼핑 중독이나 저장 강박 장애의 문제가 대표적이다. 쇼핑 중독은 무엇인가를 자신이 살 때 쾌감을 느끼며 불안한 마음을 달래고, 저장 강박 장애는 쓸모없는 물건이라도 버리지 않고 소유하면서 안정감을 얻는다. 분리 불안은 부모, 배우자, 연인, 친구 등 자신의 애착 대상과의 분리가 예상될 때 큰 불안을 느끼는 일이다. 그들은 애착 대상이 늘 자신을 위해 존재하고 있음을 확인해야 안심이 된다. 이 문제를 심히 겪는 성인은 배우자나 연인이 자신의 전화를 한 번이라도 안 받으면 큰 불안에 빠져서 수십 통의 전화를 받을 때까지 하고 또 한다. 나아가 연인이 자신에게 이별을 통보할 것 같은 예감이 들면 패닉에 빠지며 분노하고, 최악의 경우 폭력을 행사한다. 혼자 있을 때 생기는 고립 불안 역시 분리 불안과 유사하게 대상을 갈구하는 문제이다. 그들은 타인과 함께 있거나 타인으로부터 인정받을 때 자기 가치를 확인 및 유지하며 불안을 달래게 된다. 그 때문에 늘 여러 사람과 함께 즐기며 노는 파티 중독에 빠지기 쉽다. 또한 타인과 함께 시간을 보내는 수단인 술이나 섹스 같은 문제에도 취약하다. 이렇게 불안의 여러 증상을 대상과의 분리나 상실의 관점에서 해석할 수 있다.

문제는 인간이 대상을 구하고 관계를 맺는 과정에서 실수하고 잘못된 길을 갈 가능성이 매우 높다는 점이다. 충분히 지혜롭거나 성숙하지 못한 상태에서는 잘못된 대상을 부적절하게 갈구하는 일이 생기기 마련이다. 나아가 그들은 대상 상실을 필요 이상으로 심각한 위험으로 여기며 과도히 집착한다. 따라서 대상을 얻는 일에 성공하면 일시적으로 안정을 취하지만, 이런 안정은 장기적으로 볼 때 더 큰 불안의 단초가 된다. 앞서 예를 든 쇼핑 중독, 섹스 중독, 알코올 중독, 파티 중독 등의 문제들만 보더라도 이것들은 한결같이 당장의 불안을 피하게 해 주고 쾌락을 제공하지만, 장기적으로는 죄책감, 후회, 자존감 하락 등 더 큰 불안의 미래를 초래한다.

붓다는 이런 인간 심리의 문제를 통찰했다. 즉 그는 모든 심적 장애의 핵심에는 대상의 상실을 두려워하며 대상을 갈망하는 문제가 있음을 알았다. 그는 괴로움의 근본 원인으로 갈애를 지목했다. 앞서 2장 3절의 '4) 위 없는 바른 깨달음의 성취'에서 12연기를 설명하면서 갈애가 무엇이고, 또 어떤 집착의 문제를 낳는지를 이미 설명한 바 있다.[*] 이를 다시 간략히 요약하자면, 갈애는 대상을 갈구하도록 만드는 정서적인 힘이자 에너지이다. 따라서 갈애에 휩싸이면 대상을 강하게 욕망하는 집착이 생긴다. 갈애는 느낌을 조건으로 하여 일어난다고 했다. 붓다는 갈애와 느낌의 관계에 대해 다음과 같이 말한다.

> 느낌이 있을 때 갈애가 있다. 느낌을 조건으로 갈애가 있다.
> (「사까무니 고따마 경」)

대상을 갈급하게 원하도록 만드는 이 힘은 느낌에 동반되어 작용한다. 좋은 느낌이 주어질 때 일어나는 갈애는 그 느낌을 주는 대상이나 행위에 집착하도록 만든다. 반대로 나쁜 느낌이 주어지면 갈애는 그 느낌이 일어나는 대상을 파괴

---

[*]   2장 3절의 '4) 위 없는 바른 깨달음의 성취'에서 '넷째, 집착은 갈애를 조건으로'(163-164쪽)를 보라.

하는 대상이나 행위에 집착하도록 만든다.

불안은 위험을 느낄 때 일어나는 불편한 느낌이다. 이 것은 나를 각성 및 긴장시키며 불안정하게 만든다. 이 괴로움의 느낌이 일어났다는 것은 곧 그 느낌을 잠재울 어떤 대상이 필요해졌음을 의미한다. 갈애가 발생하는 것이다. 갈애의 대상이 무엇인지 혹은 누구인지는 관계가 없다. 내게 안정을 주는 대상이라면 그것이 동물이 되었든, 사람이 되었든, 심지어 생각 그 자체가 되었든 상관이 없다.

붓다는 깨달음을 얻는 순간, 자신은 갈애의 소멸을 성취했다고 외쳤다. 그는 더 이상 갈애가 자신의 마음에서 집을 짓지 못할 것이라고 선언했다. 그는 불안할 때 대상을 잡으려 하는 자신의 마음을 정확히 보고, 그 순간 바로 내려놓음을 실천함으로써 갈애의 힘을 통제할 수 있었다. 그는 대상을 갈구하는 힘의 노예가 되어 실수하고 상처받으며 불안해하는, 그런 악순환에 빠지는 일을 끝내 버렸다. 그는 자신이 불안의 알고리즘을 풀었음을 확신했다.

3) 의식의 그림자

붓다가 지적한 불안의 인지적 문제는 생각이 과도해지며 망상이 되는 것이고, 정서적 문제는 대상의 상실이 너무도 위험한 나머지 갈애의 힘을 빌려 끝없이 대상에 집착하는 일이다. 그런데 망상과 갈애 외에 붓다가 괴로움의 근본 원인으로 지적한 한 가지 요인이 더 남아 있다. 바로 무명이다. 앞서 12연기를 다루며 무명이란 지혜의 부족으로 잘 모르고 혼란스러운 상황임을 설명했다.* 이 무명을 불안의 측면에서 어떻게 이해할 수 있을까?

무명은 단순히 지식이 부족함을 의미하지 않는다. 지혜와 지식 양자 사이에는 큰 차이가 있다. 무명을 뜻하는 경전어는 'avijjā'이다. 이는 앎이나 봄(√vid)이 없는(a-) 상태를 의미한다. 이는 의식이 깊고 뚜렷하지 못하여 '있는 그대로' 사안을 보지 못하는 혼란스러운 상태이다. 따라서 이런 마음으로는 진리를 깨달을 수 없다. 반면 무명의 반대인 지혜는 의식이 매우 명료하고 맑은 상태이기도 하다. 그래서 늘 사안

---

*   2장 3절의 '4) 위 없는 바른 깨달음의 성취'에서 '열한째, 의도적 행위는 무명을 조건으로'(170-173쪽)를 보라.

을 제대로 보고 판단할 수 있다. 우리가 종종 지혜를 빛에, 무지를 어둠에 비유하는 이유도 여기에 있다.

　무명은 인지적이면서 동시에 정서적인 어둠이다. 무명에 휩싸이면 인지적으로는 잘못 생각하고, 정서적으로는 충동적인 행동을 한다. 인지와 정서 양 측면에서 모두 문제가 생기는 것이다. 잘못된 생각과 왜곡된 정서에 끌려다니면서 자신이 망상을 하는지, 또 자신이 잘못된 집착을 하는지 자각하지 못한다. 늘 자신은 옳다고 생각하고 판단하지만, 그 선택은 자신이 생각하는 행복과 즐거움의 결과를 가져다주기는커녕 오히려 반대의 상황을 초래한다. 이런 혼란스러움을 많이 겪다 보면 의심도 많아진다. 붓다는 무명에 빠진 이는 의심의 번뇌가 많아진다고 가르쳤다. 매사에 확신이 없기에 자신에게도 또 타인에게도 의심의 태도를 취한다. 반대로 무명을 타파한 붓다와 같은 자는 모든 사안을 전체적으로 분명하게 본다. 그러므로 그런 자는 오직 있는 그대로 보고 알며 또 솔직히 느낀다.

　심리학적으로 볼 때, 무명은 의식에 그림자가 진 상태이다. 우리는 누구나 의식을 가지고 살지만, 그 의식의 명료함과 맑음의 상태는 각자 다르다. 자신이 의식하는 아주 조그만 부분만을 전부라고 생각하고 살면 의식의 나머지 부분은 그림자가 된다. 의식에서 그림자의 영역이 확대되면 될수록 자신의 의지를 온전히 발휘하기 어렵다. 내 의식이지만 내가 의식할 수 없는 그림자가 작용하면서, 불쑥 떠오르는 생각에 더 많이 지배받기 때문에 늘 불안하다. 쾌와 불쾌의 느낌을 주는 어떤 생각이 갑자기 떠올라서 나를 강제적으로 휘두를지 모르기 때문이다. 특히 그림자에서 활동하는 생각과 느낌은 모두 자신이 수용하기 힘들어서 거부하는 위험천만한 것들이기에 더욱 문제가 된다.

앞서 다루었듯, 불안은 현실적 위험에서 오는 정상적 불안과 비현실적 위험, 즉 가상의 위험에서 오는 비정상적 불안이 있다. 그런데 프로이트는 불안의 정상과 비정상의 기준이 생각처럼 깔끔하게 확립되지 않음을 알았다. 그는 현실적 불안이라고 하여 다 합리적이고 실제적인 불안이라고 보기 어렵다고 말한다.[59] 개인이 실제적 위험을 체감할 때 일어나는 것이 현실적 불안인데, 그 위험의 체감 정도는 개인의 역량과 상황에 따라 달라지기 때문이다. 예를 들어 팔뚝만 한 크기의 강아지는 아기들에게는 위험으로 다가오며 불안을 야기할 수 있다. 그러나 성인에게는 그렇지 않다. 한낮에 해가 사라지며 어둠이 찾아오는 일식 현상에 대해 고대인은 신의 분노라며 자신의 생존에 위험을 느끼고 불안해했다.

하지만 오늘날 일식 현상을 보면서 불안을 느끼는 사람은 없다. 이렇게 개인이 어떤 정서적이고 지적인 역량을 가졌는지에 따라 정상적 불안과 비정상적 불안, 즉 현실적 불안과 신경증적 불안의 범위는 변할 수 있다. 불안을 다루는 개인의 역량에도 수준 차이가 있을 수 있다는 뜻이다.

누군가는 조금의 불안에도 버거워하며 과도한 반응을 보이고 일상에 지장을 받는 반면, 누군가는 상당히 불안을 잘 소화하며 일상을 무난하게 보낸다. 이런 역량의 차이는 붓다의 관점에서 보면 무명을 얼마나 타파했는가에 달려 있다. 있는 그대로 보고 느끼는 역량, 즉 내 마음에 어떤 어둠과 왜곡도 남기지 않고 맑게 정화하는 역량이 곧 무명을 타파하는 능력이다. 붓다는 이 능력을 지혜라고 불렀다. 내 마음의 그림자를 의식화하여 밝은 마음이 될수록 지혜로워진다. 지혜가 갖추어질수록 불안을 야기하는 자극이 닥쳤을 때 그 자극이 무엇에서 유래된 것인지를 정확히 보면서 적절히 대응할 수 있다. 불안의 악마적 특성인 막연함이 명확한 것으로 바뀌는 것이다. 덕분에 불안의 진실된 정체를 알고 적절히 대응할 수 있으며, 또한 그 충격을 완화하는 내 마음의 완충지대 영역을 넓히게 된다. 그러므로 어떤 불안도 병적 불안으로까지[*] 번지지 않도록 만들 수 있다. 즉 첫 번째 화살은 맞아도 두 번째 화살은 맞지 않는 것이다.

4) 불안을 역으로 이용하다

불안의 알고리즘을 풀어낸 붓다는 이제 불안을 단순히 통찰하는 것을 넘어서 이를 타인의 문제를 고치는 데 활용할 수 있는 지혜가 생겼다. 실제로 그는 제자들의 불안 문제를 해결하기 위해 불안의 메커니즘을 역으로 이용하는 역량을 발휘했다. 때때로 그는 일부러 제자들이 불안을 느끼도록 하여 그들의 고질적인 문제를 제거하는 약으로 썼다. 예를 들어 마부 찬나의 자만심 치유 사례가 그렇다. 찬나는 붓다가 싯다르타 왕자였던 시절 시중을 들던 자로서, 그가 출가할 때도 함께했던 남다른 인연을 갖고 있었다. 그도 훗날 출가하여 붓다의 제자가 되었다. 그는 자신이 붓다와 각별한 인연

---

[*] 프로이트의 불안 구분에서 문제가 되는 불안은 신경증적 불안 외에 도덕적 불안이 있다. 다만 도덕적 불안은 신경증적 불안처럼 모두 문제가 되는 것은 아니고 과할 때만 문제가 된다. 즉 심적으로 큰 문제가 되는 불안은 사실 신경증적 불안 외에 과도해진 도덕적 불안도 있으므로, '병적 불안'이라는 용어가 더 포괄적이라고 할 수 있다.

이라는 사실에 고취되어 자만심을 키웠다. 자신과 붓다의 인연을 공공연히 들먹였다. 심지어 붓다의 출가는 바로 자신 덕분에 순조롭게 이루어진 것이라고 강조하기도 했다. 교만해진 그는 종종 다른 출가자 선배나 동료들과 마찰을 일으키고 충돌했다. 그는 붓다를 제외한 다른 수행자들에게는 감히 배우려 들지 않았다. 안하무인의 찬나를 통제할 수 있는 자는 붓다 외에는 없었다. 점점 수행자들 사이에서 원성이 높아져 갔다.

이런 사실이 붓다의 귀에 들어갔다. 붓다는 그의 자만심을 고쳐 주어야겠다고 생각했다. 그런데 한 가지 문제가 있었다. 당시 붓다의 삶이 얼마 남아 있지 않았다는 점이다. 그는 시중 제자 아난다를 불렀다.

붓다: 아난다야, 내가 가고 난 후에 찬나에게는 특별한 처벌이 필요하겠구나.

아난다: 어떤 처벌이 필요하겠나이까?

붓다: 그가 무엇이라 말하든 수행자들은 반응하지 말라. 그의 문제 행동을 바로잡으려고 가르치려 하거나 다그치지 말고 또 혼내지도 말라. 그저 말을 섞지 말거라. (「대반열반경」)

붓다는 모든 수행자가 찬나를 따돌리라고 주문했다. 위대한 성자가 내린 처방이라고 하기에는 믿기지 않을 정도의 잔인한 주문이다. 그러나 붓다에게는 깊은 뜻이 있었다. 그는 자신이 사망한 후에 찬나의 자만심을 제거하는 일은 보통의 방법으로는 어렵다는 것을 알고 있었다. 심리적으로 불안이 어떻게 작동하는지를 꿰뚫고 있는 그는 찬나에게 고독과 고립이라는 극단적 처방이 필요하다고 생각했다. 자만심이 강한 이일수록 자신의 높은 존재감을 인정해 주는 대상, 즉 타인이 필요하기 때문이다. 자신을 드러내어 뽐낼 대상이 사라지면 그는 당연히 불안해진다. 붓다는 이 불안을 그의 자만심을 꺾는 힘으로 쓸 수 있으리라 예상했다.

그리하여 붓다의 반열반 후 찬나는 고립되었다. 아무도 그에게 관심을 주지 않았고, 말도 걸지 않았다. 그는 심한 고독을 느끼면서 불안을 경험해야 했다. 붓다의 예상이 적중했던 것이다. 『쭐라박가』에서는 당시 그가 어떻게 반응했는지를 다음과 같이 묘사한다.

> 찬나는 이 처벌을 고통스러워하며 부끄러웠고, 또 싫어함의 마음이 생겼다. 그는 홀로 떨어져 게으르지 않고 열심히 정진하게 되었다. (「오백결집의 장」)

이렇게 찬나는 불안한 시간을 보내면서 자신을 돌아보고 반성하게 되었다. 점차 제멋대로였던 성격이 누그러졌다. 『상윳따 니까야』의 「찬나 경」에서는 그 후에 180도 변한 찬나의 모습을 확인할 수 있다. 그는 선배 수행자들을 찾아다니며 가르침을 구했다. 선배 수행자 중에는 아난다 존자도 있었다. 아난다는 비록 선배 수행자였으나, 나이로는 마부 찬나보다 한참 아래였다. 그런 아난다에게 찬나는 다음과 같이 공손히 부탁했다.

> 찬나: 아난다 존자여, 저를 가르쳐 주소서. 존자께서는 제가 진리를 깨달을 수 있게 가르침을 주소서.
> 아난다: 이렇게 찬나 존자가 청하시니 기쁘기 그지없습니다. 찬나 존자는 이제 스스로 활짝 열어서 자기 마음의 장애를 부수었습니다. 찬나 존자여, 귀를 기울이세요. 이제 그대는 진리를 알 수 있을 것입니다. (「찬나 경」)

찬나는 이렇게 자신을 낮추고 어린 선배에게 가르침을 청하여 배웠다. 덕분에 그는 마음에 큰 희열과 함께 깨달음이 생겼다고 한다. 고립에 따른 불안이 그의 자만심을 치유하고 나아가 깨달음을 얻는 징검다리 역할을 한 것이다.

붓다는 불안의 알고리즘을 풀어내면서 세상의 불안 매트릭스에서 벗어났다. 그 후 그는 타인도 불안의 족쇄에서 벗어나도록 돕는 삶을 살기로 결정했다. 즉 그는 여전히 이 세상에 몸담고 활동해야 했다. 그래서 그는 현실적인 불안만큼은 겪어야 했지만, 병적인 불안은 겪지 않았다. 그는 오직 현실에서 필요한 만큼의 불안만 경험했다고 볼 수 있다.

　여기에서 다음과 같은 질문이 생긴다. 필요한 만큼의 불안이란 과연 어느 정도를 말하는 것일까? 이것은 혹 붓다가 어떤 심적 부담도 없이 살다 갔음을 의미하는 것일까?

　이 문제를 다시 붓다의 화살 비유에 적용해 보자. 그는 첫 번째 화살만 맞고 두 번째 화살은 맞지 않았다. 앞서 기술했듯, 붓다는 느낌을 육체적 느낌과 심리적 느낌 이렇게 두 가지로 구분하고, 두 번째 화살을 심리적 느낌으로 해석했다. 그리고 심리적 느낌을 곧 걱정과 근심이라고 말했다.

　그렇다면 깨달은 자 붓다는 살면서 어떤 일에 대해서도 전혀 마음을 쓰거나 고민하는 일이 없는 안정된 삶을 살았던 것처럼 이해된다. 정말 그랬을까?

깨달음을 얻은 붓다는 그 전과는 아주 다른 양상의 삶을 살았다. 그는 안정된 마음으로 일상을 보냈다. 하지만 이것이 그가 평생 아무런 사건, 사고도 없는 삶을 살았다는 것을 의미하지는 않는다. 그는 마냥 편안한 삶만을 누리며 살다 간 것이 아니었다. 그는 오해도 많이 받았고, 위험도 많이 겪었으며, 여러 차례 도전도 받았다. 특히 그는 거대한 수행 집단을 구축하고 운영하는 리더였다. 그에게는 수많은 제자를 가르치고 올바로 지도할 의무와 책임이 있었다. 또한 수행 집단을 지원하는 여러 세속의 일반 상인이나 권력자와의 관계도 중요했다. 그들은 붓다뿐 아니라 다른 제자들과도 긴밀한 관계를 맺었다. 그런데 여기에서 아무런 문제도 생기지 않았을까?

그렇지 않다. 그 수행 집단의 구성원 모두가 교양 있고, 잘 배웠으며, 좋은 가문의 출신인 것은 아니었다. 현실 도피를 위해 출가를 선택한 이들도 있었고, 심지어 세속에서 사고를 치고 도망 오다시피 한 이들도 있었다. 그래서 붓다는 때때로 그들이 수행에서 보이는 나태함이나 잘못된 행동을 지적하며 정말로 진정성을 가지고 출가한 것인지, 아니면 단순히 현실 도피를 위해 출가한 것인지 그들에게 묻기도 했다. 당연히 일부 제자는 때때로 사건, 사고를 일으켰다. 예를 들어 수행 집단 내 수행자들 사이에서 선후배의 서열 문제로 다툼이 일어나고는 했다. 심지어는 수행 집단의 권력에 눈이 먼 데바닷타가 집단 내에서 자신을 추종하는 무리를 구축한 후 이들을 데리고 이탈하기도 했다. 이탈한 제자들은 잠시 눈이 멀어 늙은 붓다보다 데바닷타를 더 스승이라 여기며 그를 따랐다. 또한 데바닷타는 마가다국의 왕자와 결탁하여 왕을 없애려는 음모를 꾸미다 걸리기도 했다. 이로 인해 당시 왕이나 왕의 신하들로부터 혹시 붓다의 수행 집단이 모반을 꾸미는 집단이 아닌가 하는 오해를 살 뻔했다. 자칫 붓다와 집단 구성원 모두가 큰 화를 당할 만한 심각한 사안이었다고 보아도 무리가 없다.

『쭐라박가』에 따르면 실제로 이 사안을 두고 왕과 신하 사이에 논의가 이어졌다. 이를 어찌 처리하면 좋겠느냐는 왕의 물음에 일부 신하들은 다음과 같이 주장했다.

왕자와 데바닷타, 그리고 모든 불교 수행자들을 죽여야 합니다. (「승가분열의 장」)

1) 고뇌하고 번민하는 붓다

결론적으로 붓다는 자신만 잘 단속하면 되는 상황에 있는 것이 아니었다. 이런 현실에서 정말로 붓다가 마음을 많이 쓸 일이 하나도 없었다면 그것은 거짓말이다. 여기에서 마음을 쓴다는 것은 복잡하고 꼬여 있는 어려운 문제를 해결하기 위해 고민하고 때로는 근심하는 일을 포함한다.

경전을 보면 붓다에게는 고민하고 근심하는 일이 없지 않은 듯하다. 좋은 예가 있다. 붓다는 자신의 종족과 나라가 강대국 코살라국에 의해 멸망하는 것을 지켜보아야 했다. 그 연유를 잠시 살펴보자. 코살라국의 빠세나디 왕은 정략적으로 석가족과 혼인 동맹을 맺고자 했다. 그는 석가족에 사신을 보내어 자신이 아내로 맞이할 만한 왕족 여성을 보내 달라고 요청했다. 자존심이 강한 석가족은 빠세나디 왕의 요청을 그대로 받아들이지 않았다. 그들은 왕족 여성이 아닌 하녀 신분의 여성을 왕족처럼 화려하게 꾸며 시집을 보냈다. 이 사정을 모르는 빠세나디 왕은 그녀를 왕비로 삼아 결혼을 진행했다. 둘 사이에서 나온 아들이 바로 위두바다라는 이름의 왕자였다.

위두바다 왕자는 무럭무럭 자라다가 어느 날 자신의 외

가인 카필라국을 방문했다. 강대국 왕자의 방문을 받은 석가족은 그를 환대했다. 그런데 여기에서 운명의 장난이 벌어졌다. 이 여정에서 왕자는 자신의 어머니가 이 나라의 왕족 출신의 여인이 아님을 알게 된 것이다. 그는 자신이 비천한 하녀의 아들이라는 사실을 알고 큰 충격을 받았다. 본래 고대인도가 출신 성분을 매우 중요하게 여기는 사회적 배경을 가지고 있었다는 정황을 고려할 때, 이는 그리 간단한 문제가 아니었다. 그는 겉으로는 환대하면서 자신을 천한 출신으로 바라보는 석가족의 속마음을 읽었다. 그는 석가족의 위선과 자신의 신분에 대한 불편한 진실에 크게 분노했다. 그는 하늘에 두고 다음과 같이 맹세했다.

내가 왕이 된다면 이 종족을 모조리 말살할 것이다.

그 후 위두바다는 삐뚤게 자라다 훗날 폭군이 되었다. 그는 쿠데타를 일으켜 아버지를 강제로 폐위시키고 직접 왕의 자리에 올랐다. 왕이 된 그는 시간이 흘러 드디어 자신이 마음속에 품은 복수의 원을 실행에 옮기기 시작했다. 그는 군대를 일으켜 석가족을 멸하고자 카필라국에 쳐들어갔다. 붓다가 그 소식을 들었다. 그는 이 일의 심각성을 바로 직감했다. 이에 곧 행동에 나섰다. 그는 코살라국의 군대보다 먼저 카필라국의 입구에 가서 자리를 잡고 앉아 군대가 오기를 기다렸다. 드디어 군대가 그 길을 지나가게 되었다. 위두바다 왕이 붓다를 보았다. 비록 그가 폭군이기는 했으나, 당대의 가장 존경받는 성자이자 아버지의 스승이기도 했던 붓다를 그냥 지나칠 수는 없었다. 그는 붓다에게 어찌하여 이 길목에 앉아 있는지를 물었다. 붓다는 모르는 척하며 다음과 같이 말했다.

대왕이여, 신경 쓰지 마시오. 이 그늘이 시원하여 그냥 나는 앉아 있는 것이오.

왕은 이런 붓다의 천연덕스러운 말 이면에 숨어 있는 의미를 알아차렸다. 그는 차마 붓다에게 무례한 일을 저지를 수 없었다. 결국 군대를 물려 자신의 왕국으로 되돌아갔다.

하지만 왕이 다시 두 번째 군대를 일으키는 데는 그리 오랜 시간이 필요하지 않았다. 붓다가 또 이 소식을 들었다. 이번에도 같은 길목에 가서 기다리다가 왕의 군대를 맞이했다. 덕분에 그는 왕의 군대를 제지하는 데 다시 한번 성공했다. 얼마 후 왕은 다시 세 번째로 군대를 내어 진격했다. 이번에도 역시 붓다는 그 자리에 먼저 가 앉아 있으면서 왕의 철군을 이끌어 냈다.

그럼에도 석가족에게 뼛속 깊은 원한을 가지고 있는 왕은 결코 멈추지 않았다. 얼마 지나지 않아 왕은 또 한번 네 번째 군사를 이끌고 전쟁에 나섰다. 이 소식을 다시 붓다가 들었다. 그러나 그는 더 이상 움직이지 않았다. 아무리 막아서도 왕의 분노는 사라지지 않을 것이고, 결국 이 일은 벌어질 일이라는 판단이 섰기 때문이다. 결국 석가족은 위두바다의 군대에 의해 잔인하게 몰살되었다. 이 과정에서, 그리고 이 결말에 대해서 붓다는 아무런 고뇌나 마음 씀이 없었다고 할 수 있을까?

일단 그가 처음 코살라국의 군대가 자신의 종족을 멸하러 진격한다는 소식을 들었을 때, 그의 가슴은 철렁하고 불쾌한 느낌이 일어났을 것임에 분명하다. 첫 번째 화살을 제대로 맞은 것이다. 이제 질문이 생긴다. 그는 첫 번째 화살을 맞아 불쾌했지만, 어떻게 다시 아무렇지 않게 행동하고 생각할 수 있었을까?

인간의 심리를 통찰하는 붓다는 분명 위두바다 왕의 뼛속 깊은 원한이 쉽게 가라앉지 않을 것임을 알았다. 거기에는 과거부터 내려오는 인과의 역사가 있었다. 붓다는 이 사안의 심각성에 대해 마음을 안 쓸래야 안 쓸 수 없었을 것이다. 위두바다 왕은 붓다의 계속된 만류에도 군대를 한 번이 아닌 무려 네 번이나 내었다. 두 번, 세 번을 거치며 붓다는 분명 왕의 분노로 인해 자신의 종족이 멸하게 되는 일을 막을 수 없다는 부정적인 예감을 피할 수 없었다. 그는 분명 비극이 예상되는 이 사안에 대해 마음을 계속 쓰면서 고뇌했을 것이다. 막는 것이 쉽지 않다는 것을 알면서도 붓다는 왕의 군대를 멈추기 위해 한 번이 아닌 두 번, 세 번 계속 같은 시도를 했다. 그의 인간적 고뇌가 읽히는 대목이다.

일각에서는 성자 붓다의 관점에 초점을 맞추어 처음부터 그가 이미 왕의 분노를 완벽히 잠재워 군대를 막을 수 없다는 결말을 미리 알았다고 해석한다. 그는 인과를 보는 자였기에 석가족이 과거에 저지른 잘못이 시간이 흘러 멸망이라는 비극의 결실로 나타날 운명임을 익히 알았다는 것이다.

그렇다면 한 가지 질문이 생긴다. 바꿀 수 없는 자기 종족의 운명을 알면서도 그가 그토록 절실히 군대를 막아서는 그 과정에서 커다란 번민과 고민이 일어나지 않았을까? 이렇게 질문해 보자. 인간은 과연 어떤 상황에서 가장 고민과 걱정이 많아지고 스트레스를 받게 될까? 그것은 바로 어렵고 힘든 상황에서 자신의 노력만으로는 결코 그 결과를 바꿀 수 없음을 아는 상황이다. 파국의 위험이 예상되는 이 상황을 제대로 통제할 수 없음에 점점 희망이 사라지고 마음만 쓰이기 때문이다. 그 상황이 중요하면 할수록 문제는 더욱 극심해진다.

심리학에 따르면 '통제감 상실'은 큰 스트레스와 걱정을 유발한다. 예를 들어 A라는 사람이 중요한 프로젝트 마감을 앞두고 있다. 마감을 하려면 상사에게 승인을 받아야 한다. 그런데 그 상사는 매우 까다로워서 어떻게 해서라도 문제를 찾아내 승인을 거부하는 사람으로 악명이 높다. A는 자신이 아무리 프로젝트를 잘해 가도 상사의 승인을 얻지 못할 것이라는 생각을 한다. 이런 생각에 그는 걱정이 매우 커지고 심히 스트레스를 받는다. 중요한 프로젝트의 승인을 얻는 일이 프로젝트를 수행하는 자신의 능력에 달린 것이 아니기 때문이다. 즉 자신의 노력이 결과를 통제하는 중요한 변수로 작용하지 않는 것이다. 그는 이제 밑도 끝도 없이 상사의 기분이라는 운에 자신의 운명을 맡겨야 한다.

마찬가지로 설령 붓다가 이 사태의 결과를 미리 확신할 정도로 예단할 수 있었다면, 오히려 그 때문에 그는 위두바다 왕의 군대를 막아서려 여러 차례 노력하면서 더 심각하게 고뇌하고 번민했을 것으로 볼 수 있다. 그는 자신의 힘으로 전혀 통제할 수 없는 일을 시도하고 있었기 때문이다. 또한 정해진 운명으로 예상되더라도 현재의 의지와 노력의 가치를 중요하게 여기는 그는 이 중대한 사안에서 어떤 심적 어려움이 있든지 간에 최선을 다해 일말의 변화를 주려 애쓰는 모습을 보였다.

『숫타니파타』에는 붓다가 폭력에 뒤따르는 두려움을 고백하는 장면이 실려 있다. 그는 다음과 같이 설했다.

> 폭력적인 사람 때문에 두려움이 생긴다. 싸움하는 사람들을 보라. 내가 어떻게 그 일을 멀리하게 되었는지를 설하리라.
> 물 없는 곳의 물고기처럼 몸부림치며 떨고 있는 사람들을 보고서, 또 서로가 서로에게 적대하는 모습을 보고서 나에게는 두려움이 일었다.
> 이 세상 어디에도 영원한 것은 없다. 모든 방향에서 모두가 흔들리고 있다. 나 자신을 위한 참된 안식의 거처를 찾지 못했다. 그들이 끝까지 적대하는 모습에 나는 불편해졌다. 그들의 심장에 박힌 보이지 않는 화살을 나는 보았다.
> 이 화살에 맞은 사람은 온 방향에서 헤맨다. 그러나 화살을 제거하면 헤매지 않고 평온을 얻는다. (『숫타니파타』)

붓다는 자기 종족이 멸망하는 극심한 폭력 사태를 경험해 본 자이다. 그는 이 비극적 사태에서 사람들이 잔인하게 죽고 크게 다치는 일에 크게 마음 아프고 신경이 쓰였음이 분명하다. 그 처참한 상황에서 그가 할 수 있는 것은 없었다. 그는 이 사태에서 두려움이라는 기초적인 정서를 느꼈다. 자신의 안위 이상으로 타인의 안위를 보듬는 자비로운 그의 마음은 타인이 다치고 죽는 일에 크게 상심하고 불편했다. 그리고 이 상황에 가장 알맞게 최선을 다했다. 다만 그는 그로 인해 두 번째 화살까지 맞지는 않았다. 즉 트라우마나 병적 불안과 같은 마음의 병은 얻지 않았다.

2) 슬퍼하고 마음 쓰는 붓다

후대의 문헌인 『육도집경』에 따르며 왕의 군대는 석가족 사람들을 생매장하고, 코끼리로 밟아 죽이고, 칼로 베어 죽이는 등 무참히 몰살했다. 이 과정을 지켜보는 붓다에게는 심한 두통이 일어났고, 그 고통이 극심해서 천신들도 가슴 아파했다고 전해진다. 또한 『근본설일체유부비나야잡사』에는 다음과 같이 당시 붓다의 마음이 묘사되어 있다.

석가족이 살해될 때에 붓다는 심한 두통을 느끼고는 아난다에게 발우에 물을 가득 떠오라고 부탁했다. 아난다가 물을 떠다 드렸다. 붓다는 이마 위의 땀 두세 방울을 발우 속에 뿌렸다. 그러자 곧 연기가 나면서 소리 내어 끓는 것이 마치 불에 달구어진 쇳덩어리를 물에 넣은 것 같았다. (『근본설일체유부비나야잡사』)

친족 몰살이라는 참사를 지켜보는 싯다르타의 마음에는 괴로움이 동반될 정도의 큰 슬픔이 일어났을 것이다. 이 거대한 슬픔은 잠시 일어났다 사라진 것이 아니라 일정 기간 애도의 시간을 요구할 정도였을 수 있다. 물론 어떤 문헌에서도 이때의 붓다 심정에 대해 자세히 묘사하지 않는다. 다만 이 일련의 사태를 살펴볼 때, 그가 마치 로봇처럼 단칼에 불안을 자르면서 어떤 고민이나 고뇌도 없이 냉정히 이 사태에 대응했다고 해석할 길은 없어 보인다.

그는 노년에 가장 아끼는 두 명의 수제자 사리뿟따와 목갈라나가 자신보다 먼저 임종에 드는 모습을 지켜보아야 했다. 두 제자는 비슷한 시기, 즉 약 15일의 간격을 두고 생을 마쳤다. 두 사람은 붓다의 속마음을 가장 잘 이해하고, 또 그를 대신하여 가르침을 가장 흡족하게 설파하는 제자들이었다. 붓다는 수많은 제자 중 단연코 이 둘을 가장 믿고 의지했다. 사리뿟따는 붓다의 제자 중 가장 지혜로운 이였고, 목갈라나는 가장 영적 능력이 뛰어난 이였다. 이 둘은 붓다의 수행 집단을 함께 일구고 관리했다고 해도 무방할 정도로 공이 큰 인물들이다. 붓다의 아들 라훌라가 일곱 살의 어린 나이에 출가를 원하자 붓다는 사리뿟따를 통해 라훌라가 출가하도록 하면서 아들의 스승이 되어 주기를 부탁했다. 아들을 잘 가르칠 수 있는 인물로 그가 가장 믿을 만한 수행자는 단연코 사리뿟따였던 것이다.

이뿐만이 아니었다. 앞서 언급한 것처럼 데바닷타는 한때 동료 수행자 500명을 꼬드겨 단체로 붓다의 수행 공동체에서 떨어져 나갔다. 자기만의 수행 공동체를 꾸린 것이다. 이 사실을 안 붓다는 다시 500명을 데려올 인물로 사리뿟따와 목갈라나를 지목하고 비밀리에 둘을 보냈다. 사리뿟따와 목갈라나가 데바닷타가 있는 곳으로 떠나는 모습을 본 한 수행자는 눈물을 멈추지 못했다. 이 모습을 본 붓다는 그에게 왜 눈물을 흘리는지를 물었다. 그는 이렇게 말했다.

당신의 제일가는 제자인 사리뿟따와 목갈라나 둘이 데바닷타에게 가고 있습니다. 당신의 가르침이 아닌 데바닷타의 가르침에 기뻐하는 것입니다. (「승가분열의 장」)

붓다는 이 수행자를 위로하고 오해를 풀어 주어야 했다. 반면, 붓다의 최고 제자 둘이 자신에게 오는 것을 본 데바닷타는 엄청나게 기뻐했다. 그는 500명의 제자들에게 의기양양하게 다음과 같이 말했다.

수행자들이여, 보라. 고타마 싯다르타의 제일가는 제자인 사리뿟따와 목갈라나조차도 나의 가르침을 기뻐하며 원하고 있지 않은가? (「승가분열의 장」)

일부 그의 참모는 이 둘의 갑작스러운 방문을 의심했고, 데바닷타에게 조심하라고 조언했다. 하지만 데바닷타는 개의치 않고 둘에게 상석을 내어 주었다. 이 둘이 자신에게 왔다는 사실은 그야말로 자신의 가르침이 붓다의 것보다 뛰어난 것임을 대내외에 증명할 수 있는 상징적인 사안이었기 때문이다. 당시 사리뿟따와 목갈라나가 붓다에게, 또 그의 수행 공동체에게 얼마나 중요했는지를 잘 보여 주는 대목이 아닐 수 없다.

데바닷타는 기쁜 마음에 하루 종일 열심히 가르침을 펼

치다 피곤하여 잠을 청하면서 둘에게 자신의 가르침을 이어서 설법을 해 달라고 부탁했다. 데바닷타가 잠이 든 이 틈을 이용하여 둘은 매우 뛰어난 가르침을 500명의 수행자들에게 펼쳤다. 그러고는 그들에게 붓다의 품으로 돌아가자고 권했다. 둘의 가르침에 큰 감명을 받은 수행자들은 다시 둘과 함께 돌아갔다. 뒤늦게 잠에서 깨어 이 사실을 안 데바닷타는 그 자리에서 뜨거운 피를 입으로 쏟아 냈다고 한다.

이렇게 자신의 수행 집단을 함께 운영하며 많이 의지했던 제자들이 자신보다 먼저 연달아 반열반에 들었을 때, 붓다의 마음은 어떠했을까? 이때 붓다가 가진 속마음이 「욱까쩰라 경」에 잘 드러나 있다. 두 제자가 반열반에 든 지 얼마 되지 않은 시점이었다. 그는 다음과 같이 제자들에게 말했다.

사리뿟다와 목갈라나 두 제자가 열반에 들고 나니 이 수행 집단이 내게는 텅 빈 것처럼 다가오는구나. 그러나 이 집단은 실제로 텅 비지 않았다. 그 둘이 머물던 자리, 방향 등에 나는 관심을 두지 않고 있다. (「욱까쩰라 경」)

붓다는 두 제자의 죽음으로 인해 텅 빈 쓸쓸함을 느끼고 있었다. 다만 과도한 슬픔에 빠지거나 심리적으로 흔들리지 않기 위해 그는 두 제자를 마음속에서 놓아 주는 혹은 내려놓는 애도의 작업을 하는 모습이 엿보인다. 실제로 그는 비록 수제자들의 사망에 마음이 쓰였고 슬펐으나, 이 때문에 자신의 정신적 균형이 훼손하지 않도록 스스로를 관리했다. 경전에서는 이런 그의 노력을 다음과 같이 보여 준다.

> 두 제자의 열반이 붓다에게 근심과 탄식을 주지 않는다. 수행자들이여, 이에 대해 슬퍼한다고 한들 무슨 소용이 있겠는가? 태어난 것, 그리고 형성된 것은 무엇이든 다 부서지고 소멸하기 마련인 것을…. (「욱까쩰라 경」)

그는 진정한 의미에서의 두 번째 화살을 맞지 않았다.

3) 그는 붓다 이전에 인간 싯다르타였다

일상에서 전혀 고뇌할 일도, 또 마음 쓸 일도 없는 사람이 붓다였다고 주장한다면 이는 그를 인간이 아닌 전지전능한 신으로 만드는 일이다. 그런 존재라면 모든 문제의 해결책을 바로 알고, 또 그것이 바로 실현되도록 만드는 능력이 있어야 한다. 어떤 고뇌의 과정도 없이 문제 해결책을 즉시 내어

놓으려면 모든 과거는 물론이고 심지어 모든 미래도 알아야 한다. 문제가 어떻게 해결되는지를 이미 다 알고 있어야만 그 문제가 어떤 위험으로도 다가오지 않기 때문이다. 또한 어떤 막힘도 없이 해결책이 완벽히 실현되도록 만들려면 모든 일을 자기 뜻대로 이루어지도록 하는 능력도 있어야 한다. 해당 문제가 과거에 어떤 인과적인 역사를 가지든지 간에 당장 자신이 생각하는 방향대로 해결이 되도록 만들 수 있어야 마음이 전혀 쓰이지 않기 때문이다. 이런 전지전능의 존재는 중간 과정을 고려할 필요 자체가 없다.

앞서 기술했듯, 불안의 주된 이유 중 하나는 불확실성이다. 자신에게 앞으로 어떤 일이 벌어질지를 백 퍼센트 다 알기는 어렵기 때문에 우리는 계속 이에 대해 마음을 써야 한다. 이렇게 될지 저렇게 될지 모르는 가운데 혹여 부정적인 일이 내게 벌어질 수도 있다는 미래의 불확실함은 우리에게 위험으로 다가온다. 또 그 위험의 소지 때문에 내 마음은 고요해지거나 안정되기 쉽지 않다. 어떤 상황에서도 완벽히 내 마음대로 상황을 바꾸거나 창조할 수 있다는 확신이 없다면 이 불확실성에 따른 심적 불안정의 문제를 깔끔하게 해결할 수 없다. 불확실함은 전지전능하지 못한 존재가 직면해야만 하는 필연적 문제이다.

안타깝게도 붓다가 전지전능을 완벽히 갖춘 존재였다고 보기에는 큰 무리가 있다. 경전은 그가 그런 존재가 아니었다는 사실을 분명히 보여 주고 있다. 첫째, 「권청 경」에는 붓다가 보리수나무 아래에서 깨달음을 얻고 마무리 수행을 하던 상황을 회상하는 장면이 담겨 있다. 붓다는 당시에 다음과 같은 고민을 했다고 고백한다.

> 내가 깨달은 이 법은 심오하고 이해하기도 어려워 오직 높은 이해력과 통찰력을 가진 현자만이 알아볼 수 있을 것이다. 하지만 이 세상 사람들은 쾌락을 즐기고 그에 물들어 있다. 그런 사람들이 내가 깨달은 이 연기의 진리를 안다는 것은 매우 어려운 일이다. 이기적인 욕망을 포기하고 열반에 들라고 가르치는 것 또한 납득하기 힘들 것이다. 내가 설령 이런 가르침을 펼치더라도 그들은 내 말을 제대로 알아듣지 못하여 나만 피로할 것이며 성가실 것이다. (「권청 경」)

당시 그는 자신의 깨달음을 모든 이에게 오해 없이 잘 가르칠 자신이 없었다. 다시 말해 자신이 가장 원하는 대로 일을 풀어낼 자신이 없었다. 따라서 그는 어려운 가르침을 세상에서 펼치지 않겠다는 생각을 잠시 품었다. 하늘의 신들은 붓다의 그런 생각을 알고 당황했다. 인류 역사상 유례없이 훌륭한 깨달음을 얻은 인물이 그 깨달음을 나누지 않고 그냥 반열반에 들려 하고 있었기 때문이다. 신 중 가장 뛰어난 신인 사함빠띠 범천이 나서서 붓다에게 다음과 같이 직접 조언했다고 한다.

> 붓다이시여, 가르침을 부디 펼치소서, 이 세상의 모두가 다 눈이 흐리지 않습니다. 비록 소수이지만 눈이 밝은 자들이 있사오니, 그들에게 가르침을 주신다면 그들도 깨달음을 얻을 것입니다. 부디 이 세상을 굽어살피소서. (「권청 경」)

범천의 부탁을 듣고 붓다는 정말 세상이 그러한지를 연민의 눈으로 살펴보았다. 그 결과 실제로 세상에는 자신의 심오한 가르침을 배울 자질 있는 이들도 있음을 알았다. 그는 곧 생각을 바꾸어 자신이 깨달은 바를 세상에 펼치리라 결심했다. 그는 다음과 같이 범천에게 답했다.

> 그들에게 이 높은 지혜의 가르침을 펼칠 것이다. 귀를 가진 자, 이제 편견을 버리고 와서 들으라. 범천이여, 난 이 미묘하고 깊은 가르침이 어렵기 때문에 사람들에게 피로감만 줄 뿐

이라고 생각해서 설하지 않으려 했을 뿐이다. (「권청 경」)

이상의 대화는 붓다가 모든 답을 어떤 노력도 없이 저절로 다 알고 또 모든 미래도 바로 아는 전지한 존재도, 더불어 미래를 자기 마음대로 바꿀 수 있는 전능한 존재도 아님을 잘 보여 준다. 코살라국의 빠세나디 왕이 붓다를 찾아가 나눈 대화는 이러한 사실을 분명하게 드러낸다.

빠세나디 왕: 붓다이시여, 당신께서 어떤 가르침을 주셨는데 사람들이 그것을 다르게 기억하고 전할 수도 있을 것입니다. 그래서 여쭙건대 당신께서는 이 문제에 대해 말씀하신 것을 기억하십니까?

붓다: 대왕이여, 나는 이렇게 말한 것을 기억합니다. "동시에 모든 것을 알고 모든 것을 보는 사문이나 브라만은 없다. 결코 그런 경우는 없다."

빠세나디 왕: 붓다이시여, 당신께서는 참으로 이치에 맞는 말씀을 하셨습니다. "동시에 모든 것을 알고 모든 것을 보는 사문이나 브라만은 없다. 결코 그런 경우는 없다"라고 말입니다. (「깐나깟탈라 경」)

붓다는 단번에 혹은 저절로 모든 것을 알고 보며 또 이루는 자가 아니었다. 물론 궁극적 깨달음을 얻은 그는 당시 주의를 모으고 깊은 지혜를 구할 경우 해당 사안에 대한 전모를 파악할 수 있는 능력자로서 인정받았다. 따라서 그는 '일체를 아는 자'(일체지자)라고 불렸지만, 그것은 분명 전지전능과는 거리가 멀었다.[*] 참고로 초기 경전의 기록에 따르면 붓다는 때로는 걸식을 하러 나갔다가 음식을 전혀 받지 못하고 돌아온 적도 있었다. 또한 그는 자신의 제자들이 그의 가르침을 오해하여 집단으로 자살하는 비극을 경험하기도 했다. 나아가 그는 수행자 집단의 규율을 정했으나 처음 자신이 정한 규칙에 대해 상황이 적절치 않게 흘러가서 수정하거나 예외를 허용하는 경우도 있었다.

자현은 불교경전이 붓다의 성공적인 모습만을 담지 않

---

[*] 붓다의 지혜, 즉 일체지의 수준과 범위에 대해서는 불교계에서 매우 지난한 논의가 있어 왔다. 대체로 그의 지혜는 오직 자신이 관심을 가지고 의도적으로 주의를 기울이는 주제에 한하여 온전한 파악을 가능하게 하는 것으로 인정받는다. 다만 필자는 그렇다고 하더라도 그 지혜가 모든 미래를 다 완벽히 알게 하는 것이라고 보기는 어렵다고 생각한다. 그가 당시 2600년 후의 미래에 대해 관심을 가지고 주의를 기울였을 때, AI가 도래하는 이 시대에 대해 완벽히 알 수 있었을까? 사실 이 문제는 미래가 결정된 것이냐 하는 문제와도 결부되어 있다. 이 문제는 바로 뒤에서 논한다.

은 매우 독특한 종교경전이라고 평가한다. 그는 붓다가 범천과의 대화를 통해 깨달음을 설파하고자 마음먹은 후 펼친 첫 번째 가르침이 실패로 돌아간 일에 주목한다. 그 첫 번째 가르침의 사례를 살펴보자. 붓다는 가장 먼저 자신과 고행을 함께한 다섯 동료에게 가르침을 전하기 위해 녹야원으로 향했다. 그 길에서 그는 '우파카'라는 아지비카 사상의 수행자를 만났다. 아지비카 사상은 숙명론으로, 모든 것은 정해진 숙명대로 움직이기에 인간의 노력으로 결과를 얻는 일이 없음을 말하는 사상이다. 따라서 그들은 그저 운명을 잘 받아들이기 위해 고행을 했다. 이 아지비카의 수행자에게 붓다는 자신이 이룬 깨달음의 경지에 관해 설명했다. 붓다의 설명을 들은 그는 냉소적인 표정을 짓고는 그냥 지나쳐 버렸다. 그렇게 붓다는 자신의 가르침을 전하는 데 실패했다.

자현은 깨달은 후의 이 첫 번째 설법에서 수행자 한 명조차 설득하지 못하는 자신에게 붓다는 큰 충격을 받았다고 분석한다. 이 실패의 경험을 통해 그는 깨달음을 얻는 일과 깨달음을 전하는 일의 차이를 절실히 이해하고 새로운 가르침의 방법을 모색하게 되었다고 자현은 설명한다. 그것을 계기로 그 유명한 불교의 '사성제'나 '팔정도' 같은 가르침의 방식이 탄생하게 되었다는 것이다.

자현은 이렇게 불교의 개조인 붓다가 처음으로 가르침을 펼친 역사적 순간이 실패인 것을 솔직히 전할 수 있는 것이 불교가 위대해질 수 있는 요인이라고 지적한다. 그러면서 불교에서의 성자란 허물 없는 완전무결한 존재가 아니라 허물이 있음에도 고치기를 주저하지 않는 사람이라고 진단한다. 붓다 역시 끊임없이 자신의 문제를 인식하고, 지속해서 이를 고치고 해결하려 노력하면서 완전성에 다가간 성자라는 것이다.[60]

붓다는 미래가 지금 이미 고정된 사실로 존재한다고 보지 않았다. 그는 모든 미래가 이미 정해져 있다는 강한 결정론을 거부했다. 미래는 완벽히 정해진 것이 아니라 인간의 자기 선택과 행위에 따라 변할 여지가 있는 것이다. 지금 정해진 듯 보이는 미래도 현재의 행위에 따라 변할 수 있다. 앞서 소개했듯, 그는 결과를 만들어 내는 행위로서의 '카르마'를 논하면서 그 핵심을 의도 혹은 의지로 보았다. 내가 어떤 고의적인 카르마를 행하면 그에 따른 행위의 결과가 나타난다. 따라서 현재 내가 어떤 의지로 선택하고 결정하느냐에 따라 미래의 결과는 바뀔 수 있다.

붓다는 인간의 운명에는 각자의 의지와 노력이 반영된다고 굳게 믿었다. 이는 현재 살아 있는 중생 혹은 인류의 미래를 지금의 상태에서 완벽히 알고 맞추는 일이 불가능함을 의미한다. 아기 싯다르타의 운명이 성자라고 예언한 꼰단냐는 훗날 구도자로서의 싯다르타를 만나 같이 고행을 하면서 자신의 예언이 실현되는 것이라고 믿었다. 그러나 그는 싯다르타가 고행을 포기하자 자신의 예언이 틀렸다고 보고 그를 떠났다. 운명을 보는 자가 자신이 예언한 바를 철회한 것이다. 누군가 현재에서 미래를 보았다면 그것은 현재의 기준에서 가장 높은 가능성의 장면 하나를 본 것일 뿐이다. 미래의 모든 것이 전부 고정된 것은 결코 아니다. 즉 현재 혹은 앞으로 개인이나 인류가 어떤 의지로 결정하고 실천해 나가느냐에 따라 그들이 맞이하는 미래는 바뀔 수 있는 부분이 있다.

그리고 아무리 붓다라 할지라도 각 개인이 특정한 카르마를 지었다면 그에 상응하는 결과를 받는 일에 대해 직접 개입할 방법이 없다. 그는 해당 카르마의 결과가 무엇인지는 알 수 있어도 그 결과 자체를 바꿀 능력은 없었다는 뜻이다. 각자가 행한 바에 따라 결과를 받는 일은 전적으로 그들 자신의 몫이다. 이는 붓다 본인 자신에게도 해당하는 일이다. 그는 자기 종족의 잘못된 과거의 선택이 자신들을 파멸로 이끄는 것도 막지 못했고, 심지어 자신의 과거 잘못으로 인해 제자가 자기를 배반하는 일도 막지 못했다. 단지 그는 그런 비극이 왜 일어나는지에 대한 과거의 인과를 알 수 있을 뿐이었다. 훗날 붓다에게 어떤 마을의 촌장이 찾아와 이렇게 물었다.

이 세상에 존귀하고 거룩한 분이시며 가장 올바로 깨달은 분이시여, 당신께서는 세상 사람들이 몸이 파괴되어 죽은 뒤에 좋은 장소, 즉 하늘나라에 태어나도록 해 주실 수 있나이까?

그러자 붓다는 이렇게 답했다.

촌장이여, 버터기름이 든 단지를 깊은 호수에 집어넣고 부순다면 어떻게 될까요? 무거운 단지 조각들은 바닥으로 가라앉을 것입니다. 반면 단지 안의 가벼운 버터기름은 위로 뜨게 되겠지요. (…) 이처럼 살아 있는 동안 선하고 올바로 생각하며 살았다면 몸이 파괴되어 죽음을 맞이한 뒤에 좋은 곳인 하늘나라에 태어나게 될 것입니다. (「아씨반다까뿟따의 경」)

붓다는 자신에게 사후의 핑크빛 미래를 보장해 달라는 이에게 그것은 각자 자신이 행한 대로 벌어지는 일이지 자신이 개입하여 어떻게 할 사안이 아니라고 답했다. 그는 단지 운명의 법칙을 아는 자이지 운명을 운영하는 자가 아니었다. 그는 누구든 이미 어떤 행동을 저질렀다면 그에 따른 결과를 반드시 받아야 하는 것이 세상의 이치라고 보았다. 그도 인과의 법칙에 순응하는 존재였다. 붓다는 자신을 포함한 그 누구도, 나아가 그 어떤 신도 그것을 임의로 바꿀 수는 없다고 주장했다. 모든 고통을 인간으로부터 다 제거해 주거나 해결해 주는 전지전능한 신은 존재하지 않는다고 그는 누누이 강조했다.

그러므로 붓다는 타인의 괴로움을 직접 해결해 줄 수 없다. 다만 그는 괴로움에서 벗어날 수 있는 방법을 친절히 가르쳐 줄 뿐이다. 그는 다음과 같은 가르침을 펼쳤다.

그대들은 열심히 노력해야 한다. 붓다는 다만 길을 설하는 자일 뿐이다. (『담마파다』)

붓다는 괴로움의 소멸에 대한 길을 알려 주는 자이지 직접 그것을 해결해 주는 자가 아니었다. 따라서 각 개인은 붓다의 가르침을 듣고 스스로 열심히 노력해야 한다. 만약 제자들이 노력을 게을리하여 잘못된 길에 들어선다면 붓다는 다시 이를 바로잡기 위해 마음 쓰고 고민해야 한다. 그는 어떤 고민도 없을 정도로 바로 모든 일을 자기 뜻대로 처리하는 자가 아니었음이 분명하다.

이 세상에서 불안을 잠시 느끼고는 곧바로 이를 잊어버리고 완벽히 아무 일도 없다는 듯 살아가는 것은 불가능하다. 붓다에게 처음 다가온 신체적 느낌이 심각한 심리적 문제로 발전하지 않았다는 말이 곧 그가 아무런 고뇌나 마음 씀 없이 살다 갔음을 의미하지 않는다. 붓다는 불편한 느낌을 경험하면서 그 느낌이 문제가 되지 않도록 잘 관리하는 능력자였다. 이는 그가 불편한 느낌을 주는 사안에 대해서 때로는 마음을 두며 고뇌하더라도, 그것이 병리적 방향으로 흐르지 않도록 자신을 보호하고 관리할 줄 알았음을 의미한다. 마음을 쓰더라도 그 마음 씀이 과도해지거나 망상이나 갈애로 빠지고, 또 번뇌에 오염되어 상황을 악화시키지 않도록 했을 뿐이다.

그는 붓다이기 이전에 우리의 이웃집 아저씨나 아주머니처럼 우리와 같은 한 명의 인간이었다. 단, 그는 아주 지혜로운 인간으로서 고통의 문제를 바른 방식으로 해결하는 비범한 자였다. 올바르게 불안할 줄 알았던 자, 그가 곧 참된 진리이다.

4장

불안 속에서 꽃핀
붓다의 사상

저명한 역사학자 에드워드 카Edward H. Carr에 따르면 역사에 존재했던 위인에 대한 평가는 그의 생전에 제대로 이루어질 수 없다. 그 평가는 그 위인이 사망하고 한참의 시간이 지나야만 가능하다는 것이다. 그래야 그가 살았던 시대가 어떤 시대이고 역사적으로 어떤 흐름 속에 있었는지가 제대로 보이기 때문이다. 역사를 평가하는 현시점에서 해당 시대만의 고유한 맥락을 알아야만 그가 한 일이 어떤 의미를 가지는지를 온전히 평가할 수 있다.

붓다가 불안 속에서 무엇을 해내고 그가 이룬 것들이 이 시대에 어떤 의미를 가지는지를 확인하는 일도 동일하다. 『인도 철학사』를 기술한 사르베팔리 라다크리슈난Sarvepalli

Radhakrishnan은 붓다가 생존한 당시의 고대 인도를 새로운 윤리가 정립되는 '동요의 시대'라고 규정한다.[61] 모든 것이 바뀌고 있던 그 시대의 인도인은 급변하는 환경 속에서 자신의 운명에 대해 불안해했다. 그런 때에 붓다가 등장하여 자신만의 고유한 깨달음을 들고서는 사람들의 불안을 덜어 주고, 또 그로부터 벗어나는 법도 가르쳤다. 그의 사상을 배우기 위해 가장 천한 계급부터 가장 높은 계급까지 각양각색의 사람들이 구름처럼 모여들었다.

붓다의 사상은 오늘날에도 여전히 마음을 이해하려는 이들에게 많은 참고가 되고 있다. 불교심리학자 르네 요한슨 Rune E.A. Johansson은 심리학에 조예가 있는 이들이라면 누구나 붓다의 가르침을 담은 경전을 읽을 때, 마치 심리학 서적을 읽는 것처럼 느껴질 것이라고 말한다. 그는 특히 누구보다 심리학자가 경전의 내용을 보다 쉽게 이해할 수 있을 것이라고 확신한다.[62] 현대의 많은 심리학자는 불교 경전에서 심리 치료에 활용할 수 있는 유용한 자산들을 발견하고, 이를 통해 불안으로 고통받는 이들을 돕는 데 성공적인 결과를 내고 있다. 고대 인도 대변혁의 시대에 한 성자가 불안과 처절히 싸우며 얻어 낸 통찰이 이 불안의 시대를 사는 우리에게도 큰 도움을 주고 있는 것이다.

그의 사상은 깨달음을 얻는 한순간에 갑자기 완성되어 나타난 것이 아니다. 거기에는 전적으로 한 평생 불안의 조건 속에서 고군분투한 그만의 인생 경험 전체가 녹아 있다. 붓다는 그 누구보다 불안과 가까이하는 삶을 살았다. 그는 유독 불안에 민감한 유년 시절을 보냈고, 그로 인해 완벽주의 성향도 가지게 되었다. 성인이 되고 출가하는 과정에서는 극심한 죽음불안에 시달렸다. 죽음불안에 취약해진 그는 결국 전륜성왕의 운명에서 삶의 의미를 보지 못한 반면, 괴로움의 문제를 해결하는 성자의 운명에서 삶의 의미를 보았다. 출가한 후 구도자로서의 6-7년 동안은 불안과 직접 대면하면서 이를 알고 극복하는 데 모든 에너지를 쏟았다. 깨닫고 난 후의 그는 타인의 불안을 달래 주고 치유하는 일에 온 힘을 다했다. 수많은 이가 가진 저마다의 불안을 치유하면서 그는 자신의 깨달음을 잘 정리하고, 또 치유의 효과를 높일 수 있는 몇 가지 사상도 정교하게 마련했다. 그것들은 자기 자신의 불안 여정을 담은 것이면서 동시에 불안한 누구에게나 도움이 되고 효과를 낼 수 있는 것이었다.

그가 내놓은 사상은 무엇이고, 또 이는 어떻게 우리에게 다가올까? 이제 지금으로부터 약 2600여 년 전 불안과 고군분투했던 인간 붓다의 인생과 그의 가르침을 이 시대로 소환할 것이다. 그가 불안에 직면하면서 일구어 낸 사상이 현대의 불안 개념 틀에서 어떻게 이해될 수 있는지 검토해 보고, 그가 어떤 내적 경험을 했고 자신의 사상을 어떻게 만들어 냈으며 현대인에게는 어떤 메시지를 주는지 등을 함께 살펴볼 것이다.

9. 무아 사상

붓다는 무아(P.: anattā, 無我)의 사상을 펼친 인물로 유명하다. '무아'란 초기 경전의 용어로 'anattā'인데, 이는 '나 혹은 자아(attā)가 아니다(an-)'를 의미한다. 이상하다. 나는 나인데, 도대체 무엇이 내가 아니라는 것일까?

무아 사상은 우리 스스로 나 자신이 어떤 존재인지 규정하더라도 그런 나는 정말 나일 수 없음을 말한다. 그것은 상상한 나이거나 부분적으로 내 특정한 모습만을 조명할 뿐이다. 그런 나는 이 세상 어디에도 존재하지 않고 정말로 내가 될 수도 없다. 예를 들어 '홍길동'이라는 이름을 가진 50대 남성이 있다고 가정해 보자. 그 남성의 직업은 기자이고, 4인가구를 꾸리고 있는 가장이기도 하다. 또한 그의 부모님은 살아 계시고, 위로는 형이 한 명 있고 아래로는 남동생 한 명과 여동생 한 명이 있다. 즉 그는 3남 1녀 중 차남으로 태어났다. 또한 사교성이 좋아서 기자 일을 할 때 다른 사람에게 도움도 많이 받고 또 직장에서 인기도 좋다. 학생 때는 공부를 정말 잘해서 반에서 1등, 2등도 곧잘 했다. 그는 자신의 사교성과 지적 능력에 대한 자부심을 가지고 있다.

자, 이 남성의 어느 것이 '나'인가? 기자가 나인가? 그렇다면 가장 먼저 그의 가정이나 친구들 사이에서 심각한 문제가 생긴다. 가족이나 친구와의 대화조차 취재 현장처럼 흘러갈 것이기 때문이다. 그는 당장 가족이나 친구에게 '사적 영역과 공적 영역을 구분하지 못하는 바보'로 취급될 것이다. 이런 상황이라면 그가 자부심을 느끼는 사교성도 더 이상 자신의 장점이 아니게 된다. 그럼 혹시 아버지라는 역할이 나인가? 자신의 아이들에게는 그가 아버지이겠지만, 자기 부모님에게는 아들이다. 또 형제자매들에게는 형이고 동생이자 오빠가 된다. 어떤 타이틀이나 역할을 갖다 붙여도 그것들은 전부 내가 될 수 없다. 혹시 좋은 사교성 혹은 뛰어난 학습 능력이 나라고 할 수 있을까? 그런데 그런 능력을 내가 평생 발휘할 수 있을까? 혹여 일시적으로 심리적 문제가 생겨서 사교성이 떨어지거나 혹은 나이가 들어 감에 따라 뛰어났던 지능이 감소할 경우 갑자기 나는 더 이상 내가 아니게 되는가? 혹시 이름은 어떨까? '홍길동'이라는 이름이 내가 아닐까? 그럴 경우 내가 개명하거나 이민 혹은 유학을 가서 그 나라 언어의 이름으로 새롭게 불리면 나는 사라지고 다른 내가 나타나는 것이 된다.

내가 나를 무엇으로 규정하든지 간에 혹은 상상하든지 간에 그런 것들로 결코 나를 온전히 붙잡을 수 없다. 그런 나는 진정으로 나일 수 없다. 붓다는 항상 나라는 존재가 '임시적인 나'임을 알라고 강조했다. 특정한 역할을, 성격을, 능력을, 문제를 지닌 내가 잠시 상황에 따라 나로서 인식되고 불리지만, 그 나는 곧 다른 나로 대체될 것이다. 위의 남성을 예로 들면 아이들과 있을 때는 아버지였다가, 부모님과 있으면 아들이 되고, 직장에 있거나 일을 하면 기자가 된다. 이 사실을 혼동해서 특정한 나에 과도하게 몰입하면 계속 상황이 바뀌는 현실 속에서 문제가 발생하게 된다.

붓다는 인간이 불안한 이유의 핵심은 임시적인 나를 진짜 나로 여기고 집착하기 때문이라고 보았다. 즉 스스로 붙잡고 싶은 내 모습을 나라고 고정하고 이에 집착하다가 불안에 빠지게 된다는 것이다. 상황이 변하면서 내 생각과 역할도 바뀌어야 하지만, 집착 때문에 그럴 수 없다. 경전을 보면 그는 제자들에게 무아에 대해 가르칠 때마다 항상 다음과 같은 질문을 반복해서 던지고 또 답을 주었다.

무상이고 괴로움이고 변하기 마련인 것을 두고 '이것은 내 것이다. 이것은 나다. 이것은 내 자아이다'라고 관찰하는 것이 타당하겠는가?

이와 같이 '이것은 내 것이 아니고, 이것이야말로 내가 아니고, 이것이 내 자아가 아니다'라고 올바로 통찰하며 관찰하라.

붓다는 항상 내가 어떤 나를 붙잡고 있는지 돌아보고 확인하면서 붙잡은 나를 내려놓는 연습을 하라고 주문했다.

그렇다면 그는 어떤 연유로 이 무아 사상을 주창하게 된 것일까? 사실 어느 고대 철학자나 사상가를 찾아보아도 무아를 주장하는 이는 없다. 모두 좋은 나, 건강한 나, 진실된 나에 대해 이야기하지, 나 없음 혹은 나 아님을 말하지는 않는다. 나를 중심에 두고 살아가는 이 세상에서 붓다는 참으로 독특한 철학자이자 심리학자인 것이다.

참고로 무아 사상은 오늘날 심리학의 자아 이해에 큰 공헌을 했다. 이제 심리학도 고정된 실체로서의 자아가 존재한다는 생각을 환상일 뿐이라고 말한다. 그러면서 그런 나를 진정한 나로 동일시하지 않는 '탈동일시'의 작업을 주문한다. 심리학뿐만이 아니다. 인지과학이나 인류학, 사회과학 등 여러 분야에서도 이제는 실체적 자아의 허구성을 폭로하는 일이 벌어진다. 불교의 인지과학에 대한 공헌을 논한 인지심리학자 아사프 페더만Asaf Federman은 오늘날 불교와 인지과학 양 전통에 다리를 놓고 있는 핵심 개념이 바로 '자아'라고 주장한다.[63] 실제로 불교가 과학적 지식에 기여할 수 있는 연구 주제 중 자아는 가장 대표적이고 중요한 것으로 인정되고 있다.[64]

심리학도 인지과학도 없던 그 당시에 붓다는 어떻게 무아라는 발상을 할 수 있었을까?

그 배경에는 우선 어린 시절부터 그가 품었던 자기 자신에 대한 끊임없는 의심과 질문의 사색 작업이 있었음을 간과할 수 없다. 왕자 싯다르타의 완벽주의 성향은 그로 하여금 '완벽한 나'를 자아의 이상으로 삼도록 만들었다. 그는 자신이 전륜성왕이라고 생각하며 그에 걸맞지 않은 면모가 자신에게 있는지 경계하며 자신을 단속했다. 그렇게 그는 이상적인 자아를 어린 시절부터 나로 여기며 그와 다른 자기 모습은 소외시켰다. 그리하여 그는 종종 내면의 공허함을 느껴야 했다. 내가 정말 어떤 존재인지, 무엇이 나인지 혼란스러웠고, 종종 나에 대한 의심을 품었다. 자신은 완벽한 전륜성왕의 운명을 가진 자인데, 왜 마음은 여전히 불만족스럽고 현실은 버겁게 다가오는지에 대해 고민했다. 그는 끊임없이 나라는 존재가 누구인지와 씨름하며 사색해야 했다.

그는 결국 죽음불안에 정면으로 마주하여 출가를 결심하면서 전륜성왕으로서의 나와 결별했다. 왕자로서의 나는 이제 삶에서 효력을 다했다. 물론 그 과정에는 엄청난 희생과 불안이 동반되었다. 그러나 그는 새로운 나, 즉 구도자 싯다르타를 기꺼이 받아들였다. 지난 29년간 자신이 집착하던 무거운 나를 그렇게 내려놓자 그는 그간 맛볼 수 없었던 날아갈 듯한 편안함을 잠시나마 느꼈다. 하나의 나를 버리고 또 다른 나를 받아들이는 경험이었다.

구도자 싯다르타는 절절한 자기 경험을 통해 완전하고 고정된 나를 추구할수록 더욱 불완전해지는 자신을 통찰할 수 있었다. 그렇게 그는 나라는 존재에 대해 크고 작은 통찰을 누적하면서 모든 인간에게는 나라고 할 만한 '실체적 존재'가 없음을 명확히 깨달았다. 고정되어 버린 나 혹은 특정한 나에 집착할수록 나는 불안에 취약해진다. 내가 얼마나 훌륭하고 멋있든 상관없이 그렇다. 그런 나는 시간이 지나면

서 허물어지기 마련이므로 오히려 죽음, 즉 소멸의 위험을
더 잘 드러낼 뿐이다. 그러므로 불안은 내가 나에 대한 집착
을 줄이고 내려놓아야 함을 알려 주는 신호이기도 하다. 지
금 내게 안전을 책임지고 또 자랑스러움을 주는 나일지라도
집착하지 말고 언제든 놓아줄 준비가 되어 있어야 한다.

정리하자면 붓다는 자기 삶의 불안 조건 속에서 나에
대한 문제를 진지하게 사색했고, 구도의 여정에서 이 문제를
더 깊이 통찰했다. 그의 불안 조건이 '무아 사상'이라는 독보
적인 불교 사상을 구축하는 데 핵심 토대가 된 것이다. 그는
끊임없이 또 고집스럽게 완벽한 자신을 찾는 가운데 무너지
고 또 무너지는 과정을 반복했다. 왕자로서의 나, 구도자로
서의 나, 제자로서의 나, 성자로서의 나, 수행 집단의 수장으
로서의 나, 스승으로의 나 등 다양하면서도 변화의 폭이 큰
'임시적인 나'들을 경험했다. 그렇게 치열한 불안과의 동거
속에서 도출된 숭고한 결실이 바로 무아 사상이었다.

10. 중도 사상

붓다의 또 다른 핵심 사상은 중도(P.: majjhimā patipadā, 中道) 사상이다. '중도'란 말 그대로 '가운데'(P.: majjhimā)의 '길'(P.:patipadā)을 의미한다. 그가 말하는 '가운데'는 양극단을 피하는 일이다.

그는 살면서 우리가 하는 모든 선택과 실천에는 항상 양극단의 가능성이 존재한다는 사실을 알았다. 예를 들어 내가 어떤 일에 관심을 두기만 해도 두 가지 극단이 발생한다. 그 일에 과도하게 관심을 가지든지 아니면 아예 무관심하든지. 내가 어떤 일을 즐기려고 마음먹기만 해도 마찬가지로 양극단이 생긴다. 극단적인 쾌락을 추구하는 집착의 가능성과 아예 금욕의 수준에서 이를 외면하는 가능성이다. 어떤 일을 추구하려 마음먹을 때도 마찬가지이다. 그 일을 완성하기 위해 번아웃이 올 정도로 매진할 가능성과 아예 책임을 회피하며 극단적으로 게으름을 피울 가능성이다. 이뿐만 아니라 그 무엇을 상정해도 거기에는 항상 양극단이 생긴다.

중도 사상 역시 붓다의 처절한 삶의 경험에서 나온 것이다. 그는 인간으로 살아가는 이상 무엇을 해도 양극단 속에 서게 되는 것이 현실이며, 그 현실 속에서 어떤 처신을 하느냐가 관건이라고 보았다. 그는 어느 극단이든 지나치게 치우치면 결국 괴로워진다는 사실을 몸소 체험했다. 왕자 싯다르타에서부터 구도자 싯다르타까지 그의 삶은 극단의 조건들과 함께한 삶이었다. 왕자 시절, 그는 감각적 쾌락을 통해 불안을 잠재우고는 했다. 반면 구도자가 되어서는 자기 학대에 가까운 고행을 통해 불안을 잠재우려 했다. 쾌락과 고행이라는 양극단을 경험한 그는 이 두 가지가 불안으로부터의 자유를 얻는 일에 정답이 아님을 깨달았다.

그뿐만이 아니다. 그의 출생 비화는 성스러운 운명을 지닌 아기의 탄생이라는 축복과 친어머니의 사망이라는 비극 두 극단을 담고 있다. 그 때문에 그에게는 유년 시절부터 한편으로는 전륜성왕이라는 칭송과 기대가, 다른 한편으로는 죽음에 대한 남다른 민감성이 주어졌다. 이 양극단 속에서 그는 완벽주의 성향을 갖추고 끊임없이 현실의 모순을 경험하며 불안에 취약해졌다. 또한 구도자 싯다르타가 깨달음을 완성하던 마지막 여정에서도 두 극단이 적나라하게 눈앞에 나타났다. 그는 깊은 명상과 사색을 펼치며 지복을 느끼고, 여러 가지 궁극의 체험을 했다. 반면 그 과정에서 그는 마라라는 죽음불안의 몽니를 여실히 체험하며 극복해야 했다.

극단에서 시작된 불안의 여정이 결국 극단에서 마무리되며 깨달음에 이른 것이다.

어느 한 극단에 치우치는 일의 위험성을 제대로 인식한 그는 항상 가운데, 즉 중의 가치를 강조했다. 그는 제자 깟짜야나에게 '중'의 의미를 다음과 같이 설명한다.

> 깟짜야나여, 이 세상은 다음의 두 가지에 의지하고 있다. 바로 있다는 생각과 없다는 생각이다. 깟짜야나여, 세상의 실상을 있는 그대로 바르게 통찰하는 자는 이 세상에 대해 없다는 생각을 하지 않는다. 마찬가지로 그는 이 세상에 대해 있다는 생각을 하지 않는다. (…) 깟짜야나여, '모든 것은 있다'라는 이 생각은 하나의 극단이다. '모든 것은 없다'라는 이 생각도 다른 하나의 극단이다. 깟짜야나여, 이런 양극단에 의지하지 않고 붓다는 '가운데'에 따라 가르침을 전한다. (『깟짜나곳따 경』)

붓다는 있음과 없음의 양극단을 말하고 그에 의지하지 말라고 말했다. 현실적으로 볼 때, 우리의 일상은 항상 '있다' 와 '없다'의 잣대로 채워진다. 너무도 당연한 이야기이다. 있지 않으면 없는 것이고, 없지 않으면 있는 것일 뿐이다. 여기에서 무엇을 더 생각할 것이 있을까?

이 문제에 대해 심리적으로 중요한 몇 가지 명제를 가지고 접근해 보자. '나를 위하는 사람이 있는가, 없는가?', '나라는 존재의 가치는 있는가, 없는가?', '나는 죽으면 있을까, 없을까?'. 이런 심리적 명제에 대해 '있다'라는 생각을 품고 사는 사람은 상대적으로 덜 불안한 일상을 보낼 확률이 높다. 나를 아끼는 사람도 있고, 내 존재 가치도 있고, 또 죽어도 나는 여전히 살아 있는 것이 되기 때문이다. 그러나 항상 이 질문들에 '있다'라는 대답을 하고 살 수만은 없다. 때로는 살면서 내 존재 가치가 없어 보일 수 있고, 나를 위하는 이가 없어 보이기도 하며, 외롭고 또 죽으면 끝이라는 생각이 떠오를 때도 있다. 그런 경우 불안해지면서 심적으로 어려움을 겪을 확률이 높아진다.

붓다는 이런 '있고 없고'의 양극단에만 의지하지 않는 중의 사고를 주문했다. 이런 생각은 도대체 어떻게 하는 것일까? 양극단을 피하는 중의 지혜란 구체적으로 현실에서 무엇을 의미하는가? 그것은 어떻게 불안의 족쇄에서 우리를 자유롭게 하는가?

1) 무아로 보는 중의 지혜

붓다는 나라는 존재에 대해 있음과 없음, 이 둘 중 무엇을 택했을까? 흔히 무아를 강조한 붓다는 나라는 존재의 없음을 단적으로 택한 것이라고 답하기 쉽다. 사실 불교가 처음 서구의 심리학자들에게 관심을 얻었을 때, 그들은 상당한 충격과 혼란을 겪었다. 심리학자들은 불안한 이들의 마음속에는 매우 불안정한 자아감이 있다는 사실을 확인했다. 실제로 그들이 상담 현장에서 만나는 여러 내담자는 자기 감각의 결여나 손상으로 고통받고 있었다. 따라서 그들에 대해 건강한 나를 구축하는 치료 작업을 도모해야 했다.

그런데 그들의 눈에는 불교의 무아 사상이 언뜻 그런 기본적인 자기 감각조차 거부하는 듯 보였다. 나 자신이 언제나 없는 존재라는 틀로만 이해되는 불교가 괴로움의 문제를 해결하는 사상으로 동양에서 계속 간주되어 왔으며, 또 실제적인 성과를 내고 있다는 점에서 심리학자들은 혼란스러움을 느꼈다.

붓다의 무아 사상이 나라는 존재의 없음만을 강조한다는 생각은 상당한 오해이다. 무아 사상을 보다 정확히 말한다면 나라는 존재는 있음과 없음의 이분법에 의지할 수 없다고 말하는 사상이다. 무조건 내가 없다고 말하는 것도 하나의 극단일 뿐이다. 붓다는 분명 내가 나라고 여기는 것이 무엇이든, 그것은 내가 아니라는 부정적 태도를 유지하라고 강조했다. 그런데 놀랍게도 그 반대의 관점, 즉 나를 긍정하는 관점도 그의 가르침에서 수없이 발견된다. 예를 들어 그는 다음과 같이 나에 대해 설명한다.

> 참으로 나는 바로 나 자신의 의지처이고, 참으로 나는 나 자신의 안내자이다. 그러므로 상인이 훌륭한 말을 다스리듯이 나 자신을 다스려야 한다. (『담마파다』)

> 다른 사람을 정복하는 것보다 참으로 나를 정복하는 것이 더 낫다. 나를 다스린 사람, 항상 절제 속에 살아가는 사람이니. (…) 나를 사랑스럽게 안다면 나 자신을 잘 지켜야 한다. (『담마파다』)

붓다는 나야말로 나 자신, 내 삶의 중심이라고 말했다. 나는 항상 나를 잘 관리하고 다스릴 줄 알아야 할 책임이 있다. 붓다의 가르침에서 나라는 존재는 있기도 하고, 없기도 하다. 또한 나는 나이기도 하고, 내가 아니기도 하다.

이처럼 나의 있음과 없음 어느 한 극단에만 의지하지 않는 것이 붓다의 진정한 무아 사상이다. 이는 '나'에 대한 붓다의 중의 지혜에서 비롯된다. 있음의 극단이든 없음의 극단이든 중의 입장에서 벗어날 때, 나는 불안에 취약해진다.

정리하자면 중의 지혜에 입각한 붓다의 무아 사상의 핵심은 다음과 같이 귀결된다고 볼 수 있다.

나에 대해 집착하지 말라.

내가 필요할 때는 내가 있어야 한다. 그 대표적인 예가 이 세상을 살아가면서 내 행위에 대한 책임과 의무를 져야 할 때, 나는 분명 나로서 이를 감당해야 한다. 그 책임과 의무를 내 것으로 하지 않으면, 나는 내 행위들을 제대로 관리할 수 없고 방종에 빠진다. 그 때문에 결국 괴로움에 빠지고, 더 나아가 타인과 공동체에 큰 해를 끼칠 수 있다. 참고로 뒤에서 소개하겠지만, 붓다가 자신의 임종을 앞두고 걱정하는 제자들에게 마지막 남긴 가르침도 각자 자기 자신을 기준[섬 혹은 등불]으로 삼고 살아가라는 것이었다.

그와 반대로 내가 필요 없을 때는 없어야 한다. 타인에게 잘난 체를 하기 위해 잘난 내가 필요하다면 그런 나는 모래성처럼 부서지기 쉬운 나일 뿐이다. 타인의 이야기를 경청할 때는 내 존재를 뒤로 물리고 타인의 마음과 함께해야 한다. 어떤 작품을 만들 때면 나라는 생각을 지우고 그 작업에 몰입하여 작품과 하나 되겠다는 마음을 품어야 창의적인 작품이 나올 수 있다. 유능한 범죄심리 전문가는 어떤 범죄자의 사건을 조사할 때 자기 자신을 내려놓고 그 범죄자의 입장에 서야 한다. 그는 잠시나마 범죄자가 되어서 그처럼 생각하고 느끼고 상상해 볼 수 있어야 제대로 자신의 일을 할 수 있는 것이다. 배우도 마찬가지이다. 자신이 맡은 배역을 연기할 때는 언제나 나를 잊고 그 배역의 내가 되어야 한다.

이렇게 나는 심리적으로 있을 때 있고, 없을 때 없는 존재여야만 일상에 잘 적응하고 건강해진다. 그래야 불안으로부터 자유로운 내가 될 수 있다. 인간 싯다르타 역시 왕자로서, 구도자로서, 성자인 붓다로서, 한 집단의 수장으로서 다양한 내가 되었다. 그때마다 그는 그 임시적인 나를 아주 잘 소화했다.

유연한 나

무아 사상을 주장한 붓다의 자아는 아주 '유연한 나'이다. 어떤 집착도 남아 있지 않은 나, 즉 갈애로부터 해방된 나이기에 늘 그때그때의 상황에 가장 알맞은 모습을 보이는 유연성을 발휘할 수 있었다. 즉 어떤 걸림도 없이 부드럽게 삶을 살았다.

붓다는 '유연함'을 중요하게 여겼다. 그는 잘 단련된 마음의 미덕을 다음과 같이 말한다.

수행자들이여, 여러 가지 나무 가운데서 유연함과 적응성은 전단나무가 단연 최고이다. 마찬가지로 수행자들이여, 다른 어떤 단 하나의 법도 이렇게 계발되고 많이 공부되어 유연함과 적응성을 가져오는 것을 나는 보지 못했나니, 그것이란 바로 마음이다. 수행자들이여, 계발되고 많이 공부한 마음은 유연함과 적응성을 가져온다. (「바르게 놓이지 않음 품」)

프로이트는 인간이 불안한 이유의 핵심에 자기애가 있다고 보았다. 자기애란 내가 나 자신에게 과도한 관심과 애정을 쏟는 상태를 의미한다. 모든 아이는 자신을 세상의 중심에 놓고 자기 전능감을 느낀다. 항상 내 위주로 사고한다. 그래서 늘 자기의 욕구를 채우는 일에만 관심을 가진다. 아이에게는 '일차적 자기애'가 충만하다.

다행히도 아이의 정신이 점차 발달하면서 그런 자기애

도 줄어든다. 시간이 흐르면서 일차적 자기애에서 점점 벗어나 이제 타인에게도 관심과 사랑을 조금씩 보낼 수 있게 된다. 하지만 정신 발달이 균형적으로 이루어지지 못한 이 중 일부는 성인이 되어서도 자기애의 문제가 여전히 남아 있을 수 있다. 그들은 아직도 자기애가 병리적으로 강하다. 그들의 나에 대한 태도는 여전히 유아적이다. 예를 들어 과도하게 자기중심적이고 자기 과대평가를 한다. 채워지지 않는 자존감으로 인해 지속적으로 타인의 인정과 관심을 갈구하며 자기를 확인하려 한다. 세상의 중심이 되어야 하는 작은 나에 집착하며 내려놓지 못한다.

프로이트는 이런 자기애를 '이차적 자기애'라고 말한다. 그는 이차적 자기애의 상황을 에너지(리비도)가 오직 나 자신에게 고착되어 다른 곳에는 쓰이지 못하는 심리적으로 경직된 상태라고 분석했다. 항상 정신적 에너지가 나에게만 집중되어 쓰이므로 나 자신만이 비대해지고, 반대로 타인은 희미해진다. 이런 심각한 자타의 불균형 때문에 인간관계가 힘들고 일상에 대한 적응도 어렵다. 따라서 프로이트는 이 에너지가 나와 타자 모두에 자연스럽게 배분되고 흐를 수 있어야 한다고 보았다.

유연함을 가져오는 중의 지혜에서 핵심은 각 상황에 가

장 알맞음을 아는 통찰이라고 할 수 있다. 우리의 현실은 어떤 상황이든 예외 없이 양극단의 가능성이 벌어진다. 여기에서 한 극단으로의 치우침이 어떤 문제를 낳는지를 알고 그에 맞게 대처할 수 있는 지혜가 곧 중의 지혜이다. 이 지혜를 발휘할 수 있다면 매 순간 가장 균형 잡힌 선택을 하며 불안을 완화하고 해결할 수 있다.

「소나 경」에는 붓다가 중의 지혜에 대해 제자 소나에게 가르치는 장면이 있다. 수행자 소나는 깨달음을 빨리 성취하기 위해 극단적으로 수행에 전념했다. 하지만 그 성과가 잘 나지 않았다. 소나는 점점 지쳐 갔고, 결국 세속으로 돌아가려 했다. 가장 열심히 노력한 수행자가 이제는 아예 수행에 대한 관심을 버리는 반대의 극단을 선택하려 한 것이다. 그 모습을 붓다가 보았다. 그는 소나에게 다음과 같이 중의 지혜에 대해 가르쳤다.

붓다: 거문고의 줄이 지나치게 팽팽한 경우 거문고의 선율은 아름답게 연주될 수 있는가?

소나: 아닙니다.

붓다: 거문고의 줄이 지나치게 느슨한 경우 거문고의 선율은 아름답게 연주될 수 있는가?

소나: 아닙니다.

붓다: 소나여, 그대의 거문고 줄은 지나치게 팽팽하지도, 또 지나치게 느슨하지도 않아야 한다. 그렇게 적절히 균형이 맞추어진 줄에서 그대의 거문고 선율은 아름답게 연주된다.

이처럼 소나여, 너무 극단적으로 정진하면 마음이 들뜨고 산만해진다. 반대로 극단적으로 마음이 풀어지면 나태함으로 인도된다. 그러므로 그대는 균형 있게 수행에 정진하라. (「소나 경」)

붓다의 촌철살인의 가르침을 받은 소나 존자는 극단에 치우치지 않는 적절함에 대해 생각하게 되었다. 경전에 따르면 그는 중의 지혜에 따라 열심히 수행하여 결국 해탈의 결실을 얻었다고 한다.

붓다는 그 누구보다 몸이 망가질 정도로 극단적 수행에 몰입해 본 자였다. 그는 극단적인 수행만으로는 불안으로부터 참된 자유를 얻지 못함을 몸소 체험하여 잘 알고 있었다. 그는 가장 극단적인 고행자인 적이 있었다. 열심히 정진하는 것이 수행의 기본임을 부인할 수는 없다. 하지만 불안으로부터의 자유를 얻는 일은 긴 안목이 요구된다. 긴 수행의 여정을 정진만으로 채울 수는 없는 것이다. 때로는 힘을 빼고 자신의 수행을 점검하는 여유도 가져야 한다. 반대로 지나치게 여유를 부리면 절대로 수행의 성과를 얻을 수 없다. 그러므로 항상 자신의 지금 상황이 어떠한지 알고, 장기적 관점에서 가장 알맞은 선택을 하는 지혜를 길러야 한다고 붓다는 강조했다.

2) 중도와 팔정도

중이 양극단에 치우치지 않는 균형과 조화를 뜻한다면, '중도'란 중에 이르는 길, 즉 중을 성취하는 실천 방법을 의미한다. 붓다는 중도를 성공적으로 실천하기 위해 팔정도라고 불리는 여덟 가지 방법을 제시했다. 팔정도는 중의 실천 방법(중도)을 여덟 가지로 세분화한 것으로, 불안에서 벗어나 깨달음에 이를 수 있는 구체적인 실천 지침이다. 붓다는 제자들에게 다음과 같이 팔정도를 가르쳤다.

> 제자: 붓다이시여, '불사'라고들 말하는데 도대체 불사라는 것이 무엇이며 어떻게 이를 수 있습니까?
> 붓다: 탐욕을 소멸하고, 분노를 소멸하며, 어리석음을 소멸하는 일을 불사라 한다. 이는 바른 견해를 가지고, 바르게 사유

하며, 바르게 말하고, 바른 행위를 하며, 올바른 생계를 꾸리고, 올바로 노력하며, 올바로 알아차리고, 올바로 집중에 드는 것으로, 이 여덟 가지 방법이 곧 불사에 이르는 방법이니라.

(「어떤 비구 경」)

붓다는 죽음을 극복하는 일, 즉 죽음불안으로부터 자유로워지는 해탈은 여덟 가지 실천으로 얻을 수 있다고 가르쳤다. 바른 견해, 바른 사유, 바른말, 바른 행위, 바른 생계, 바른 노력, 바른 알아차림, 바른 집중 즉 명상 등이 그것이다.

여덟 가지는 모두 '올바름'을 추구한다는 공통점을 가진다. 어떤 말을 하든, 행동을 하든, 수행을 하든, 생계를 꾸리든, 견해를 가지든 그것들은 모두 올바른 것이어야 한다. 여기에서 질문이 생긴다. 과연 올바름을 추구하는 일이 불안으로부터 해방을 가져다줄 수 있는가? 당연한 이야기이지만, 그다지 현실적으로 들리지 않는다. 오히려 우리는 그 반대의 현실을 더 많이 보며 살고 있지 않은가?

법의학자 유성호 교수와 그의 동료들이 쓴 자살자의 유서에 관한 논문에는 다음과 같은 유서의 내용이 실려 있다.

착하고 열심히 사는 사람은 사고도 잘 나는데, 나쁜 놈들은 사

고도 안 나네.[65]

연구진은 자살자가 유서 작성 전 자기 인생을 돌아보았을 때, 남에게 피해를 주지 않고 열심히 살았음에도 불구하고 자기 상황이 나아지지 않고 더 악화되는 현실에 대해 부정적이고 비참한 감정을 품었다고 지적한다. 그리고 바로 그것이 자살을 택하는 한 조건이 되었다고 설명한다. 실제로 우리는 타인에게 사기를 친 이들 중 일부가 큰 부를 얻고 잘 사는 경우를 목도하고는 한다. 더 최악은 그들 중 일부는 죽을 때까지 어떤 처벌도 받지 않고 실컷 삶을 즐기다 생을 마감하기도 한다는 것이다. 그런 이들이 존재하는 이 현실에서 올바른 것이 좋은 결과를 가져오고 잘못된 것이 나쁜 결과를 가져온다는 인과응보의 진리에 대해 의심을 품는 것은 당연하다.

그렇다면 붓다가 잘못 안 것일까? 그는 괴로움을 해결하는 실천 방법으로 어찌하여 팔정도를 주장했을까? 붓다의 생각을 제대로 이해하기 위해서는 그가 자신의 불안을 어떻게 해결했는지를 살펴볼 필요가 있다.

도덕적 불안과 중도

왕자 싯다르타의 출가 선택은 큰 도덕적 불안, 즉 죄책감을 일으켰다. 자신에 대한 주변 사람들의 간절한 기대를 저버렸다는 사실, 그토록 자신에게 물심양면으로 지원해 준 아버지 숫도다나 왕과 자신을 끔찍이 보살펴 주던 양어머니 고따미 왕비의 만류를 뿌리쳤다는 사실, 아내 야소다라와 갓난 아들 라홀라를 책임지지 않고 떠났다는 사실 등이 자신의 양심으로 비추어 볼 때, 당시 그에게 당당한 일로 다가오기는 어려웠다.

죄책감을 심히 겪을 때 내면에서 벌어지는 일 중 하나는 옳고 그름에 심히 집착하게 된다는 것이다. 자신이 저지른 과거의 큰 실수에 계속 마음이 쓰이기 때문에 시간이 갈수록 잘못된 자기 행위에 더 주의를 두게 된다. 그래서 내면의 도덕적 기준은 훨씬 엄격해진다. 죄책감을 심히 느끼는 이에게 자기비판과 자책의 성향이 생기는 이유이다. 누군가에게 피해를 줄까 봐 매우 조심스러워지기도 한다. 자신의 행위를 검열하는 완벽주의 성향도 강화된다. 이렇게 매사에 조심하며 자신의 잘못에 주의를 심히 두면, 자존감도 크게 하락하고 불안에도 취약해진다. 심할 경우 자신에게 학대 수준에 이르는 엄격한 잣대를 들이대는 상황으로 발전하기도 한다. 구도자 싯다르타가 깨달음을 얻기 전 택한 마지막이자 가장 길었던 수행은 고행이었다. 고행은 싯다르타의 마음에 자리한 죄책감의 정서로 인해 더욱 추진력을 얻었을 수 있다. 아니 어쩌면 그 고행은 자기 과거에 대한 속죄의 성격을 일정 부분 담고 있었을 수 있다. 즉 그는 고행을 통해 죄를 정화한다는 생각에 끌렸을 수도 있다.

이러한 일련의 과정은 구도자 싯다르타가 옳고 그름의 문제에 매우 민감하게 반응하고, 많이 고민하도록 만들었다. 숲에서 홀로 마음 수행을 하면서 그는 자기 내면에서 죄책감이 일어나는 일련의 선악의 투쟁 과정을 깊이 관찰하고 또 체험했다. 그는 자신을 향한 도덕적 잣대가 과도해지면서 혹독한 자기비판이 내면에서 작동할 때면 알라라 깔라라와 웃다까 라마뿟따의 두 스승에게 배운 명상의 비결을 발휘하여 생각을 멈추었다. 그런 뒤 그는 그저 자신을 내려놓는 작업을 수행했다.

싯다르타는 구도의 과정에서 자신의 몸, 느낌, 마음, 마음의 작용 등을 관찰하면서 도덕적 불안의 메커니즘을 살폈다. 그가 직접 경험한 죄책감은 양날의 검이었다. 그는 죄책감에도 양면성이 있다는 사실을 깨닫게 되었다. 그리하여 그는 건강한 죄책감과 병리적 죄책감을 구분했다. 옳고 그름을 따지게 만드는 도덕적 불안 때문에 생각은 과도해지고, 심할 경우 망상의 수준이 되면서 정신 건강이 무너질 수 있다. 늘 자신이 무엇을 하든 잘못된 것이라고 자책하고 자신을 학대하는 일도 벌어진다. 죄책감의 부정적 측면이다.

하지만 죄책감은 자신의 마음을 맑게 하고, 또 양심을 떳떳하게 만드는 핵심 요인이 되기도 한다. 자신이 반복하는 실수나 고질적인 부정적 습관을 고치려면 죄책감이라는 동력이 필요하다. 죄책감이 있어야 살면서 도덕적 개선도 가능하다. 싯다르타는 왕보다 구도자의 길을 선택함으로써 비록 죄책감을 짊어지기는 했지만, 이것이 결코 정신적으로 퇴보한 것이라고 생각하지는 않았다. 그는 자신에게 더 올바른 것이 무엇인지의 기준이 있었고, 세속의 성공보다 영적인 성취 혹은 해탈이 더 올바르다는 생각을 가지고 있었기 때문이다. 나아가 그는 구도를 통해 자신의 마음이 점점 더 맑아지고, 또 의식은 보다 선명해지고 있음을 느끼며 자신의 길에 대한 도덕적 타당성을 생각할 수 있었다. 덕분에 죄책감을 완화할 수 있었다.

그는 숲에서 구도하는 자는 양심적으로 맑고 깨끗해야 한다고 생각했다. 훗날 그는 자눗소니라는 구도자에게 이와 관련된 조언을 한다. 자눗소니는 구도자답지 않게 숲에서 홀로 수행하는 것이 매우 어렵고 불안했다. 그는 붓다를 찾아가 자신의 문제를 고백했고, 다음과 같은 답을 붓다에게 들었다.

어떤 사문이나 구도자이든 몸으로 행하는 행위가 깨끗하지 못한 자는 숲이나 밀림의 외딴곳에 있으면 자신의 행위가 깨끗하지 못한 부분 때문에 두려움과 공포가 일어날 것이다. (…) 반면에 나는 내 자신 안에서 몸의 행위가 깨끗함을 보기에 더욱더 숲속에서 머무는 것이 안전하다고 느끼게 된다.

마찬가지로 어떤 사문이나 구도자이든 깨끗하고 좋은 말을 하지 못하는 자는… 반면에 나는 내 자신 안에서 내 말이 깨끗함을 보기에 더욱더 숲속에서 머무는 것이 안전하다고 느끼게 된다.

또한 마음이 깨끗하지 못한 자들은… 반면에 나는 내 자신 안에서 마음이 깨끗함을 보기에 더욱더 숲속에서 머무는 것이 안전하다고 느끼게 된다. (「두려움과 공포 경」)

붓다는 숲에서 홀로 구도하면서 두려움과 불안을 느끼는 이유는 스스로가 떳떳하지 못하고 정화되어 있지 않기 때문이라고 보았다. 자신의 몸과 말, 행위가 모두 깨끗하면 마찬가지로 숲이라는 공간도 안전하게 느껴진다는 것이다.

이 책의 서장에서 우리는 마음의 방어기제로서 투사를 살펴본 바 있다.[*] 투사는 자신의 내면에 있는 불편한 정서를 인지하거나 인정하지 못하고 외부 대상으로 그 불편함을 옮겨 놓는 방어기제이다. 다름 아닌 내 마음에 두려움의 요인이 있기에, 외부 대상을 볼 때 바로 그것이 두려움을 일으키는 작용을 한다. "붓다 눈에는 붓다만 보이고, 돼지 눈에는 돼지만 보인다"라는 무학대사의 말은 투사의 진실을 잘 꿰뚫고 있다. 내 마음에 붓다의 요소가 있으니 이것이 타인에게 투사되어 타인도 붓다로 보이는 것이고, 돼지의 예도 이와 마찬가지이다.

지금 붓다는 자눗소니 구도자에게 바로 이 투사를 설명해 주고 있다. 숲의 어떤 귀신이나 마귀가 그를 무섭게 하는 것이 아니라 그의 마음에 있는 어떤 떳떳하지 못한 부분이 숲에 투사되어 심적으로 위험을 느끼게 만드는 것이다. 즉 내가 어느 곳, 어느 상황에 있든 편안하고 불안하지 않으려면 평소 양심적으로 떳떳하고 맑은 마음이 있어야 한다.

투사의 원리를 잘 이해하고 있는 붓다는 옳고 그름의

---

[*]   이 책의 서장 '불안에 대하여'를 참고하라.

문제가 마음의 정화 및 치유의 문제와 다르지 않음을 이미 깨닫고 있었다. 양심이 떳떳할수록 내 마음은 더 정화되고 불안은 줄어든다. 붓다가 보기에 올바른 양심을 가지는 일이야말로 이 세상을 살면서 불안에 대처하는 매우 핵심적이고 근본적인 방법이었다. 그는 사람들에게 올바름의 추구야말로 죽음불안을 극복하는 토대임을 가르쳤다. 붓다의 친척이자 재가 신자였던 마하나마는 어느 순간부터 죽음을 떠올리며 두려움을 느꼈다. 그는 이 고민을 붓다에게 털어놓으며 답을 구했다.

> 마하나마: 붓다이시여, 제게는 '내가 만일 바로 지금 죽는다면 내가 태어날 곳은 어디일까?'라는 이런 생각이 듭니다.
>
> 붓다: 마하나마여, 그대는 두려워하지 말라. 그대의 죽음은 나쁘지 않을 것이다. 그대는 나쁘지 않게 임종할 것이다. (…) 그대의 마음은 오랜 세월 믿음으로, 올바른 실천으로, 보시(나눔)로, 그리고 지혜로 잘 확립되었기에 죽더라도 높은 경지를 얻을 것이다. (…) 그처럼 그대의 마음이 오랜 세월 올바름으로 굳건해졌다면 죽은 후에 높은 경지로 오를 것이다. (「마하나마 경」)

붓다는 죽음 이후 벌어지는 행복과 불행의 문제는 전적으로 자기가 살아생전에 행한 양심의 실천에 따라 갈리는 문제라고 보았다. 그가 본 모든 죽음의 심판이란 결국 자기 심판이었다. 양심적으로 산 사람은 불안의 핵심인 죽음의 두려움을 완화하거나 제거할 수 있다. 죽음을 떠올리는 그 순간, 깨끗하고 양심적인 마음은 어떤 걸림도 없는 자유로운 상태로 편안함에 머물기 때문이다.

이런 가르침은 죽음의 순간에 투사의 원리가 작동된다는 사실을 알려 준다. 내 마음에 비도덕적 기억과 그로 인한 부정적 정서가 가득 차 있다면 죽음의 순간 혹은 죽음 이후의 일에 역시 부정적인 부분들이 투사되어 꺼림직해지고 불편해지며 두려워질 것이다. 특히나 육신을 떠난 죽음의 상태에서 투사의 힘은 강력하고도 강력하다. 그러므로 죽음을 대비하는 최고의 준비는 올바르고 양심적인 삶 그 자체일 수밖에 없다. 그런 준비가 잘되어 있는 이라면 자신의 죽음이 또 그 이후의 일이 두렵지 않다. 죽음불안이 무리 없이 해소되는 것이다.

이제 붓다가 왜 모든 죄책감을 다 병리적으로 보지 않고 건강한 죄책감만큼은 인간에게 꼭 필요하다고 가르쳤는지 그 이유가 명확히 드러난다. 비록 죄책감을 가지는 일은 단기적으로 힘들고 괴로운 일이지만, 장기적으로 볼 때 자신에게 더 큰 이득으로 돌아올 여지도 있다. 따라서 불교에서는 죄책감을 선하고 유익한 마음의 작용으로 보기도 한다.[66] 건강한 죄책감은 함부로 행동하고 이기적으로 살아가는 개인에게 제동을 걸고, 자신의 양심과 도덕에 대해 고민하고 삶을 돌아보도록 만든다. 덕분에 우리는 죽음불안에 맞서 좀 더 자신의 마음을 가볍고 깨끗하게 하는 계기를 마련할 수 있다.

인과의 통찰과 중도

궁극의 깨달음을 얻던 그날의 경험은 붓다가 왜 그토록 올바름을 강조했는지를 잘 이해할 수 있는 중요한 단서이다. 그날 붓다는 윤회의 실상을 보았다. 옳고 그름, 선과 악의 도덕이 인간의 행복과 괴로움을 가르는 핵심적 요인이었다. 붓다가 보았을 때, 한 생애 동안 저지른 선하고 악한 자기 행위의 책임은 결코 사라지는 법이 없었다. 그 책임은 그 생에서 지거나 그렇지 않다면 반드시 다음 생 혹은 다다음 생들에서 언젠가는 짊어져야 할 것이 된다. 붓다는 다음과 같이 말한다.

그 어떤 누구의 카르마도 그냥 사라지는 법이 없다. 참으로 그것은 반드시 되돌아오며 그것의 주인이 그것을 받는 것이다. 잘못 카르마를 짓는 자, 어리석은 자는 다음 생에서 그에 따른 괴로움을 반드시 받게 된다. (『숫타니파타』)

고의적인 카르마라면 나는 그에 해당하는 결과를 현재의 생에서나 다음의 생들에서 반드시 받는다고 말한다. (「사경」)

그가 본 이 세상의 진정한 진실은 선한 의도를 가지고 한 행위가 좋은 결과로, 반대로 악한 의도를 가지고 한 행위가 안 좋은 결과로 반드시 이어진다는 것이었다.

그렇다면 그가 말하는 선과 악에 의한 좋고 나쁨의 결과란 무엇일까? 이 결과는 단지 외적인 성공이나 풍요의 유무를 의미하지 않는다. 그 결과의 핵심은 불안을 극복하는데 도움이 되느냐 아니면 오히려 방해가 되느냐이다. 선한 행위에 따른 좋은 결과는 불안의 족쇄에서 벗어나는 데 도움이 되는 조건을 얻는 일이다. 그러므로 이는 외적 풍요나 성공의 결과와는 겹칠 수도 있고 아닐 수도 있다.

예를 들어 타인의 피를 흘려 축적한 부는 그에게 풍족한 삶을 제공하지만, 그 과정에서 자신이 한 행위는 기억으로 남는다. 그가 의식하지 않으려 해도 그 기억은 마음에 남아서 역으로 외부로 투사될 수 있다. 즉 부지불식간에 자신이 타인에게 했듯이 타인도 자신에게 그런 마음을 품고 언젠가 뒤통수를 칠 수 있겠다는 생각에서 평생 자유로울 수 없다. 또한 주변 사람 모두가 겉으로는 아부해도 속으로는 경멸의 시선을 보내고 있을 것이라고 지레짐작하고 있을 수도 있다. 사기를 쳐서 얻은 부 때문에 그는 이전보다 훨씬 더 많은 보안과 경계가 필요해지는 것이다. 끊임없이 자신의 잘못이 탄로 날까 봐, 혹은 타인에게 보복이나 사기를 당할까 봐, 혹은 타인이 자신을 경멸할까 봐 마음 졸이며 사는 것이다. 비록 외적으로는 풍요로워졌으나, 내적으로는 빈약해졌다고 볼 수 있다.

이 경우 외부적 풍족이 개인의 심리적 행복에 도움이 된 것이라고 할 수 없다. 외부적 조건만으로는 개인의 불안을 치유하는 데 분명 한계가 있다. 겉으로 보이는 행복이 진정한 행복이 아니므로 붓다는 그 이면을 반드시 보아야 한다고 주문했다. 그가 말하는 참된 행복은 마음의 행복이다. 이는 불안의 족쇄에서 벗어나는 일이다.

붓다는 왜 이 세상이 도덕적 인과응보에 모순이 있는 것처럼 보이게 되는지, 즉 왜 양심 있는 이들이 때로는 어렵게 살기도 하는지, 반대로 비양심적인 이들이 물질적으로 더 나은 삶을 사는 일이 벌어지는지 등도 해명했다. 핵심은 시간이 필요하다는 것이다. 씨앗을 뿌린 후 열매를 맺으려면 시간이 걸린다. 마찬가지로 모든 도덕적 선택과 행동이 그에 합당한 결실을 맺으려면 시간이 필요하다. 붓다는 다음과 같이 이를 설명했다.

> 악이 여물기 전까지는 어리석은 자는 꿀같이 여긴다. 그러나 악이 여물 때, 그때 어리석은 자는 괴로움을 겪는다. (…) 우유가 즉시 굳어지지 않는 것처럼 지은 악행도 즉시 나타나지 않는다. 재 속에 가려진 불처럼 이글거리면서 어리석은 자를 쫓는다. (…) 악이 익기 전에는 악을 행한 자도 좋은 것을 누린다. 그러나 악이 익으면 그때 그는 악의 결과를 본다. 선이 익기 전에는 선을 행한 자도 악을 만난다. 그러나 선이 익으면 그때 그는 선의 결과를 본다. (『담마파다』)

붓다는 장기적인 관점에서 볼 때 올바름의 문제가 불안을 해결하는 가장 본질적인 부분이라고 가르쳤다. 그는 모든 도덕적 인과는 시간이 걸리는 일임을 누누이 강조하고는 했다. 그는 사람들이 도덕적 인과에 확신을 가지고 팔정도를 실천할 수 있도록 온 힘을 다해 도왔다.

앞서 강조했듯, 그는 출가를 결심하며 도덕적 불안을 뒤집어써야 했다. 훗날 도덕적 인과가 어떻게 이루어지는지 전 과정을 통찰하는 눈을 얻음으로써 그는 죄책감에서 온전히 벗어날 수 있었다. 그는 오늘의 자신이 있기 위해서 당시의 '위대한 포기'는 불가피하고 필연적인 선택이라는 인과적 사고를 할 수 있었기 때문이다. 만인이 겪는 심적 괴로움의 핵심인 불안을 올바로 파악하고, 이를 통해 그들의 불안을 치유하는 과업을 수행하려면, 과거의 자신에게는 다른 선택의 길이 없었다. 혹여 과거로 돌아간다고 해도 그는 또다시 동일한 선택을 할 수밖에 없음을 확신했다. 과거의 죄스러운 선택이 오늘의 성과가 있도록 만드는 징검다리였음을 깨달은 것이다. 만약 그때 그런 선택을 자신이 하지 않았다면 오히려 아무 결정도 하지 않은 것에 따른 죄책감을 평생 달고 살게 되었을 것이다. 이제 그에게 병리적 죄책감은 오히려 당시에 위대한 포기를 선택하지 않았을 경우 일어나는 것임이 분명해졌다. 덕분에 그는 죄책감을 치유할 수 있었다.

사미르 초프라는 죄책감은 불안의 피할 수 없는 동반자라고 평가한다. 또한 그는 불안에 동반되는 죄책감에도 아랑곳하지 않고 올바로 자기 길을 가는 이가 진정한 자기 창조자라고 말한다. 인생에서 차지하는 불안의 중요성을 올바로 알고, 불안이 영적인 구원과 어떤 관계를 맺고 있는지에 대해 잘 이해하는 사람이라면 죄책감은 때로는 감수해야 하는 것임을 깨달을 수 있다는 것이다. 진정한 나로 거듭나는 과정에서 내게 주어지는 크나큰 책임에 비해 죄책감은 오히려 약소한 것일 수 있다고 그는 말한다.[67]

중도는 애매한 가운데가 아니라 불안 속의 실천!

붓다의 삶을 보면 중도는 결코 극단을 남김없이 제거해 버리는 일이 아니었다. 살면서 때로는 이쪽 극단에 머물 수 있고, 때로는 반대의 극단에 머물러야 할 때도 있다. 붓다 또한 그런 양극단의 경험 속에서 성장했다. 예를 들어 붓다가 된 후 그는 고행을 극단적인 수행이라고 비판했으나, 그가 보낸 고행의 긴 시간은 결코 무의미한 것이 아니었다. 고행은 당시 가장 유행하던 수행법이었다. 구도자 싯다르타는 수행자 사이에서 소문이 날 정도로 고행을 밀어붙이는 극단의 경험을 했다. 덕분에 훗날 그는 다른 수행자나 수행에 관심을 두는 이들에게 고행은 어떤 점이 장점이고, 어떤 문제가 있으며, 또 어떤 한계가 있는지를 제대로 풀어 줄 수 있었다. 그가 여러 다른 수행자의 무리를 자기 세력으로 흡수하며 당시 가장 큰 수행자 집단을 꾸린 데에는 그만한 이유가 있었던 것이다.

감각적 쾌락을 누렸던 왕자의 삶도 마찬가지이다. 그는 쾌락의 끝은 허무하고 불안한 것임을 몸서리칠 정도로 깊이 체험했다. 쾌락적 삶의 경험 없는 고행, 반대로 고행의 경험 없는 쾌락적 삶이라는 어느 한 극단만을 경험했다면 그는 중도 사상을 펼칠 수 없었을 것이다. 다양한 양극단에 처해 보았음에도 어떤 하나의 극단에 결코 치우치거나 안주하지 않았기 때문에 그는 중도 사상을 설파할 자격을 갖춘 자로서 칭송받을 수 있었다. 그가 불안과 함께 동거하면서 불안을 해결하는 올바른 방법을 찾아 끊임없이 노력했기에 가능한 일이었다. 그는 어떤 극단에 고정되지 않고, 답이 아니라는 확신이 들면 과감히 다른 방법을 찾아 나섰다. 어떤 극단에도 속박되거나 집착하지 않았다.

왕자 싯다르타는 분명 완벽주의 성향으로 인해 불안했고 고생했다. 하지만 완벽주의 성향도 중도를 아는 그에게 더 이상 심적 장애가 되지 않았다. 그의 중도 역량은 완벽주의가 야기하는 극단적인 문제들을 중화하는 역할을 했다. 덕분에 꼼꼼함, 끈기, 완성을 향한 높은 의지와 목표 의식 같은 완벽주의의 장점은 그대로 취할 수 있었다. 다만 중의 지혜가 그것의 폐해를 걸러 내고 완화할 뿐이었다. 그는 중도의 실천을 통해 완벽주의에서 오는 장점을 여전히 살리되 그것의 부작용은 피할 수 있었다. 극단을 알고 균형 있게 다룰 수 있게 되자 그의 극단 경험은 오히려 소중한 자원이 되어 준 것이다.

실제로 붓다가 제자들에게 명쾌하게 가르침을 전해 주는 방식은 매우 분석적이고 철두철미하다. 그는 제자들이 어떤 하나의 주제에 대해 물어보면 그것을 한 가지, 두 가지, 세 가지로 구분하는 것을 넘어, 필요에 따라서는 수십 가지로 매우 세세히 구분하여 분류한 후 각각의 경우를 친절하면서도 남김없이 설명해 주었다. 예를 들어 붓다는 느낌의 종류에 대해 세 가지, 다섯 가지를 넘어, 나아가 열여덟 가지, 서른여섯 가지, 백팔 가지로 세분화하여 가르쳐 주었다. 또한 마찬가지로 그는 마음의 문제인 번뇌의 개수도 수십 가지로 각각 구분하여 그 증상과 원인, 그리고 치료법을 상세히 설명해 주었다. 심지어는 그런 세세하고 방대한 자신의 가르침도 결국은 방편에 불과하다며, 이는 모든 상황을 전부 해명하는 것이 아니라는 가르침도 잊지 않았다. 한때 완벽주의 문제를 겪었던 이다운 가르침의 방식이다.

어느 종교 지도자나 철학자도 이렇게까지 세세하고 완벽하게 구분하고 분석하며 가르침을 전하지 않는다. 이런 치밀하고 빈틈없는 가르침 덕분에 불교는 현대인에게 종교의 경계를 넘어 철학과 심리학으로까지 인정받을 수 있는 사상으로 자리매김하고 있다. 그것은 붓다라는 인물의 개인적인 불안 경험에서 형성된 민감함과 철두철미함에 큰 도움을 받은 것이라고 해도 과히 틀리지 않는다.

중도를 설한 붓다는 결코 우유부단한 자가 아니었다. 그가 보기에 어떤 과감한 선택과 결단 없이 한쪽에 그저 발만 담근 채 애매하게 가운데에 있는 것이 중도의 실천일 수 없다. 양극단의 정확히 가운데에 있다고 해서 중도라고 주장하는 것도 하나의 극단이고 고착이다. 그런 중은 다시 어떤 선택도 하지 않는, 즉 어떤 위험도 모두 피하려는 우유부단이라는 극단이 된다. 중도 사상은 인간 싯다르타가 끝없는 죽음불안과 도덕적 불안 속에서 때로는 극단에 부딪히고 깨지면서 균형과 조화가 무엇인지를 통찰하며 얻어 낸 것이다.

그는 자신이 아끼고 중요하다고 생각하는 것들을 내어 주거나 희생하지 않고 아무런 고통과 아픔의 희생 없이, 편안하게 의미 있고 가치 있는 무엇인가를 성취하기란 불가능하다는 것을 깨달았다. 집착을 내려놓고 그때그때의 상황에서 가장 충실하게 최선을 다하며 살아갈 때, 인생은 진정 그 가치와 의미를 드러내는 것이었다. 그는 어떤 상황에서도 무엇이 최선인지를 보면서 때로는 아픔과 희생이 있는 극단적 결정도 필요할 경우 김행할 수 있는 자였다.

11. 사무량심

사무량심(P.: brahmavihāra, 四無量心)이란 붓다가 강조한 매우 중요한 마음의 덕목으로, 네 가지 보편적 긍정 정서에 해당한다. 이 말은 본래 신성한 존재(brahma)가 머무는 (vihāra) 무한한 마음이라는 뜻이다. 여기에서 무한한 마음이란 대상의 경계 구분이 없음과 아무리 많이 마음을 내더라도 넘칠 수 없음을 뜻한다. 즉 이는 모든 존재에 대해 내는 마음으로서 나와 타인을 이롭게 하는 고귀한 긍정 정서이므로 자주 반복해서 낼수록 더욱 좋은 마음이라고 할 수 있다.

사무량심의 네 가지 긍정 정서를 간략히 요약하자면, 첫째는 자애로서 모든 존재의 행복을 바라는 마음이다. 둘째는 연민으로서 모든 존재의 불안과 괴로움에 공감하며 이것이 사라지기를 바라는 마음이다. 셋째는 기쁨으로서 모든 존재의 행복과 성공을 진심으로 바라면서 타인의 기쁨을 곧 나의 기쁨으로 취하는 '함께 기뻐하는' 마음이다. 마지막은 평온이다. 이는 모든 존재를 차별 없이 평등하게 대하는, 즉 집착이나 혐오가 사라진 너그러운 마음에 해당한다.

붓다의 사무량심은 현대 심리학자들에게 높은 심리 치유의 가치를 인정받고 있다. 1992년 신경과학자 리처드 데이비슨Richard J. Davidson은 인도의 다람살라에 머무는 달라이 라마를 찾아갔다. 달라이 라마는 그에게 서구의 과학자들은 진보된 신경과학을 사용하여 우울, 불안, 두려움 같은 부정적 정서를 매우 열심히 연구하지만, 왜 친절이나 연민과 같은 긍정 정서에 대해서는 연구하지 않느냐고 물었다. 이 질문에 데이비슨은 아무 대답도 하지 못했다고 한다. 그는 '그 이유가 무엇일까?' 하고 곰곰이 생각해 본 결과 단지 그런 연구는 하기 어려울 것 같다는 막연한 선입견이 있다는 것을 깨달았다. 이를 계기로 그는 긍정 정서를 계발하고 그 효과를 검증하는 연구가 필요함을 깨닫는다. 그런 그에게 달라이 라마는, 불교에는 긍정 정서를 계발하는 수행자들이 있으므로 그들의 뇌를 한번 연구해 보라고 제안했다.

달라이 라마가 말하는 불교의 긍정 정서 수행이 바로 사무량심의 수행이다. 달라이 라마의 제안으로 시작된 긍정 정서의 연구는 얼마 지나지 않아 데이비슨의 연구실에서 큰 성과를 낳았다. 자애와 연민 같은 긍정 정서를 전문적으로 계발해 온 수행자들은 불안과 같은 부정 정서에 직면했을 때 회복력이 매우 높다는 결과가 확인된 것이다. 이 실험을 통해 얻게 된 긍정 정서의 유의미한 효과는 이것뿐만이 아니었다. 스트레스 반응 감소, 면역력 증대, 뇌의 가소성 활성화 등 다른 여러 가지 긍정적 효과도 함께 확인되었다. 데이비슨은 이 연구 성과를 발표하며 다음과 같이 말했다.

> 뇌의 긍정 회로를 활성화하는 가장 좋은 방법은 관대함 (generosity)입니다.[68]

치열한 경쟁과 자본주의 가치관 속에서 살아가는 현대인에게 사랑이나 자비와 같은 관대함의 긍정 정서는 그리 관심이 가는 주제가 아닐 것이다. 나와 타인을 포용적이고 관대하게 바라보도록 만드는 긍정 정서는 지나치게 감성적이거나 사람을 나약하게 만드는 요인으로 비치기도 한다. 우리는 이 정서의 중요성을 제대로 인식하지 못하고 살아간다. 그러나 붓다는 이런 현대인에게 그런 생각은 엄청난 오해이자 손해라고 알려 준다. 그는 이 정서가 현대인이 괴로워하는 불안을 치유하는 아주 강력한 요인임을 강조한다.

1) 불안 경험이 일깨운 긍정 정서의 가치

정도의 차이는 있지만, 대부분의 사람은 일정 부분 자신에 대해 과대평가를 한다. 다시 말해 어느 정도는 왜곡된 자신을 나로 인정하고 살아간다. 때로는 자신을 실제보다 더 높이 평가하고, 또 자신의 실수에는 너그러운 잣대를 들이댄다. 자신의 잘한 행동이나 좋은 성과는 더 포장하고 부풀리기도 한다. 덕분에 자신의 불완전한 부분이나 실수에도 좌절하지 않고 심리적으로 위안을 얻으며 버틸 수 있다. 빡빡한 현실을 살아가며 이런저런 문제를 겪기 마련인 사람들에게 이런 자기 보호적 과대평가는 일상을 살 만하게 만드는 나름의 순기능이 있는 것이다.

그러나 이로 인해 잃는 것도 있다. 그런 작업은 나를 온전히 보지 못하도록 만든다. 자신이 과대평가하는 부분은 사실 자신의 가장 취약한 부분이 자리한 곳이다. 따라서 그렇게라도 하지 않으면 위험이 느껴지고 자신이 무너지는 불안이 엄습할 수 있다. 온전히 나를 알아 가고 수용하려면 이는 반드시 개선되어야 하는 부분이다. 하지만 아무런 준비 없이 지금 이 작업을 하는 것은 매우 위험하다. 당장의 현실 문제에 급급한 나는 일단 이 작업을 제쳐 두고 다른 현실적인 일부터 처리하며 아무 문제가 없다는 듯 살아가야 한다. 이로 인해 자신을 온전히 보지 못하고 계속 나의 취약한 부분을 회피하거나 억압하면서 나는 나라는 대상에게 집착하게 된다. 그 취약한 부분이 자극되면 방어기제가 발동하며 나를 보호하려 들기 때문이다. 나는 내가 인정할 수 있는 나를 강력하게 붙잡으며 집착한다.

왕자 싯다르타도 마찬가지였다. 그는 자신이 전륜성왕이 될 재목이라는 사실에 집착하며 그것에 반하는 부족한 자기 모습을 수용하기 어려웠다. 다행히도(?) 자신에 대한 편향된 인식은 출가 후 구도의 과정에서 조금씩 깨지기 시작했다. 그는 있는 그대로의 자신을 마주하고 수용하는 정화의 수행 여정을 밟아 나갔다. 그는 자신을 돌아보면서 사실과 다른 자기 모습을 가감 없이 드러내고 잘못된 것을 자기비판했다. 그렇게 적나라하게 자기 모습과 마주하는 과정은 당연히 불안을 초래했다.

이 객관적인 자기 평가 과정에서 죄책감은 특히나 문제가 되었다. 죄책감은 자신의 실수나 결점에 옳고 그름의 잣대를 들이대며 혹독한 비판을 하도록 유도한다. 나아가 그의 완벽주의 성향도 이런 가혹한 자기비판에 힘을 실었다. 그간 자신이 정말 끔찍하다고 여긴 결점이나 작은 실수들이 세세히 보이기 시작했다. 구도를 통해 내면 깊이 들어가 솔직한 자신을 마주할수록 그는 자신의 존재감이 사라지는 듯 불안해졌고 또 허무해졌다. 참으로 괴로운 시간을 보냈음이 분명하다.

이 고통의 시간은 나에 대한 집착이 사라진 무아, 즉 있는 그대로의 나를 만나기 위한 필수적 시간이었다. 평생 자신이 집착하던 자신의 왜곡되고 취약한 측면들이 순순히 떨어져 나갈 리 없었다. 오랜 기간 내 마음에 집을 짓고 있던 것들을 떼어 내기 위해서는 보다 강한 힘이 필요하다. 그는 그힘을 혹독한 자기비판과 성찰을 하게 만드는 죄책감이나 완벽주의에서 얻을 수 있었다. 문제는 이런 비판과 성찰에 몰두하다 보면 너무 냉정해져서 자기 비난이나 혐오로 이어지고, 심각한 자기 파괴의 문제를 낳는다는 점이었다.

구도자 싯다르타는 온전한 자신, 즉 무아를 받아들이는 과정에 동반되는 이 파괴적이고 분열적인 문제를 어떻게 해소할 수 있을지 고민해야 했다. 보통 심리 상담에서는 이 과정에서 상담사의 따뜻한 위로와 큰 지지가 주어진다. 상담사의 심리적 돌봄 속에서 내담자는 큰 용기를 얻고, 자신의 결점이나 문제를 받아들이게 된다. 하지만 싯다르타는 자신을 이끌어 주고 따뜻한 돌봄을 제공해 줄 스승도, 상담사도 곁에 없었다. 그의 구도 여정 대부분은 철저히 자신이 주도하는 고행의 시간이었다. 자기 내면의 작업은 스스로 해야만 했다.

이런 혹독한 구도의 과정을 경험한 싯다르타는 긍정 정서를 가지는 일이 얼마나 중요한지를 인식할 수 있었다. 사무량심은 붓다가 어느 날 갑자기 아이디어가 떠올라 사람들에게 가르친 것이 아니다. 그것은 자기 경험이었다.[*] 즉 그는 구도 과정에서 기존의 자신을 해체하는 작업을 해야 했고, 여기에서 큰 불안과 심적 분열을 경험했다. 그러한 존재의 위기 속에서 그는 긍정 정서의 가치에 눈을 떴다. 사무량심 수행은 자신을 도마 위에 올려놓고 집착의 덩어리를 마구 칼질하며 떼어 내는 과정에서 받은 상처를 어떤 부작용도 겪지

---

[*] 물론 이런 견해는 어디까지나 필자의 분석인 것으로 경전의 실제 내용에 근거한 것은 아니다. 다만 필자의 관점과 유사한 주장도 존재한다. 예를 들어 미얀마의 쌴먀띠다 마하시 선원장이자 담마야나 선원장인 아신 빤딧짜(Ashin Pandicca)는 붓다가 처음으로 자신의 가르침을 펼칠 대상으로 선정한 오비구를 만날 때 이미 자애의 수행을 알고 있었다고 해석한다. 그간 '수행에 실패한 자'로 여기던 붓다가 자신들에게 다가오는 모습을 본 오비구들은 애초에 그를 거부할 계획이었다. 그러나 집중적으로 자애를 베풀며 다가오는 붓다를 보고는 마음이 달라져 그를 맞이하고 가르침을 청하게 되었다는 것이다. 아신 빤딧짜, 아마라 편집(2018), 『달빛처럼 꽃향처럼: 아신 빤딧짜 스님의 자애경 강의』, 붓다담마연구소, p.74를 참고하라.

않도록 돌보는 것이었다. 사무량심, 즉 자애, 연민, 기쁨, 평온과 같은 긍정 정서가 무아를 성취하기 위해 얼마나 중요한지 그는 깨달은 것이다.

누가 가르쳐 주지 않았지만, 그는 자신을 보듬고 용서하며 자신의 괴로움에 공감하는 작업을 하고 또 했다. 지독한 불안의 체험에서 나온 이 긍정 정서의 힘은 큰 효과를 보였다. 엄격한 도덕적 기준을 등에 업은 자기비판이 생생히 진행되는 가운데, 구도자 싯다르타는 자신을 감싸안으며 마음이 따뜻해지고 불안이 완화됨을 경험했다. 덕분에 그는 더욱 있는 그대로의 나와 솔직히 마주하는 용기를 얻을 수 있었다.

붓다는 훗날 자신의 제자가 된 아들 라훌라에게 무아를 성취하는 법을 다음과 같이 가르쳤다.

붓다: 라훌라야, 육신을 구성하는 물질은 무엇이든 간에, 즉 과거의 것이든 미래의 것이든 현재의 것이든, 거칠든 섬세하든, 저열하든 뛰어나든, 멀리 있든 가까이 있든, 그 모든 물질에 대해서 '이것은 내 것이 아니다. 이것은 내가 아니다. 이것은 내 자아가 아니다'라고 있는 그대로 통찰해야 한단다.
라훌라: 오직 물질만 그러합니까?

붓다: 아니다. 라훌라야, 물질뿐 아니라 우리의 정신을 구성하는 느낌도, 생각도, 정서도, 의식도 그와 같이 통찰해야 한다.
(「라훌라를 교계한 긴 경」)

위의 문구들은 붓다가 무아 사상을 가르칠 때마다 반복하는 것이다. 그는 나라는 존재는 고정되어 존재하는 실체가 아니라 육신(물질)과 정신(느낌, 생각, 정서, 의식)의 결합물일 뿐임을 보라고 말했다. 그러면 수레라는 고정된 실체가 처음부터 존재한 것이 아니라 여러 나무와 판자, 쇠, 고무 등이 조립되어 일시적으로 만들어진 것과 같이 나라는 존재도 그렇게 다섯 요소의 결합물임을 알게 될 것이라고 말했다. 즉 나라는 존재에서 어떤 실체적이고 고정된 나를 찾을 수 없다는 것이다.

이렇게 있는 그대로의 나를 보는 작업은 나를 해체하는 작업이다. 어떤 집착의 관점이 조금이라도 개입되면 이 작업은 이루어질 수 없다. 조그만 집착이라도 생기면 금세 그 집착력으로 인해 똘똘 뭉친 내가 살아나기 때문이다. 따라서 이 해체 작업은 막무가내로 진행될 경우 심리적으로 잠재된 문제를 건드리고 문제를 더 악화할 수 있다. 즉 이는 때때로 나를 오히려 위축시킬 소지가 있다. 준비가 되어 있지 않은 나에게 큰 상처를 입히고 더욱 자신을 위축시킬 수도 있는 것이다. 그러면 오히려 이 수행에 대해 거부감과 저항 의식이 발생하는 부작용이 일어날 수 있다.

붓다는 라훌라에게 무아에 대해 가르치면서 사무량심을 수행하라고 주문한다.

> 라훌라야, 자애의 수행을 해라. 자애의 수행을 하면 모든 악의의 마음이 사라질 것이다.
> 라훌라야, 연민의 수행을 해라. 연민의 수행을 하면 모든 잔인한 마음이 사라질 것이다.
> 라훌라야, 함께 기뻐함의 수행을 해라. 함께 기뻐하는 수행을 하면 모든 싫어하는 마음이 사라질 것이다.
> 라훌라야, 평온의 수행을 해라. 평온의 수행을 하면 모든 반감의 마음이 사라질 것이다. (「라훌라를 교계한 긴 경」)

무아를 성취하기 위해 사무량심을 계발해야 하는 이유는 이것이 생명을 해치고 마음의 평화를 파괴하는 부정적 정서를 없애 주기 때문이다. 악의의 마음, 잔인한 마음, 싫증 내고 기피하는 마음, 반감의 마음 모두는 대상을 비난하고 상처 주거나 멀리하고 싶을 때 드러나는 감정들이다. 붓다는 자기비판이 혹독히 펼쳐지는 구도의 여정에서 사무량심의 수행이 무아의 성취에 큰 도움이 된다는 사실을 깨달았다. 그렇기 때문에 자신이 그러했듯, 그의 아들도 동일한 효과를 보기를 바랐다.

2) 사무량심도 연기의 산물

앞서 소개한 바 있듯, 붓다의 불안 알고리즘에는 대상의 상실 및 분리가 불안의 핵심 요인이라는 통찰이 담겨 있다. 소중한 대상을 잃는다는 것이 인간에게는 가장 큰 위험으로 다가오기에, 대상을 갈구하는 힘인 갈애에 휘둘리며 대상에 집착하고 만족을 구하게 된다.

이는 연기의 진리와도 일맥상통한다. 연기 사상은 이 세상 모든 존재는 상호 의존적으로 연결되어 있음을 말한다. 어떤 순간이라도 우리는 대상과 단절되어 존재할 수 없다. 이것이 있어야만 저것이 있을 수 있고, 저것이 있어야만 이것도 있을 수 있다. 붓다가 보기에 우리는 모두 예외 없이 타인과 연결된 존재였다.

연기의 진리는 다시 사무량심과 일맥상통한다. 그는 사무량심의 가장 기초가 되는 자애 수행에 대해 다음과 같이 가르쳤다.

살아 있는 생명이라면 어떤 존재이든지, 동물이거나 식물이거나 남김없이, 길거나 짧거나 중간이거나, 보이는 것이거나 보이지 않는 것이거나, 멀리 사는 것이거나 가까이 사는 것이거나, 태어난 것이거나 태어날 것이거나, 존재하는 모든 것은 행복하여라. (…) 어머니가 자신의 외아들을 목숨 걸고 지키듯이 모든 존재에 대하여 무한한 마음을 닦을지어다. (『숫타니파타』)

붓다는 무한한 마음을 내는 긍정 정서를 닦을 때, 그 대상은 자기 자신만이 아니라 타인으로 확장되어야 한다고 가르쳤다. 그의 사무량심 수행 대상에는 자타의 구분, 친소의 구분, 종의 구분 등이 있지 않다. 나도 타인도 연결되어 서로 의존하고 있는 것이 뭇 생명의 실상이므로, 내 심리적 안녕은 타인의 심리적 안녕에 기여하고 그 역도 성립한다. 그러므로 사무량심의 네 가지 긍정 정서는 연기 사상에 기초하여 나와 타인을 연결 짓는 방향으로 진행되며, 불안을 치유하는 효과를 높이고 수행자의 마음을 온전히 보호한다.

심리학에는 '돕는 자의 황홀감'(helper's high)이라는 용어가 있다. 이는 타인을 돕는 이타적 행동을 할 때 느끼는 심리적 안녕감을 뜻한다. 자원봉사를 하거나 타인에게 친절을 베풀고, 또 기부를 하는 등의 이타적 행동을 할 경우 뇌는 보상 회로를 활성화한다. 이때 뇌에서는 타인과의 유대감과 신뢰를 강화하는 옥시토신, 스트레스를 줄이고 기분을 고양시키는 엔도르핀, 짜릿함을 일으키고 동기 부여를 하는 도파민 등 긍정적인 뇌 화학물질이 분비된다. 또한 이런 행동을 한 번에 그치지 않고 반복해서 할 경우 장기적으로 우울감의 감소나 삶의 만족도 증가, 타인과의 유대관계 개선, 고독 완화, 심지어 면역력 강화 등의 긍정적 효과를 볼 수 있다.

우리의 뇌는 내가 '타인'을 사랑하는지 아니면 '나 자신을' 사랑하는지를 구분하지 않는다. 그저 사랑이라는 긍정 정서에 반응하여 긍정적인 신경전달물질과 호르몬을 분비한다. 긍정 정서의 대상이 내가 되든 타인이 되든, 정작 중요한 것은 그 정서가 뇌에서 활성화되는 일이다. 좋은 마음을 타인에게 전하고 베푸는 일은 곧 이를 나에게 베푸는 것과 다름없다.

연기의 진리에 입각한 사무량심의 통찰은 붓다가 도덕적 불안으로부터 온전히 벗어날 수 있도록 도운 또 다른 핵심 요인이다. 이 세상 모든 존재가 서로 의존하고 있다는 연기의 진리는 한 사람에게 진 심리적 빚을 다른 절박한 이에게 대신 갚음으로써 해소될 수 있음을 그에게 알려 주었다. 예를 들어 찢어지게 가난하여 배고픈 이가 당장의 배고픔을 이기지 못하고 만두 가게에 가서 만두를 먹고는 몰래 도망쳐 나왔다고 가정하자. 양심이 바른 그는 죄책감을 느끼게 된다. 그는 훗날 자신의 상황이 넉넉해지면 반드시 이 빚을 갚으리라 다짐했다. 그래서 정말 열심히 살았고, 결국 성공한다. 부자가 된 그는 자기 마음의 부채로 남아 있던 일을 해소하고자 한다. 그는 과거의 식사 금액의 백 배가 되는 돈을 들고 다시 만두 가게를 찾았다. 그런데 너무 시간이 지나서인지 가게는 이미 폐업하고 없었다. 그렇다면 양심이 바른 그는 과거의 도둑질로 인해 평생 죄책감을 느끼며 살아야 할까?

꼭 그렇지는 않다. 그가 과거의 자신처럼 배고픈 아이들을 위해 도시락을 제공하는 자선사업을 펼치는 선택을 했다고 가정하자. 비록 빚진 당사자인 가게 주인에게 만두 값을 지불하지는 못했지만, 대신 어릴 적 자신과 같은 배고픈 아이들을 위해 그는 수많은 만두를 주문하여 큰 값을 지불했다. 연기 사상에 따를 경우 이 일을 통해 그는 마음의 빚을 청산함은 물론, 오히려 이를 통해 더 큰 마음의 정화를 얻을 수 있다.

마찬가지로 싯다르타는 자신의 가족에게 느끼던 죄책
감을 다른 타인을 이롭게 하는 일을 통해 치유할 수 있었다.
그는 깨달음을 성취한 후 전적으로 타인을 위한 삶을 살았
다. 그들에게 올바름을 가르치고 실천할 수 있도록 도우며
그들의 불안을 치유했다. 덕분에 그의 마음은 죄책감의 청산
을 넘어 자비와 사랑이 넘치는 마음이 되었다.

관대한 타인을 내 마음속에 두다!

사무량심 수행은 나와 타인을 가리지 않고 긍정 정서를 베풀
기 때문에 내 마음은 늘 그 수혜자가 된다. 이는 마치 나를 늘
관대하게 바라보고 따뜻하게 지지해 주는 지원자를 늘 마음
속에 두고 있는 것과 같다. 이 지원자는 언제나 내가 잘되기
를 바라고, 내 괴로움에 같이 공감하며, 내 실수를 용서해 준
다. 또한 늘 나와 함께 기뻐하고, 내가 어떤 나인지와 상관없
이 나를 존중해 준다. 이 관대한 지원자가 언제나 내 곁에 존
재한다는 믿음은 불안이라는 괴로움에 직면하여 힘들 때 엄
청난 도움이 된다.

의지하고 신뢰할 수 있는 타인과 내가 연결되어 있다는
생각은 나 역시 타인에게 신뢰를 주는 사람이 될 수 있도록
돕는다. 자신을 사랑받는 자로 이해하게 되면 역으로 타인을

사랑할 수 있게 되는 것과 같다. 그렇게 서로가 연결되어 있다는 생각과 경험을 통해 나는 나와 타인 모두에게 관대해진다. 덕분에 나와 타인이 어떤 실수나 실패를 해도 혐오나 비난의 감정에 쉬이 빠져들지 않을 수 있다.

불안 스트레스를 낮추는 진정제를 개발하는 과학자들은 원숭이를 대상으로 진정제 효과를 시험했다. 원숭이 한 마리를 우리 속에 가두고 밖에 사나운 개 한 마리를 풀어놓은 후 그 주위에서 어슬렁거리며 짖게 했다. 시간이 지나고 그들은 원숭이 혈액의 스트레스 호르몬 수치를 측정했다. 원숭이의 스트레스 호르몬 수치는 급격히 증가했다. 이번에는 자신들이 개발한 진정제를 먹인 원숭이 한 마리를 더 데려와 이전 원숭이가 있는 우리 속에 함께 넣었다. 개가 밖에서 어슬렁거리며 위협하는 상황은 동일했다. 시간이 지나고 그들은 진정제를 먹은 원숭이를 꺼내어 혈액 측정을 했다. 예상대로 스트레스 호르몬 수치가 상승하지 않았다. 과학자들은 진정제의 효능을 확인했다며 기뻐했다.

그런데 예상 밖의 실험 결과가 나왔다. 진정제를 먹이지 않은 원래의 원숭이도 덩달아 스트레스 호르몬 수치가 안정되게 나온 것이다. 놀란 과학자들은 진정제를 먹였던 두 번째 원숭이를 빼냈다. 시간이 지나고 그들은 다시 첫 번째 원숭이의 스트레스 호르몬 수치를 측정했다. 이번에는 여지없이 수치가 상승했다. 그들은 이 실험을 몇 번이고 반복했다. 결과는 계속 동일하게 나왔다. 진정제를 먹인 원숭이와 함께 우리에 있으면 진정제를 먹이지 않은 첫 번째 원숭이의 수치도 함께 내려가고, 반대로 홀로 있으면 이 원숭이의 수치가 상승했다.

이번에 과학자들은 두 번째 원숭이에게 진정제를 먹이지 않고 그냥 첫 번째 원숭이가 있는 우리 속에 넣었다. 그 외 다른 실험 조건은 모두 동일했다. 그런데 진정제를 먹이지 않은 두 마리 모두 스트레스 호르몬 수치가 안정되었다. 이 실험에서 한 가지 간과할 수 없는 중요한 사실이 있다. 나중에 넣은 두 번째 원숭이는 원래부터 첫 번째 원숭이와 서로 알고 지내던 사이 좋은 관계의 친구였다는 점이다.

다시 과학자들은 실험 조건을 바꾸었다. 이번에는 서로 모르는 원숭이 두 마리를 우리 속에 넣은 후 동일한 실험을 했다. 그러자 어떤 스트레스 진정 효과도 나타나지 않았다. 단순히 함께 있다고 해서 위협적인 상황 속에 있는 원숭이들이 안정되는 효과를 얻을 수 있는 것은 아니었다. 안정 효과는 오직 서로 의지가 되는 원숭이 친구와 함께 있을 때만 일어났다. 과학자들은 예상하지 못한 이 결과를 통해 불안 스

트레스의 진정제는 약물뿐만이 아니라 좋은 타인과의 관계라는 점을 인식하게 되었다.[69]

정신적으로 자신이 타인과 연결되어 있음을 아는 것은 심리적 고립감을 줄이는, 불안의 아주 좋은 치료제가 된다. 반면 내가 타인으로부터 단절되어 있다는 고립감이 커지면 불안에 매우 취약해진다. 사회심리학자 나오미 아이젠버거Naomi Eisenberger의 연구팀은 2003년 사회적 단절에 대한 하나의 실험을 설계했다. 실험 참여자는 fMRI 스캔을 통해 뇌 상태를 검사받아야 했다. 그렇게 자신의 뇌가 측정되는 가운데, 참여자는 공 던지기 컴퓨터 게임을 다른 두 명의 플레이어와 해야 했다. 연구팀은 이 과정에서 실험 참여자로 하여금 다른 플레이어들이 어느 순간부터 자신에게 공을 던지지 않는 상황을 겪으며 심리적으로 고립되는 상황을 설계했다. 그런데 사실 다른 두 명의 플레이어는 사람이 아니라 컴퓨터 프로그램이었다. 다만 이 사실을 모르는 실험 참여자는 시각적으로 자신이 배제되었다고 믿을 수밖에 없었다. 같은 공놀이 공간에서 자신이 고립되었다고 느낀 참여자의 뇌에서는 신체적 고통을 느끼는 것과 동일한 고통의 반응이 발견되었다.[70]

자신이 무엇을 하든 혹은 어디에 있던 심리적으로 타인

과 단절된다는 고립감은 신체의 고통만큼이나 현실적 괴로움이 될 수 있다. 실제로 우리는 모두 그런 단절의 긴 시간을 보내며 불안을 경험했다. 코비드19 팬데믹이 온 지구를 휩쓸 때, 각 나라는 거리 제한이나 만남 제한 같은 정책을 통해 상호 간의 연결성을 크게 제약했다. 당시 사람들의 일상에서 불안은 크게 증가했고, 정신 건강은 위협받았다. 실제로 이 시기에 개인의 정신 건강에 대한 조사를 수행한 연구들은 단순한 물리적 고립 이상으로 심적 외로움이 큰 문제가 될 수 있다는 사실을 밝혀냈다. 연구 결과, 외로움이 클수록 사회적 고립을 더 걱정스러워했고, 현실에 대한 위험 인식도 증가했다.[71]

붓다의 연기 사상은 인간이 불안으로부터 자유로워지려면 나와 타인이 연결되어 있음을 진정으로 깨닫고 또 경험해 보아야 한다고 말한다. 사무량심 수행은 긍정 정서를 통해 나와 타인 간의 연결성을 구축하고 확인하는 수행이다. 이 수행은 세상 모든 이를 의지할 수 있는 좋은 타인, 즉 친한 친구, 좋은 아들과 딸, 따뜻하고 너그러운 아버지와 어머니로 만든다. 수행의 효과는 붓다 자신의 불안 경험을 통해, 또 타인의 불안을 치유하는 과정에서 직접 확인되었다.

원수도 사무량심의 대상

어느 날 붓다의 제자들은 수행하기 알맞은 이런저런 장소를 찾아다녔다. 그러다 그들은 히말라야산맥의 작은 숲을 찾았다. 숲은 시원했고, 깨끗한 샘물도 있었다. 나무는 울창하고 푸르렀으며, 숲 부근에는 마을들이 있어 공양 나가기에도 아주 좋았다. 심지어 그곳의 주민들은 이런 오지에 붓다의 수행자들이 왔다는 사실에 감격하며 그들을 크게 환영했다. 붓다의 제자들은 이곳에 자리를 잡고 수행을 시작했다.

그 숲에는 원래부터 거주하던 신들이 있었다. 이 신들은 붓다의 제자들이 자신의 자리를 차지하고 수행하기 시작하자 어떻게 해야 할지 몰라 전전긍긍했다. 시간이 지나면 금방 떠날 것이라고 믿고 처음에는 참았다. 그러나 여러 날이 지나도 그들은 떠날 줄 몰랐다. 자신들의 집을 뺏긴 신들은 점점 화가 나서 참기 힘들어졌다. 이윽고 신들은 제자들에게 겁을 주며 수행을 방해하기 시작했다. 매우 무서운 모습으로 나타나고, 끔찍하고 괴상한 소리를 내며, 또 구역질나는 냄새를 풍기기도 했다. 계속되는 신들의 방해에 붓다의 제자들은 더 이상 수행하기가 어려워졌다. 그들은 결국 자리를 뜨고 말았다.

그들은 붓다에게 되돌아갔다. 자신들이 겪은 끔찍한 경

험을 그에게 고했다. 자초지종을 들은 붓다는 다음과 같이
주문했다.

수행자들이여, 다시 그곳으로 돌아가라. 오직 그곳에서 수행
을 정진해야만 내면의 문제를 다룰 수 있노라. 두려워하지 말
라. 신들의 괴롭힘에서 벗어나고자 한다면 자애의 경을 암송
하라. 이 경은 명상의 주제가 되면서 또한 너희들의 마음을 보
호해 주는 주문이 될 것이다.[72]

이렇게 붓다는 제자들에게 다시 돌아가 그들을 위협하
는 신들에게 오히려 자애의 마음을 보내면서 정중하게 대하
라고 주문했다. 이들에게 그는 자애경을 가르쳤다. 제자들은
자애경을 암송하며 다시 숲으로 돌아갔다. 긍정의 기운을 내
뿜는 붓다 제자들의 재방문을 본 숲 신들의 마음에는 갑자기
따뜻함과 관대함이 샘솟았다. 신들은 호의적인 눈빛으로 제
자들을 바라보기 시작했다. 결국 신들은 마음을 바꾸어 수행
자들의 안전과 편의를 지켜 주는 수호신의 역할을 자처하게
되었다고 한다.

오늘날 붓다가 가르친 자애경은 불교도의 마음을 보호
하는 큰 위력을 지닌 경으로 자리매김하고 있다. 이 경은 일

부 남방의 불교 국가에서 각종 의식이나 예식 및 행사에서 가장 많이 합송되는 유명한 경이기도 하다.[*]

사무량심 수행의 대상은 나를 넘어 타인에게로 향한다. 붓다는 그 대상을 나를 해하는 원수 같은 존재로까지 확대하라고 가르쳤다. 어떤 이유에서건 내 마음에 원수처럼 강한 증오의 대상을 두면 분노의 번뇌가 일어나게 되므로 나 자신을 해하고 망치는 일이 되기 때문이다. 붓다는 이렇게 다소 비현실적으로 보일 수 있는 원수에게도 사무량심을 보내는 일을 하라고 가르쳤다. 그는 제자 팍구나에게 다음과 같이 말한다.

> 팍구나여, 그러므로 어떤 이가 그대를 손으로 때리고, 흙덩이를 던지고, 몽둥이로 때리고, 칼로 내리치더라도 그대는 충동적으로 일어나는 잘못된 의욕이나 생각을 멈추어야 한다. 팍구나여, 이럴 경우에 다음과 같이 정진해야 한다. '내 마음은 그것에 영향받지 않으리라. 악담을 내뱉지도 않으리라. 이로움과 함께 연민으로써 머무르리라. 자애의 마음을 가지면서 증오를 품지 않으리라.' (「톱의 비유 경」)

[*] 참고로 이 경의 전문이 궁금한 이들은 『숫타니파타』의 1장 8절의 '자애경'을 확인하라.

적대 관계에 있는 이들에게조차 따뜻한 마음을 보내라는 붓다의 주문은 분명 현대 사회를 살아가는 우리에게 실현 가능한 정상적 주문처럼 보이지는 않는다. 그런데 이 노력이 어떤 효과를 발휘하는지에 대한 좋은 연구 사례가 있다. 하버드대학교의 심리학 연구팀은 망명 중인 티베트인 중에서 중국 당국자에 의해 20년 넘게 투옥되고 심히 고문을 당한 일부 승려들의 심리를 연구했다. 긴 시간 동안 투옥되어 고문당한 일반인의 심리 상태는 통상 엄청난 트라우마와 심적 장애에 고통받는 상태이다. 그러나 실험 대상이 된 승려들의 경우 예상과 달리 그런 병리적 흔적을 전혀 보이지 않았다. 오히려 그들의 마음에서 연민과 삶에 대한 감사의 마음이 더 깊어진 흔적을 볼 수 있었다. 그들은 고문을 당할 때조차 붓다가 가르친 대로 고문하는 자에 대한 자비가 사라지지 않도록 애를 쓰며 사무량심 수행을 했다는 사실이 확인되었다.[73]

『방광대장엄경』에는 깨달음을 얻은 그날, 구도자 싯다르타가 마라의 군대로부터 큰 규모의 공격을 받은 장면이 기록되어 있다. 마라의 군대는 그를 향해 돌을 던지고 칼을 휘둘렀으며, 독을 뿜었고 활을 쏘았다. 이런 위협 속에서 구도자 싯다르타는 동일하게 그들에게 공격적으로 대응하지 않았다. 그는 오히려 자비의 마음을 군대에게 보냈다. 그러자 돌은 들기 어려운 돌이 되었고, 칼은 스스로 부러졌으며, 독은 향기의 바람으로 변했고, 활은 하늘에서 연꽃이 되어 떨어졌다고 한다.

후대의 경전인 『청정도론』은 어떻게 사무량심을 계발해야 하는지 그 방법을 제시한다. 그중 자애의 마음을 내는 대표적인 방법 한 가지를 소개하면 다음과 같다. 사무량심을 보낼 대상을 단계적으로 설정하는 것이다. 맨 처음에는 자기 자신에 대해 자애의 마음을 낸다. 그다음은 친한 지인이나 친구에게 내고, 그것이 익숙해지면 다음 단계로 중립적인 관계에 있는 이들에게 자애의 마음을 보낸다. 그것도 능숙해지면 다음으로 적대의 관계에 있는 이들에게까지 자애의 마음을 보내는 연습을 한다. 마지막에는 모든 존재에게로 그 대상을 확장한다. 『청정도론』은 대상의 점진적 확대가 수행에서 아주 중요하다고 강조한다. 처음부터 무리하게 적대의 관계에 있는 이들에게 자애의 마음을 보내는 시도를 할 경우 오히려 분노가 일어나는 역효과를 낼 수 있기 때문이다.

5장

불안,
운명의 집행자인가?
조력자인가?

인간 붓다의 삶을 돌아보면 불안은 참으로 많은 일을 했다. 완벽주의 성향도, 죽음이라는 주제에 민감하게 만든 것도, 수행자의 길에 끌리게 만든 것도, 구도의 과정에서 적당히 안주하지 않고 끝까지 정진하게 만든 것도, 모두 불안이 없었다면 가능하지 않은 일이었다. 무아 사상, 중도 사상, 사무량심 등의 핵심 사상 또한 불안의 경험 속에서 나온 것이다. 그가 붓다가 되었을 때 그를 움직이게 한 것 역시 타인의 심적 괴로움, 즉 불안이었다. 그는 사람들의 불안을 해결해 주기 위해 전국을 유랑했고, 또 수행자 집단을 형성하고 이끌었다.

이렇게 본다면 인간 싯다르타의 삶에서 진정한 주인이 과연 누구였는지 묻게 된다. 인간 싯다르타인가? 아니면 불안인가? 싯다르타는 늘 자신이 스스로 선택하고 결정하며 행한다고 생각했지만, 실은 이는 착각에 불과했을까? 사실 그는 그저 불안이 시키는 일만 그대로 행하는 불안의 자동조종기계 같은 존재가 아니었을까?

물론 이 질문을 받은 이는 누구나 인간 싯다르타가 늘 삶의 주인이었다고 말하고 싶을 것이다. 그런데 답은 그렇게 간단하지 않다. 여기에도 양극단이 있다. 붓다는 자신의 모든 가르침을 다음과 같이 요약한 바 있다.

> 수행자들이여, 모든 움직이는 생명의 발자국은 코끼리 발자국에 다 들어간다. 코끼리 발자국이야말로 가장 큰 발자국이다. 마찬가지로 어떤 유익한 가르침도 모두 다음의 네 가지 진리에 포함된다. 그것은 다음과 같다.
>
> 이 세상은 괴로움이라는 진리, 괴로움의 원인은 갈애라는 진리, 괴로움은 소멸된다는 진리, 괴로움의 소멸을 얻는 방법의 진리 등이다. (「코끼리 발자국 비유의 경」)

불교에서는 이 네 가지 진리를 '사성제'라고 칭한다. 네 가지 고귀한 진리라는 뜻이다. 이 사성제는 불안과 함께한 붓다의 인생 그 자체를 담고 있다. 그는 어릴 적부터 불안을 심각하게 경험했다. 그에게 세상은 괴로움이었다[첫 번째 진리: 세상은 괴로움]. 그는 성년이 되어 왕자의 신분을 버리고 구도자가 되면서 불안한 내면을 안정시켜 줄 대상에 집착하게 하는 힘인 갈애의 작용을 몸소 체험하고 확인했다[두 번째 진리: 괴로움의 원인은 갈애]. 그는 수행에 매진한 끝에 결국 이 갈애를 소멸하며 자유를 성취했다[세 번째 진리: 괴로움의 소멸, 열반]. 불안의 굴레에서 벗어나 참된 자유의 경지를 획득한 것이다. 그 후 그는 자신의 깨달음을 전하기 위해 불안으로부터 자유를 얻는 방법으로써 팔정도를 제시했다[네 번째 진리: 괴로움을 소멸하는 방법으로서의 팔정도]. 사성제는 이렇게 철저히 붓다 자신의 불안 경험과 그에 대한 통찰에서 나온 것이다.

이 사성제가 바로 붓다가 자기 삶의 주인이 되었음을 알리는 증거이다. 사성제는 그가 불안의 족쇄에서 벗어난 자임과 동시에 그가 제시하는 가르침을 잘 이해하고 따른다면 누구나 그렇게 될 수 있음도 알려 준다. 사성제를 펼친 그는 불안의 노예가 아닌 불안의 해결사였다. 그는 실로 무명을 타파했고, 갈애를 소멸했다. 물론 그도 인간으로서 불안할 때가 있었으나, 결코 불안에 의해 선택을 강요당하는 일은 없었다. 그는 죽는 순간까지 두 번째 화살은 맞지 않고 현실적 불안을 겪되, 자유를 행사하는 삶을 살다가 갔다.

마라는 붓다의 생이 얼마 남지 않은 때에 마지막으로 그를 찾아왔다. 몸이 쇠약해지면 의지도 또 판단도 흐려지는 법이다. 당시 붓다는 기력이 무척 쇠하고, 몸은 심히 아픈 상태였다. 마라는 그 순간을 노렸다. 다시 한번 노쇠한 붓다를 시험했다.

> 붓다이시여, 이제는 바로 반열반에 드시지요. 지금이 그럴 적 기입니다. (『대반열반경』)

마라는 붓다에게 육신의 고통과 어려움을 당장 놓아 버릴 수 있는 달콤한 길을 제시했다. 고달픈 생을 마감하는 선택을 하라는 것이다. 심한 괴로움 속에 있던 그에게 이 죽음의 선택은 상당히 유혹적이고 강력했을 것이다. 더욱이 경전에 따르면 당시 붓다는 이미 자신의 생이 몇 달 남지 않았음을 직감하고 있었다. 이런 상황에서 자신이 조금 더 일찍 죽음을 선택하는 것이 뭐가 대수겠냐는 안이한 생각을 하며 마라, 즉 불안의 유혹에 더 쉽게 넘어갈 수 있었다. 그러나 그런 선택은 자신의 마지막에 대한 결정을 불안의 손에 넘겨주는 꼴이 된다.

붓다는 마라의 유혹을 단호히 거절했다. 비록 몇 달 남지 않은 육체적으로 괴로운 생이었지만, 그는 자신이 해야 할 일이 아직 남아 있음을 잊지 않았다. 그는 다음과 같이 말했다.

> 마라여, 그대는 조용히 하라. 나에게는 앞으로도 3개월의 시간이 더 남아 있노라. (「대반열반경」)

그는 자신에게 주어진 마지막 시간 동안 자신의 가르침을 사람들이 더 잘 이해하고 실천할 수 있도록 최선을 다하겠다고 다짐했다. 설령 몸이 너무 괴롭고 힘들다 한들 불안의 두 번째 화살은 맞지 않겠다는 확고한 의지를 보인 것이다. 그렇게 붓다는 죽음불안으로부터의 참된 자유를 마지막까지 행사하고 있었다. 최소한 붓다가 된 이후의 싯다르타는 단 한 순간도 자기 선택과 결정에 있어 불안에 주인의 자리를 내어 준 적이 없었다.

불안으로부터의 자유도 모두에게 다르다

불안으로부터의 참된 자유란 불안을 아예 없애 버렸음을 의미하지 않는다. 살아가는 한 불안은 계속 일어나기 마련이다. 인간의 몸을 가지고 살면서 이것을 경험하지 않을 방법은 없다. 붓다이든 아니면 일반인이든 불안을 경험하며 사는 것은 동일하다. 단지 붓다처럼 그것에 속박되거나 노예가 되지 않을 수 있을 뿐이다.

문제는 모두가 붓다 같을 수는 없다는 사실이다. 누군가는 좀 더 불안의 족쇄에 강하게 속박되어 있고, 누군가는 조금 덜할 뿐이다. 즉 불안의 자유에도 단계가 있다. 무명과 갈애의 번뇌에 빠지면 빠질수록 불안에 속박되는 정도가 강해진다. 불안의 속박이란 불안이 느껴질 때 다른 선택지를 의식적으로 생각할 겨를 없이 자동적으로 불안에 반응하며 충동적 행동을 하는 일이다. 예를 들어 타인 앞에서 말할 때 불안이 심해지는 이를 가정해 보자. 그는 누구 앞에서 발표하는 기회가 생길 때마다 불안해져서 무조건 회피하고 도망치고는 한다. 그런데 이번에 자신의 인생에서 중요한 성공의 기회를 얻었다. 단 그가 이 기회를 차지하려면 타인 앞에서 발표해야 한다는 조건이 걸렸다. 그는 자신이 발표해야 한다는 이야기를 듣자마자 심히 불안해지기 시작했다. 이 상황에서 여느 때와 같이 자동적으로 그 기회를 회피할 경우 그는 불안에 속박된 노예로 남게 된다. 이 경우 불안은 그에게 있어 운명의 잔인한 집행자가 된다.

불안이 운명의 강력한 집행자가 될수록 삶은 더욱 괴롭고 힘들다. 불안에 의해 강제된 선택에는 내 의지가 제대로 반영되어 있지 않다. 따라서 그런 선택을 내리면 삶을 주체적으로 산다는 느낌을 가질 수 없다. 또한 이는 중의 지혜에 따른 선택이 아니므로 삶에 조화와 균형을 가져다주지도 않는다. 매번 불안에 의해 선택과 결정이 휩쓸리므로 삶은 더욱 불안해진다. 언제, 어디에서 선택과 결정을 전적으로 좌우하는 불안의 자극이 주어질지 몰라 조마조마하기 때문이다. 늘 불안을 야기할 만한 조그만 징조에도 민감해지고, 주체적으로 살지 못하는 자신으로 인해 실망감과 좌절감이 올라온다. 그만큼 대인관계나 여타의 사회 적응에도 어려움을 겪는다. 그에게 인생의 주도권은 늘 불안을 야기하는 외부 사태이므로 삶의 주도권도 외부의 사건에 달려 있는 것이다. 즉 자신의 운명도 모두 외부의 불안 사태가 결정짓는 것이다. 그래서 늘 자기 자신을 통제하려 하기보다 외부 세상을 통제하려 들기 때문에 세상과 싸우고 그에 끌려다닌다.

반면 무명과 갈애의 수준을 낮출수록 불안의 족쇄는 느슨해진다. 불안에 충동적으로 반응하는 정도가 완화된다. 지금 불안이 내게 어떤 영향을 미치는지를 차분히 보면서 불안과 나의 반응 사이에 공간을 조금씩 만들어 간다. 불안으로부터 거리를 두고, 불안과 대화하기 시작한다. 그러면 불안에 대한 충동적 반응이 더 줄어들기 시작한다. 또한 불안을 일으키는 외부 사태에 직면해 내가 어떤 태도를 취하고, 이에 어떻게 대응하는지가 분명히 보이기 시작한다. 덕분에 자신의 삶을 이끄는 것은 불안을 야기하는 외부 사태라기보다 그 사태를 대하는 자신의 태도라는 생각도 조금씩 할 수 있게 된다. 이제 그의 마음에는 불안이 강압하는 선택을 그대로 승인할 것인지, 아니면 그것을 거부하고 다른 삶의 흐름을 만들 것인지라는 선택권이 주어진다. 즉 완전히 다른 결정을 할 수 있는 여건이 마련되는 것이다. 불안은 이제 내 운명의 집행자가 아닌 조력자로 변하기 시작한다. 불안을 피할수는 없으나 이에 끌려다니지 않을 수 있게 된다. 그는 갈수록 불안으로부터 자유로운 자가 된다.

불안은 내가 어느 정도의 자유를 성취했느냐에 따라 운명의 집행자에 가깝기도 하고, 반대로 운명의 조력자에 가깝기도 하다. 인간 싯다르타의 삶에서도 마찬가지의 일이 벌어졌다. 그도 처음부터 무명을 깨치고 갈애를 타파한 상태로 태어난 것이 아니었다. 그는 어린 시절 죽음불안에 시달렸고, 원치 않는 완벽주의 성향으로 심적 문제에 시달렸다. 이 모두가 두 번째 화살을 어느 정도는 맞은 것이라고 볼 수 있다. 또한 당시의 그는 자기 운명의 올바른 주인 자리를 차지하지 못하고 있었다. 그는 예언된 두 가지 운명 사이에서 갈팡질팡했다. 다행히 그는 구도자가 되어 점점 불안을 알아 나갔다. 불안에 휘둘리지 않고 자기 삶의 주인이 되는 법을 배워 나갔다. 그는 그렇게 자기 삶에서 자유의 영역을 조금씩 넓혔다. 결국 보리수나무 아래에서 참된 자유의 경지를 성취했다.

이렇게 볼 때 그는 삶의 각 단계, 각 상황에 따라 매번 제한된 자유를 누리고 있었다. 어느 단계나 상황에서는 좀 더 어렵고 힘들게 불안에 매였고, 어느 단계나 상황에서는 좀 더 나은 자유를 경험했다. 그럼에도 불구하고 분명한 것은 그가 불안에 구속되는 인생의 시기에도 줄기차게 자신의 불안에 대해 사색하며 불안과의 관계를 건설적으로 설정하려고 노력했다는 점이다. 즉 그는 무명과 갈애로 인한 불안으로 괴로울 때도 자기 삶의 불안 조건과 싸우느라 시간과 에너지를 소비하지 않았다. 그는 그저 주어진 불안 조건 속에서 늘 최선을 다했다. 완벽하지는 않지만, 그때그때 할 수 있는 만큼 최선의 선택을 하려고 노력한 것이다. 그런 선택과 노력이 쌓여 결국 참된 불안으로부터의 자유를 이루게 되었다. 붓다는 임종 전 제자 아난다에게 다음과 같이 가르쳤다.

아난다여, 그러므로 그대들은 자신을 섬으로 삼으라. 자신을 귀의처로 삼고 머물라. 절대 남을 귀의처로 삼아 머물지 말라. (「대반열반경」)

무아를 가장 강조한 사상가인 붓다는 삶의 마지막 가르침으로 나 자신을 기준으로 삼으라는 메시지를 남겼다. 불안을 안고 살아가는 우리에게 있어 무엇이 옳은 선택이고 아닌지는 나 자신이 판단하고 책임져야 할 일이다. 붓다는 각자의 내면에서 역동하는 불안에 휩쓸리지 않고, 불안해하는 자신을 올바로 보고 관찰하며 바른 선택을 하려 노력함으로써, 점점 더한 자유를 찾으라고 조언했다. 문제가 나에게 있으니 답도 나에게 있기 마련이기 때문이다.

불안은 동력이자 나침반

불안이 없이는 붓다 싯다르타도 없다. 불안은 그의 삶에 있어 가장 중심이 되는 조건이었다. 붓다가 얻은 지혜에도 불안의 지분이 절대적이다. 마찬가지로 그가 펼친 핵심 사상에서도 불안이 대주주이다. 불안은 그의 깨달음 여정에 있어 대체 불가한 핵심 동력이면서 다른 한편으로 길을 안내하는 나침반이었다.

유년 시절 싯다르타의 완벽주의 성향은 그에게 심적 어려움을 주었다. 그 때문에 그는 유한하다는 것, 혹은 결핍되었다는 사실에 유독 민감했고, 죽음불안을 심각하게 인식하며 사색의 동력을 얻었다. 또한 그가 구도의 과정에 들어섰을 때도 불안은 온전한 깨달음을 구하도록 돕는 핵심 자원이자 길잡이였다. 덕분에 그는 적당한 선에 안주하지 않고 끈질기게 정진할 수 있었다. 당대에 저명한 스승들의 밑에서 배우면서 그들이 이룬 명상의 최고 경지를 얻었어도 그는 만족하지 않았다. 그는 '이것이 정말 내가 바란 경지인가?', '나는 진정 제대로 된 길을 가고 있는가?'라는 질문을 계속 던지면서 자기 성찰과 탐구의 정신을 잃지 않았다. 일상에서 불안이 느껴지고 내 뜻대로 이를 통제할 수 없음을 자각했다. 이는 아직 자신이 답을 얻지 못하고 있음을 알려 주는 징표였다. 목숨을 걸고 고행할 때도 마찬가지였다. 극단적으로 적게 먹어 배변이 쉽지 않았고, 잠자리가 불편한 길이나 숲에서 그냥 잠을 청했다. 추운 날이든 더운 날이든 옷도 제대로 걸치지 않고 다녔다. 이런 불편하고 어려운 상태에서도 그는 다음과 같이 정진했다.

밤으로는 떨고 낮으로는 타 버리네. 두려움을 불러일으키는 숲에 홀로 발가벗었는데, 옆에는 모닥불도 없지만 아직도 현자는 탐구를 멈추지 않네. (「사자후에 대한 큰 경」)

심신이 쇠약해지고 고생은 고생대로 하는 상황에서도 그는 불안의 완전한 해결이라는 목표에 답을 얻었다는 확신이 들 때까지 고행을 밀어붙였다. 원하는 답을 얻지 못했다는 생각 혹은 원하는 답을 얻지 못할 수도 있다는 생각이 들 때면 마음은 여지없이 불안했다. 그는 그 불안을 나침반 삼아 끝까지 가 보고자 마음먹었다.

구도자 싯다르타는 장장 6-7년을 불안과 동거하고 씨름하며 정진했다. 그가 붓다가 되는 날, 마라는 물러가며 다음과 같이 고백했다.

나는 그대가 구도를 시작한 후 7년 동안이나 계속해서 따라다니며 마음을 전복시킬 기회를 보았다. 그러나 계속 구도하며 정진하는 그대는 틈을 보이지 않았다. (…) 나는 이제 실망하여 싯다르타를 떠난다. (『숫타니파타』)

마라는 그의 구도 여정을 주저앉히려고 끊임없이 그를 불안하게 했다. 그는 싯다르타가 자기가 통치하는 죽음의 세상을 떠나지 못하게 하고 싶었다. 하지만 불안은 오히려 싯다르타로 하여금 구도를 멈추지 않도록 하는 동력으로 작용했다.

신경학자이자 심리학자인 트레이시 데니스 티와리 Tracy Dennis-Tiwari는 불안의 양면성을 지적한다. 불안이 여러 병리를 야기하는 핵심 요인이지만, 다른 한편으로 이것은 우리를 성장시키고 도움을 주는 요인이기도 하다는 것이다. 티와리는 다음과 같이 말한다.

불안이 없었다면 우리는 살아남아 성장할 기회를 잃었을지 모른다. 그래서 불안은 반드시 기분이 나빠야 하며, 최소한 늘 불쾌한 기미를 지니고 있어야 한다. 그래야 불안은 우리가 그에 주목하게 만들고, 또 우리에게 무언가를 알려 주며, 불안 그 자체에서 벗어나도록 하는 행동에 동기를 부여한다.[74]

불안은 불안에서 벗어나기 위해 반드시 필요한 우리 삶의 일부이다. 불안은 괴롭지만, 또한 우리를 살아가게 만들기도 한다.

뇌생물학자 휘터는 불안이 인간의 진화에 핵심 요소라며 다음과 같이 평가한다.

불안은 대단히 강한 힘이자 압력입니다. (…) 또한 불안은 그저 막연한 어떤 힘이 아니라 사람을 앞으로 나아가게 하는 힘이라는 점을 강조하고 싶습니다. 좀 더 나은 삶의 방식을 모색하도록 '등을 떠미는 엔진'이라고 할까요?[75]

그는 늘 변화하는 환경에 맞추어 적응해야 하는 숙명을 짊어진 인간이 그 숙명을 거부하려고 할 때 바로 불안이 나타나 변화를 강요하고 촉진한다고 설명한다. 불안 스트레스 호르몬이 나오면서 기존의 질서를 파괴하고, 그에 따라 새롭게 변화하는 내적 조건이 형성된다는 것이다. 이때 변화를 성공적으로 해내면 기존의 뇌에 견고히 자리 잡고 있던 신경세포 간의 접속과 연결이 해체된다. 덕분에 현재의 환경에 맞는 새로운 접속과 연결이 자리 잡게 된다.[76] 그러므로 불안은 그저 폐기해야 할 대상이 아니라 적극적으로 알아보아야 할 대상이다. 불안은 변화하는 환경에 항상 적응하지 않으면 도태된다는 사실을 알리는 위험 신호이다. 불안을 적절히 안고 대처하지 못한 종은 지구 역사에서 진화에 실패하여 도태된 반면 그렇지 않은 종은 생존할 수 있었다.

불안이 디자인하고, 역사가 의미를 부여하다

이와 같이 볼 때, 붓다가 이룬 모든 것은 결코 그가 혼자 스스로 이룬 것이 아니다. 인간 붓다도 임시적인 나였다. 그를 구성하는 몸, 느낌, 생각, 정서, 의식 등은 모두 불안이라는 디자이너의 손을 거쳤다. 불안은 그에게 여태껏 그 누구도 가보지 못한 길을 알려 주고 안내하는 나침반이었다. 그는 이 나침반을 참고하여 이 길 저 길을 시험하면서 자신만의 지도를 만들었다.

이렇게 불안을 길잡이 삼아 치열하게 깨닫고 또 타인을 치유하는 일에 나서자, 붓다의 삶은 죄책감의 이야기를 치유의 이야기로 바꾸어 역사에 남겼다. 그 이야기란 다음과 같은 것이다.

붓다는 가르침을 전파하면서 수행자 집단을 구축했다. 많은 이가 붓다의 가르침을 배우고 그의 지도 아래에서 수행하고자 모여들었다. 그들 중에는 아들 라훌라, 아내 야소다라, 어머니 고따미, 나아가 여러 친척까지 많은 석가족의 사람들이 포함되었다. 그의 이복동생 난다는 출가를 생각하지 않았으나, 붓다가 그를 설득하고 달래면서 강요하다시피 하여 출가하게 되었다. 그렇게 그들 가족과 친지 대부분은 카필라국을 떠나 붓다의 수행 집단의 일원이 되었다.

얼마 지나지 않아 붓다의 나라는 코살라국의 분노에 찬 젊은 왕의 군대에 의해 멸망했다. 남아 있던 석가족은 그야말로 몰살당했다. 붓다의 가족과 많은 이들은 그를 따라 출가한 덕택에 그 재앙에서 벗어날 수 있다. 한때 왕자 싯다르타가 위대한 포기의 결정을 내렸던 그 선택은 당시로서는 매우 비도덕적이고 비인륜적인 일로 여겨지며 양심의 가책을 야기했으나, 그 선택 때문에 가족과 친지 대부분이 살 수 있었다. 그렇게 그의 위대한 포기는 여러 측면에서 가히 그가 내린 생애 최고의 선택이 된 것이다. 심히 비도덕적이고 비인륜적인 결단처럼 보였던 것이 가장 도덕적이고 인륜적인 결단으로 전환되어 역사에 기록될 수 있었다.

훗날 이 극적인 역전의 이야기가 쓰일 것임을 왕자 싯다르타는 위대한 포기를 결정할 당시 알고 있지 않았다. 그는 이런 결과가 나올지 확신할 수 없는 상태에서 그저 불안을 올바로 이겨 낼 방도를 찾기 위해, 또 자신이 진정 의미 있는 삶을 살기 위해 주체적인 선택을 했을 뿐이다. 그는 늘 자신에게 주어진 그때그때의 불안 과제를 열심히 수행하며 현재에 충실히 임했다.

그러므로 그의 인생 이야기의 상당 부분은 불안이 그 대강을 디자인했던 것이라고 볼 수 있다. 덕분에 그의 삶은 역사적으로 매우 고유한 의미를 가진다. 싯다르타 붓다가 활동한 당시 인도는 급격한 변화의 시기, 즉 기존의 문화가 해체되고 새로운 인문 중심의 문화가 열리던 시대를 맞고 있었다. 그 시기 인류는 기존의 사상, 즉 인간이 신에게 종속되는 신화적 사상에서 벗어나고 있었다. 이 시대적 흐름 속에서 인류는 기존의 것과는 다른, 보다 윤리적이고 심리적인 사상이 필요했다.

이때 싯다르타라는 인물이 유독 불안에 취약한 몇몇 조건을 가지고 인도 땅에 태어났다. 그는 특히나 불안의 근원인 죽음에 민감해야 했고, 나아가 윤리의 토대인 도덕적 불안에도 취약한 삶을 살아야 했다. 그는 불안을 안고 인간적인 삶에 대해 철학적으로 사색했다. 불안이 계속 그를 자극하고 괴롭혔다. 불안의 조건 속에서 그는 인간의 심리를 이해하고 어떻게 불안을 다루어야 할지 그 방법을 구하는 여정을 밟아 나갔다. 그는 불안을 나침반이자 동력으로 삼아 활용하면서 그 성취를 완성했다.

철학상담사 사미르 초프라는 내 삶과 나 자신을 더 창의적으로 만들어 나갈수록 더 크고 다양한 불안을 겪게 된다고 설명한다. 자기 창조에 더 유능한 이일수록 자기 미래의 가능성도 더 크고 풍부하게 떠올리므로 그만큼 불안도 증가

한다는 것이다. 따라서 그는 불안할 줄 아는 것도 능력이라고 설명한다.[77]

올바로 불안할 줄 알았던 붓다는 인류에게 큰 변화를 요구하던 그 시대가 가장 필요로 하는 것을 부족함 없이 제공한 '해탈한 역사적 개인'이 되었다. 그는 인간 중심의 사상을 내어놓았고, 그것은 그 어느 사상보다도 가장 심리적이고 윤리적인 통찰이 담긴 철학이었다. 덕분에 붓다로부터 비롯된 불교는 마음을 다루는 종교이자 철학으로 알려졌다. 고대 인도, 아니 어느 시대, 어느 지역을 막론하고 불교의 창시자이자 한때 완벽주의 성향으로 고생했던 분석적이고 꼼꼼하며 철두철미한 인간 붓다처럼, 마음에 대해 깊고 자세히 이야기한 성인이나 철학자는 찾을 수 없다.

덕분에 불교는 오늘날 현대 학자들에게 종교와 철학의 경계를 넘어 심리학으로 다시 해석되고 있다. 최초로 '불교심리학'이라는 제목의 책을 낸 캐롤라인 리즈 데이비즈 Caroline Rhys Davids는 책 서문에서 본 저서의 저술 목적 중 하나가 심리학의 역사에 대한 서구인의 오해를 바로잡는 단초를 제공하기 위함이라고 밝힌다. 서구의 심리학자들은 마음을 관찰하고 분석하는 심리학적 시도가 고대 그리스에서 기원한다고 주장하지만, 사실 이는 고대 인도에서 어떤 일이 일

어났었는지를 잘 모르기 때문에 생긴 주장이라고 비판한다.[78]

이렇게 보면 불안의 조건 속에서 자유를 얻으며 대업을 성취하는 일은 붓다처럼 위대한 인물에게나 가능한 일처럼 보인다. 하지만 꼭 그렇게만 볼 필요는 없다. 윤회를 말하는 붓다에게서 진정 중요한 것은 외적 성과가 아니기 때문이다. 그는 늘 외적 성취가 아닌 내적 성취에 마음을 쓰라고 가르쳤다. 우리는 모두 싯다르타 붓다처럼 외적으로 거대한 규모의 성과를 거둘 수 없고, 또 그럴 필요도 없다. 나와 그가 마주한 시대적 조건도, 또 불안 조건도 다르기 때문이다. 진정한 핵심은 불안으로부터의 자유이다. 비록 우리는 붓다처럼 위대한 개인이 될 수는 없을지 모르지만, 마음을 속박하는 불안을 극복하는 여정을 밟아 감으로써 내적으로 위대해질 수는 있다.

우리는 모두 자신만의 이 위대함을 성취할 조건을 가지고 있다. 인간 붓다의 삶에서처럼 우리 자신에게도 나만의 고유한 불안 조건이 주어져 있기 때문이다. 어떤 부모를 만나고, 어떤 출생 이야기를 가지며, 어떤 형제와 친구를 가지고, 또 어떤 선생님을 만나며, 어떤 불행한 사건들을 겪는다. 나는 이런 불안 조건 속에서 다음의 두 가지 기본적인 운명을 손에 쥐고 있다. 한 가지 운명은 불안을 운명의 집행자로 삶에 들이는 것이다. 불안이 일으키는 부정적 생각과 정서에 그냥 끌려다니기만 하는 삶을 산다. 불안에 휘둘리며 자기 삶의 조건을 저주하고 외부 탓만을 한다. 자신은 그냥 이대로 살다 가게 될 운명이라는 생각 이상을 하지 않는다. 그저 불안이 강제하는 노예 같은 삶이 될 뿐으로, 미래를 바꾸는 현재를 살 수 없다.

다른 한 가지 운명은 불안을 운명의 조력자로 받아들이는 삶이다. 불안이 야기하는 부정적 생각 및 정서와 마주하는 것은 위의 운명과 크게 다르지 않다. 그러다 지금 이 순간에 잠시 불안한 자신을 한번 돌아보면서 있는 그대로의 나를 마주한다. 불안의 노예처럼 살아가는 자신이 보일 것이다. 그리고 자신이 왜 이렇게 살 수밖에 없는지 의문을 던진다. 탓을 하기보다는 또 삶을 저주하기보다는 지금 내 상황 속에서 할 수 있는 것들을 해 보아야 한다는 생각을 한다. 바로 이 순간 나에게는 두 가지 선택지가 주어진다. 그냥 이대로 똑같이 불안에 끌려가는 선택과 불안을 알아보며 다르게 반응하는 선택이다. 이제 나는 여기에서 후자의 선택을 하는 갈린 결정을 내릴 수 있다. 내 의지로써 내 운명을 내가 정하는 길이 열리는 것이다.

물론 이 결정이 바로 행복을 가져다주지는 않는다. 그

런 결정을 내린다고 당장 내 불안의 조건이 사라지는 것은 아니니까. 오히려 나는 이 선택에도 불구하고 당장은 좌절하고 또 좌절하는 일이 벌어질 수 있다. 싯다르타도 그런 선택으로 더 큰 도덕적 불안을 안아야 했듯이 말이다. 즉 이런 선택을 한 번 했다고 해서 결코 내가 생각하는 완벽하고 멋진 그림이 나오지는 않을 것이다. 불안을 나침반 삼아 끊임없이 나 자신과 대결하고, 또 몇 번이고 무너지다 보면 조금씩 불안은 운명의 조력자로 다가오게 된다. 그러면 내 삶도 어느샌가 내가 생각하던 것과는 다를지라도 나름의 의미를 확인할 수 있는 자유에 대한 삶의 이야기를 쓰게 될 수 있다.

물론 우리는 붓다처럼 자유를 얻는 일을 온전히 해낼 수 없을 것이다. 그러나 다른 한편으로 우리는 그때보다 훨씬 복잡하고 급변하는 세상이라는 고유한 시대적 조건을 짊어지고 있다. 이 조건에서 도출되는 독특한 삶의 꼴이 있고, 그 불안이 이끄는 길이 있다. 예를 들어 우리는 붓다의 시대보다 이 사회에 적응하고 살아가기 위해 기본적으로 알아야 할 것도, 또 갖추어야 할 것도 훨씬 많다. 그리고 무엇보다 매우 빠른 시대와 그에 따른 환경 변화에 맞게 변해야만 한다. 우리는 인공지능을 알아야 하고, 인터넷이나 SNS가 미치는 삶의 영향을 파악해야 하며, 복잡한 자본주의 경제 시스템에 적응하며 삶을 꾸려야 한다. 이런 여러 복잡한 시대의 과제를 수행하는 가운데 주어지는 불안으로부터 자유를 구하는 일은, 때로는 서툴고 때로는 좌충우돌하는 것이 정상일 것이다.

그러므로 내적 자유가 붓다의 것보다 부족하다고 좌절할 필요는 없다. 그것은 어쩌면 단 한 번의 생으로 성취하기는 힘든 것일지도 모른다. 다행히 붓다는 지금 내가 하는 만큼의 노력과 진도는 다음 기회에 반영된다고 가르쳤다. 오직 지금 내가 할 일은 불안에 즉흥적으로 반응하는 일을 멈추고, 불안과 거리를 두면서 불안을 관찰하고 알아 가며 올바로 내 삶을 꾸리는 일이다. 그렇게 불안의 속박에서 가능한 한 발자국 더 벗어남으로써 나는 인간의 자유의지가 뇌의 산물처럼 여겨지는 이 시대에 매우 의미 있는 고유한 역사적 과업을 수행하게 된다.

철학자 키르케고르는 불안에 대해 진지하게 검토하며 저술한 책, 『불안의 개념』에서 그 마지막 장을 다음과 같은 문구로 열었다.

나는 몸서리쳐지는 것, 무서운 것을 배우는 것이란, 누구나가 직면해야만 하는 모험이라는 사실만을 말해 두고자 한다. 왜

냐하면 그렇지 못하면 그는 한 번도 불안을 느껴 보지 못한 그 사실로 인해, 아니면 불안 속에 아주 빠져 버리고 마는 그 사실로 인해 망해 버리기 때문이다. 그러므로 불안을 올바르게 배운 사람은 최고의 것을 배운 사람이다. 만일 인간이 동물이나 천사였다면 불안을 느끼는 일도 없을 것이다. 그러나 인간은 종합이기 때문에 불안을 느낄 수 있는 것이다. 인간은 그가 느끼는 불안이 깊으면 깊을수록 그만큼 그는 위대하다.[79]

에필로그

철학자 에마뉘엘 레비나스Emmanuel Levinas는 윤리를 강조한 철학자로 잘 알려져 있다. 그는 철저히 타인을 인정하고 존중하는 윤리에 대해 말했다. 그런 그의 철학은 매우 복잡하고 난해하기로 유명했다. 프랑스의 한 공영 라디오 방송에서 철학자 필리프 네모Philippe Nemo가 당대의 손꼽히는 철학자 레비나스의 어려운 사상을 대중에게 쉽게 소개하기 위해 대담을 진행했다. 네모는 레비나스에게 철학자로서 어떻게 생각하는 작업을 수행하는지 물었다. 레비나스는 다음과 같이 답했다.

정확히 말로 표현할 수 없는 무슨 충격이나 더듬거림에서 시작되는 것 같다. (…) 꼭 철학책이 아니어도 책을 읽으면서 그런 충격이 물음이 되고 문제가 되어 생각을 불러일으킨다.[80]

프롤로그에서 이야기했듯, 필자는 붓다라는 성자가 어떤 괴로움도 겪지 않았을 가능성에 대해서도 논해야 한다는 한 스님의 말에 큰 충격을 받았었다. 당시 필자는 심히 불안했고, 죄책감의 문제도 갖고 있었다. 그 때문에 여기저기 수행터나 영적 가르침을 주는 곳을 찾아다니고 있었다. 그 과정에서 무의식의 깊이와 그 강한 힘을 체험했고, 기존의 필자가 지녔던 여러 고정 관념이 크게 흔들리는 경험을 하고 있었다. 모든 것이 불안했고 동요되는 시기였다. 스님이 무심코 던진 한 질문에 크게 충격을 받은 필자는 인간이 불안의 문제를 해결할 수 있는지, 있다면 어떻게 그럴 수 있는지 머릿속으로 더듬거리며 생각하기 시작했다. 그렇게 시작된 생각의 여정은 점점 깊어져 출판을 위한 원고 작업으로 이어졌다.

사실 원고를 쓰면서 필자는 조금 걱정되고 불안했다. 자료를 모으고 분석하면서 점점 인간 붓다도 불안을 경험하고 살았다는 결론에 이르렀기 때문이다. 괴로움의 문제를 해결한 이로 평가받고 있던 붓다가 불안을 경험했다니… 엄연히 한국의 주요 종교인 불교의 창시자를 너무 축소하여 다루는 것은 아닐지 염려되었다.

이제 책을 마무리하는 이 자리를 빌려 필자는 본문에서 다소 미진하게 이야기한 부분을 좀 더 분명하게 다룰 필요가 있다고 느낀다. 우선 필자는 본문에서 왕자 싯다르타가 감행한 위대한 포기, 즉 모든 것을 버리고 출가를 선택한 일의 주된 계기를 불안이라고 주장했다. 다만 그 외에도 그의 출가 계기에는 고려해야 할 부분들이 많다. 사실 그의 출가 동기에 대해서는 불교계에서도 많은 논의가 이루어졌지만, 모두가 인정하는 공식적 견해는 없는 상태이다. 그의 출가 계기를 설명하는 다양한 견해 몇 가지를 소개해 보면 다음과 같다.

먼저, 가장 전통적인 불교 옹호론의 입장에서 볼 때 당시 그의 선택은 미래의 더 크고 보편적인 선을 위해 개인적인 의무를 저버리고 희생한 것이다. 왕자 싯다르타는 자신이 깨달음을 얻음으로써 여러 중생을 치유하겠다는 대의명분, 즉 개인과 자기 가족만이 아닌 인류 전체에 대한 책임을 짊어지고 출가했다고 해석하는 것이다. 대를 위한 소의 희생이 불가피했음을 그의 출가 선택이 보여 준다고 해석한다.

반면 비구 보디Bhikkhu Bodhi는 싯다르타가 윤회의 굴레에서 벗어나는 영적 운명의 의무를 세속의 어떤 의무보다 높이 여겼기에 출가를 선택한 것이라고 주장한다. 물론 붓다는 훗날 출가자와 재가자를 구분하고 그들의 의무를 달리 규정했으나, 분명한 것은 그에게 있어 해탈은 인간이 품어야 할 가장 핵심적인 목표였다. 보디는 당시 인도의 사회적 분위기도 가장에게 가족 부양이나 아버지의 의무 등을 오늘날처럼 절대적 구속력을 가진 의무로 지우지 않았으며, 또 출가한 남성의 아내와 자식은 시댁이나 친정에서 경제적 부양을 지원하는 풍습이 있었다는 점도 고려해야 한다고 말한다. 특히 야소다라와 라훌라는 왕족 집안 출신으로, 경제적인 면에서 크게 문제가 없는 상황이었음을 감안해야 한다고 본다.[81]

태국의 불교학자 잠농 통프라스트Chamnong Tongprasert는 싯다르타는 비록 자신의 부모, 아들, 아내를 사랑했지만, 자기 왕국의 독립과 백성에 대해 더 마음을 쓰고 있었다고 분석한다. 왕자는 카필라국이 현실적으로 코살라국과 같은 강대국의 속박에서 벗어나는 것이 불가능하다는 현실을 알고 있었기에 유혈사태 없는 평화로운 독립을 모색하는 길을 택했다는 것이다. 그러므로 그의 출가는 나라와 백성을 해방시키기 위한 그의 정치적 결단이었다고 볼 수 있다. 통프라스트는 훗날 카필라국이 코살라국에 의해 강제로 정복당했으나, 다른 한편에서 보면 사상적으로 혹은 영적으로 그 나라의 사람들을 붓다가 오히려 굴복시키는 데 성공했다고 설명한다.[82]

카렌 암스트롱은 기존의 베다에 반기를 들며 과감히 카스트제도를 타파하고 새로운 사상을 펼치는 사문들을 싯다르타가 동경했다고 예상한다. 따라서 암스트롱은 출가 당시 싯다르타가 우울하고 불안한 정서에 사로잡힌 상태만은 아니었다고 예상한다. 오히려 그는 세상 사람들의 병을 치유한다는 신념과 희망도 가지고 있었다는 것이다. 그래서 당시의 그는 오히려 호기롭게 모험을 떠나는 마음으로 출가를 선택했다고 주장한다.[83]

법륜은 전쟁에서 패하는 쪽은 어느 계급의 사람이든지에 상관없이 모두 이긴 나라의 노예가 되는 삶을 사는 현실을 당시 싯다르타가 직시하고 있었다고 분석한다. 이런 비정한 정세 인식과 더불어 세속의 모든 약육강식과 인간계의 불평등한 현실에 염증을 느낀 싯다르타가 다른 가능성을 모색하게 된 것이라고 보는 것이다.[84]

이 외에도 출가 이야기가 담긴 붓다의 생애 자체가 허구의 이야기라든가 혹은 일부에 허구적 요소가 섞였다는 견해, 아들 라훌라를 낳았기에 오히려 자신의 의무에 대한 부담이 줄어서 출가할 수 있었다는 견해, 즐거운 궁궐 생활과 인간으로서 맞이해야 하는 죽음에 대한 생각 등 극단적 차이가 빚어낸 현실 인식으로 말미암아 정서적으로 큰 갈등이 생겨 출가했다는 견해 등 여러 가지 견해가 있다.

이렇게 그의 출가는 단지 어느 한 측면이 아닌 사회적, 심리적, 실존적, 윤리적 측면 등에서 다각도로 해석될 수 있다. 이 모든 계기를 종합적으로 살펴보아야만 보다 정확한 출가 계기가 밝혀질 것이다. 다만 인간 붓다의 심리에 초점을 맞추어 그의 삶을 조명한 필자는 여러 요인 중 무엇보다 불안이 가장 핵심적인 출가의 계기로 작용했다고 주장했다. 하이데거의 불안 이론은 이런 필자의 주장을 가장 잘 지지한다. 그는 불안이 주변의 기대나 세상의 여론에만 신경 쓰며 익명적으로 사는 개인에게 일상적이고 무난한 그 삶에서 벗어나라고 주문하는 계기가 된다고 주장한다. 다시 말해 사람들 속에 파묻혀 그저 그런 무색무취의 삶을 사는 것을 멈추고, 자신의 고유한 존재 가능성을 보도록 촉구하는 것이 곧 불안이라는 것이다. 이러한 불안이야말로 각자에게 자신을 책임지라고 호소하며 내면의 목소리에 잘 귀 기울일 수 있도록 만드는 최고의 조건인 셈이다. 모든 주변의 기대를 뒤로하고 위대한 포기를 감행한 싯다르타의 결정을 이보다 더 잘 설명하기는 어렵지 않을까? 다만 이 주장이 위대한 포기에 대한 다른 견해를 배척하는 것은 아니며, 보다 정교하게 해석할 경우 이것은 위의 일부 계기와 서로 맞물리는 설명이 된다고 볼 수 있다.

본문에서 명시했듯, 인간 붓다가 불안을 겪었다면 그가 선언한 괴로움의 소멸은 두 가지로 나누어 이해할 필요가 있다. 몸을 가진 붓다로서의 그가 누린 열반의 경지와 생을 마감하며 육신을 던져 버리고 얻은 열반의 경지이다. 이 둘은 분명 차이가 있는 것으로, 실제로 불교에서는 유여열반과 무여열반, 이렇게 두 가지 열반을 구분한다. 유여열반은, 마음은 완전히 정화했으나 육신은 아직 남아 있으므로 여전히 육신에 따른 제약은 경험하는 열반인 반면, 무여열반은 육신까지 소멸하여 완전한 정적 혹은 평온에 이른 열반이다.

유여열반을 누리며 한 생을 마감한 붓다가 살아생전 겪은 불안의 본질은 본문에서도 이야기했듯이 일반적으로 우리가 겪는 불안과 다를 바가 없다. 그러나 그 불안의 내용과 강도는 상당히 달랐을 것이다. 붓다는 세상의 참된 실상과 뭇 생명들이 겪는 삶의 인과의 전모를 직접 보았다고 말했다. 그는 자신의 말을 신뢰할 만한 가르침과 내용을 남겼다. 정녕 그가 그런 궁극의 깨달음을 얻었다면 그는 일반인이 겪는 여러 불확실성을 상당히 해소했음이 분명하다. 불확실성은 인간이 불안을 겪도록 만드는 핵심 조건이자 근본 원인임을 본문에서 수차례 언급했다. 말이 쉬워서 두 번째 화살을 맞지 않는 것이지 이를 현실로 구현한 그는 인간이 어떻게 불안을 잘 다루며 올바로 살 수 있는지, 그리고 그를 위해 인간이 어느 정도까지 할 수 있는지를 보여 준 인류의 가장 뛰어난 모범 사례이다.

붓다는 지적으로만 철학을 한 것이 아니다. 그는 몸과 마음을 직접 다루면서 자신이 생각한 것을 실천하는, 몸과 마음이 하나가 되는, 삶과 사상이 통일되는 그런 철학을 했다. 그 과정에서 그는 정말로 자신의 목숨을 걸었다. 그는 누구도 경험하지 못한 행복과 심리적 자유를 경험했고, 아주 올바른 삶으로 자기 철학을 증명하며 살다가 반열반에 들었다. 그가 내어놓은 철학은 다른 사람들도 살렸고 또 살리고 있다. 고대 철학자 소크라테스는, 철학은 영혼을 돌보는 일이라고 말했다. 철학이 단지 생각에 머무는 것이 아니라 인간의 마음을 살리는 현장의 일이자 치유의 문제임을 붓다만큼 제대로 보여 준 이는 역사적으로 찾기 힘들다. 덕분에 그의 철학은 오늘날 앞서 말했듯, 종교와 심리학은 물론이고 의학, 뇌과학, 인지과학의 경계까지도 마구 넘나든다. 철학이 모든 학문의 뿌리라는 말이 옳다면 붓다의 철학은 이를 증명하는 가장 좋은 예라고 할 것이다.

우리는 불안의 시대에 산다. 이 시대의 이런저런 여러 조건은 어느 때보다 우리의 불안을 부추기고 있다. 불안에서 시작되는 심리적 괴로움에 많은 이가 고통받고, 또 많은 이가 극단적 선택을 한다. 그런데 우리는 정작 불안의 정체에 대해서는 큰 고민을 하지 않고 살아간다. 고대 그리스인이 그러했듯, 지금 이 시대에도 불안으로 고통받는 일을 비정상적이라고 보거나 터부시하는 이들이 적지 않다. 불안을 하찮고 나약한 정서라고 여기는 마초도 있다. 그 때문에 정작 자신이 불안해지면 스스로를 실패자로 여긴다. 불안이 심해져서 병원이나 상담센터를 찾으면 문제가 있거나 비정상적인 사람이라고 사회적 낙인을 찍지 않을까 걱정하기도 한다.

불안으로 시야가 좁아진 이들은 다른 사람의 경우 불안을 제대로 겪지 않고 살고 있는 것처럼 본다. 나만 혹은 내 가족만 이렇게 심각하게 불안으로 고생하는 것 같다. 하지만 그 누구의 일상도 자세히 들여다보면 각자 자기만의 불안을 겪으며 살아가고 있다. 자기만 불안한 삶을 사는 것처럼 느껴지면 불안은 비정상적인 것이 된다. 그래서 불안에 대해 다시 불안해하는 '불안의 불안' 증상을 겪게 된다. 불안에 대한 부족하고 편협한 이해가 불안한 자신의 삶을 더 불행하게 만드는 것이다.

자기자비를 연구한 상담심리학의 교수이자 자기자비 명상의 전문가인 샤우나 샤피로Shauna Shapiro는 자기자비를 위해 갖추어야 할 요인 중 하나로 보편적 인간성을 제시한다. 그녀가 말하는 보편적 인간성을 갖추는 일이란 나만 혼자 괴로운 것이 아니라 모두가 괴로움을 같이 겪고 있다는 사실을 이해하는 일이다. 나만 홀로 혹은 나만의 개인적 문제로 괴롭다는 믿음은 스스로를 고립시킨다.[85] 그렇다. 이것은 사실 붓다가 제시한 사성제의 첫 번째 진리이다. 세상은 곧 괴로움이라는 근원적 관점을 가지라는 것!

지금 내가 불안하지만, 다른 사람도 불안하다. 자신의 불안을 오픈하는 유튜브 영상의 댓글에는 자신도 마찬가지로 불안하고 힘들다는 고백의 댓글이 수십 개, 수백 개씩 달리기도 한다. 그러니 좌절할 필요가 없다. 단지 우리는 서로 좀 더 이해하고 연대하며 불안을 공유할 필요가 있을 따름이다. 제대로 불안을 알고, 또 이를 다루는 법을 배우지 못한 우리는 불안에 대해 자동적으로 방어기제를 펼치며 나와 타인에게 부정적 언사를 내뿜고 있다는 것을 자각하지 못한다. 인터넷과 SNS에는 온통 혐오와 비난의 메시지가 넘쳐 난다. 나의 부정적이고 파괴적인 반응이 나만 해하는 것이 아니라 화살과 칼이 되어 다른 이들에게 다시 악영향을 준다는 사실도 자각하지 못한다. 더욱이 그 악영향이 언젠가 다시 나에게 그대로 혹은 더 값이 매겨져 돌아온다는 사실도 알지 못한다. 따라서 점점 많은 이의 마음에는 부정적 피드백으로 불만족이 쌓이고, 타인과 세상 모든 것이 삐딱하게 보일 뿐이다. 그러니 이 공동체와 사회는 분열되고 혼란스러울 수밖에 없다.

이 책은 비록 현대의 불안 개념으로 인간 붓다의 삶을 살펴보는 작업을 수행했지만, 결과적으로만 보면 전적으로 그 범위에만 머문 것은 아니었다고 할 수 있다. 궁극의 깨달음을 얻었다고 인정되는 성자, 즉 괴로움의 문제를 해결했노라 선언한 성자 붓다를 단지 현대인이 생각하는 불안의 울타리에서만 보려 할 경우 놓치는 부분도 분명히 있다. 예를 들어 프로이트는 성스럽고 올바른 삶을 추구하는 종교의 성자는 갈수록 죄책감이나 강박과 같은 병적 불안이 심해지리라고 보았다. 자연스러운 육적 본능을 더 심히 억압하느라 온 에너지를 소진하기 때문이다. 그는 심한 억압의 부담을 진 성자들이 정말로 궁극의 깨달음을 얻고 또 자신의 무의식을 알고 정화한다는 주장에 대해 의심했다. 그러나 본문에서 살펴보았듯, 인간 싯다르타가 붓다가 된 이후 그의 삶은 더 불안하고 더 병적으로 된 것이 결코 아니었다. 올바름과 양심을 매우 강조한 그였으나, 그는 오히려 이전보다 훨씬 더 평온하고 자유로우며 치유된 삶을 살았다.

불안한 우리는 이제 이 시대를 치유하기 위해 붓다가 말한 불안의 해결책을 참고해야 한다. 다행히 붓다는 2600여 년 전에 이미 불안의 정체가 무엇이고, 그것과 지혜롭게 동거하는 방법이 무엇인지 친절하고 꼼꼼하게 가르쳐 주었다. 그리고 그 방법은 이제 여러 과학적 검증을 통해 우리에게 전해지고 있다. 불안 전문가인 붓다의 삶과 가르침을 돌아보면서 우리는 정말로 이 시대에 필요한 생각을 해 볼 수 있다. 차이에 기반한 다양성과 과학에 기반한 실용성을 추구한다는 명목하에 과연 우리는 무엇을 잃어버리고 있을까? 전통을 배척하고, 윤리를 따분하게 여기며, 공동체의 가치를 폄하하고, 인간의 영적인 측면을 무시한 결과, 우리의 마음은 어느 곳으로 향하게 되었는가? 우리는 너무도 당연한 것을 너무도 당연하지 않게 받아들이면서 어떤 혼란과 괴로움을 겪게 되었는지 자문해야 할 때가 아닐까?

미주

1   마이클 칸, 안창일 역(2008), 『21세기에 다시 읽는 프로이트 심리학』, 학지사, p.136.

2   카렌 암스트롱, 정영목 역(2003), 『스스로 깨어난 자 붓다』, 푸른숲, p.26.

3   게랄드 휘터, 장현숙 역(2007), 『불안의 심리학』, 궁리, p.47.

4   Bhikkhu Analayo(2006), 'The Buddha and Omniscience', *The Indian International Journal of Buddhist Studies*, vol.7, pp.15-16.

5   Marc-Antoine Crocq(2015), 'A history of anxiety: from Hippocrates to DSM', *Dialogues Clin Neurosci*, vol.17, p.320.

6   아리스토텔레스, 강상진·김재홍·이창후 공역(2012), 『니코마코스 윤리학』, 길, p.250.

7   Epictetus, George Long trans.(1904), *Discourses of Epictetus*, D. Appleton and Company, p.133.

8   사미르 초프라, 조민호 역(2024), 『불안을 철학하다』, 안타레스, pp.11-12.

9   폴 틸리히, 원성삼 역(2021), 『존재의 용기』, 예영커뮤니케이션, pp.72-73.

10 스콧 스토셀, 홍한별 역(2015), 『나는 불안과 함께 살아간다』, 반비, p.401.

11 앨런 호위츠, 이은 역(2013), 『불안의 역사』, 중앙북스, p.16.

12 지크문트 프로이트, 임홍빈·홍혜경 공역(2020), 『정신분석 강의』, 열린책들, p.556.

13 어빈 얄롬, 임경수 역(2013), 『실존주의 심리치료』, 학지사, pp.59-60.

14 안양규(2015), 「마야 부인의 죽음에 관한 연구」, 『불교연구』, vol.42, pp.31-34.

15 임근동 역 (2012), 『우파니샤드』, 을유출판사, p.571.

16 대한불교조계종 교육원 부처님의 생애 편찬위원회(2012), 『부처님의 생애』, 조계종출판사, p.34.

17 이학종 (2021), 『붓다 연대기』, 불광출판사, pp.46~48.

18 이학종 (2021), 위의 책, p.39.

19 어빈 얄롬, 임경수 역 (2013), 앞의 책, p.102.

20 위의 책, p.73.

21 위의 책, pp.102-103, 106. 특히 그는 심리학의 거장 프로이트가 아이들이 죽음에 대해 무지하다고 주장한 것에 대해 상당히 비판적인 자세를 취한다.

22 폴 틸리히, 원성삼 역 (2021), 앞의 책, pp.72-73.

23 어빈 얄롬, 임경수 역 (2013), 앞의 책, p.76.

24 Lisa Iverach, Ross G Menzies, & Rachel E Menzies(2014), 'Death anxiety and its role in psychopathology: reviewing the status of a transdiagnostic construct', *Clinical Psychology Review*, vol.34, p.580.

25 *ibid.*, p.586.

26 *ibid.*, p.584.

27 Rachel E. Menzies, Keegan McMullen, Grazia D. Riotto, Sabina Iliescu, Benjamin Petrovic, & Monique Remfrey(2024), 'From dread to disorder: A meta-analysis of the impact of death anxiety on mental illness symptoms', *Clinical Psychology Review*, vol.113, p.2, 9.

28 *ibid.*, pp.8-11.

29 스콧 스토셀, 홍한별 역 (2015), 앞의 책, p.392.

30 Suniya S. Luthar & Karen D'Avanzo(1999), 'Contextual factors in substance use: A study of suburban and inner-city adolescents', *Dev Psychopathol*, vol.11, pp.854-856.

31 에리히 프롬, 김석희 역 (2013), 『자유로부터의 도피』, 휴머니스트, p.10.

32   마스타니 후미오, 이원섭 역(2001), 『불교개론』, 현암사, pp.96-98.

33   이슬비·석동헌(2020), 「죽음 현저성, 문화적 세계관 위협 및 집단소속이 기부와 공격행동에 미치는 영향」, 『지역과 세계』, vol.44, pp.146-147.

34   빅터 프랑클, 이봉우 역(1980), 『로고테라피의 이론과 실제』, 분도출판사, pp.6-7; 빅터 프랑클, 이시형 역(2017), 『죽음의 수용소에서』, 청아출판사, pp.168-222.

35   프리츠 리만, 전영애 역(2007), 『불안의 심리』, 문예출판사, p.14.

36   John James Jones(1952), *Mahāvastu* vol.II, Luzac & company, p.135.

37   *ibid.*, pp.136-139.

38   프리츠 리만, 전영애(2004), 앞의 책, p.12.

39   John James Jones(1952), *op. cit.*, pp.136-139.

40   마크 발라규어, 한정라 역(2021), 『자유의지』, 한울, pp.92-93.

41   스콧 스토셀, 홍한별 역(2015), 앞의 책, p.396.

42   쇠렌 키르케고르, 임춘갑 역(2007), 『불안의 개념』, 다산글방, p.119.

43   카렌 암스트롱, 정영목 역(2003), 앞의 책, p.49.

44   자현(2014), 『붓다 순례』, 불광출판사, p.99.

45   아날라요 비구, 김종수 역(2019), 『아날라요 비구의 마음챙김 확립 수행』, 불광출판사, p.144.

46   쇠렌 키르케고르, 임춘갑 역(2007), 앞의 책, p.312.

47   앨런 호위츠, 이은 역(2013), 앞의 책, p.44.

48   위의 책, p.41.

49   베셀 반 데어 콜크, 제효영 역(2018), 『몸은 기억한다』, 을유문화사, p.32.

50   Justin S. Feinstein, Ralph Adolphs, Antonio Damasio, & Daniel Tranel(2011), 'The Human Amygdala and the Induction and Experience of Fear', *Current Biology*, vol.21, pp.34-36.

51   *ibid.*, p.37.

52 어빈 얄롬, 임경수 역(2013), 앞의 책, pp.64-65.

53 위의 책, p.66.

54 레타나 살레츨, 박광호 역(2015), 『불안들』, 후마니타스, pp.49-50.

55 지크문트 프로이트, 황보석 역(2003), 『정신 병리학의 문제들』, 열린 책들, pp.266-269.

56 존 볼비, 김수임·강예리·강민철 공역(2014), 『존 볼비의 안전기지』, 학지사, p.19.

57 데이비드 윌린, 김진숙·이지연·윤숙경 공역(2010), 『애착과 심리치료』, 학지사, pp.47-70.

58 존 볼비, 김수임·강예리·강민철 공역(2014), 앞의 책, pp.131-132.

59 지크문트 프로이트, 임홍빈·홍혜경 공역(2020), 앞의 책, pp.557-558.

60 자현(2014), 앞의 책, pp.139-140.

61 라다크리슈난, 이거룡 역(1999), 『인도철학사 I』, 한길사, pp.361-362.

62 Rune E. A. Johansson(1969), *The Psychology of Nirvana*, George Allen and Unwin LTD, p.11.

63 Asaf Federman(2011), 'What Buddhsim taught cognitive science about self mind and brain', *Enrahonar: Quaderns de Filosofia*, Vol.47, pp.25-26, 40-47.

64 이충현(2024), 「인공지능의 자아 정체성 문제를 통해 본 인지과학과 불교의 '자아 없음' 입장 비교」, 『인문과학연구』, vol.52, pp.186-187.

65 함근수, 표주연, 박종필, 나주영, 유성호, 이이나(2014), 「자살 유서를 통한 자살 사망자의 심리상태에 대한 질적 연구」, 『대한법의학회지』, vol.39, p.160.

66 이충현(2022), 「죄책감의 두 얼굴—프로이트의 양심 불안과 불교의 참·괴 심소를 중심으로」, 『불교학 리뷰』, vol.32, pp.43-46.

67 사미르 초프라, 조민호 역(2024), 앞의 책, p.128, 132.

68 Kathy Gilsinan, 'The Buddhist and the Neuroscientist', 『The Atlantic』, 2015년 7월 4일 기사. https://www.theatlantic.com/health/archive/2015/07/dalai-lama-neuroscience-compassion/397706/(2025년 9월 6일 접속).

69 게랄드 휘터, 장현숙 역(2007), 앞의 책, pp.89-90.

70 Naomi I. Eisenberger, Matthew D. Lieberman, & Kipling D. Williams(2003), 'Does Rejection Hurt? An fMRI Study of Social Exclusion', *Science*, vol.302, pp.290-292.

71 Łukasz Okruszek, Aleksandra Aniszewska-Stańczuk, Aleksandra Piejka, Marcelina Wiśniewska, & Karolina Żurek(2020), 'Safe but Lonely? Loneliness, Anxiety, and Depression Symptoms and COVID-19', *Frontiers in Psychology*, vol.11, pp.1-8.

72 Acharya Buddharakkhita(1995), 'METTĀ', *The Philosophy & Practice of Universal Love, Maha Bodhi Society*, p.8.

73 잭 콘필드, 이재석 역(2022), 『마음이 아플 땐 불교심리학』, 불광출판사, p.579.

74 트레이시 데니스 티와리, 양소하 역(2023), 『불안이 불안하다면』, 와이즈베리, p.47.

75 게랄드 휘터, 장현숙 역(2007), 앞의 책, p.5.

76 위의 책, pp.44-45.

77 사미르 초프라, 조민호 역(2024), 앞의 책, p.130.

78 C.A.F. Rhys Davids(1914), *Buddhist Psychology: An Inquiry Into the Analysis and Theory of Mind in Pali Literature*, G.Bell and Sons Ltd, pp.viii-ix.

79 쇠얀 키에르케고르, 임춘갑 역(2007), 앞의 책, pp. 311-312.

80 에마뉘엘 레비나스, 양명수 역(2000), 『윤리와 무한』, 다산글방, p.25.

81 Bhikkhu bodhi(2008), 'The Buddha's Great Renunciation', *Inquiring Mind*, vol.24, no.2. https://inquiringmind.com/article/2402_12_bodhi_greatrenunciation/(2025년 10월 1일 접속).

82 잠눙 통프라스트, 마성 역(2008), 「정치적 시각에서 본 붓다의 생애」, 『불교평론』, 2021년 4월호. https://www.budreview.com/news/articleView.html?idxno=606(2025년 12월 11일 접속).

83 카렌 암스트롱, 정영목 역(2003), 앞의 책, p.17, 38, 45, 70.

84   법륜(2010), 『인간 붓다 그 위대한 삶과 사상』, 정토출판, p.164.

85   샤우나 사피로, 박미경 역(2021), 『뇌를 재설계하는 자기연민수행, 마음챙김』, 로크미디어, p.140.